글로벌 경제 상식 사전

글로벌경제 상식사전
Common Sense Dictionary of Global Economy

초판 1쇄 발행 2018년 4월 10일
초판 3쇄 발행 2019년 4월 30일
개정1판 1쇄 발행 2020년 6월 10일
개정1판 3쇄 발행 2021년 11월 31일
개정2판 1쇄 발행 2023년 3월 10일
개정2판 2쇄 발행 2024년 4월 30일

지은이 신동원
발행인 이종원
발행처 (주)도서출판 길벗
출판사 등록일 1990년 12월 24일
주소 서울시 마포구 월드컵로 10길 56(서교동)
대표전화 02)332-0931 | **팩스** 02)322-0586
홈페이지 www.gilbut.co.kr | **이메일** gilbut@gilbut.co.kr

기획 및 책임편집 박윤경(yoon@gilbut.co.kr) | **제작** 이준호, 손일순, 이진혁
마케팅 정경원, 김진영, 김선영, 최명주, 이지현, 류효정 | **유통혁신** 한준희
영업관리 김명자, 심선숙, 정경화 | **독자지원** 윤정아

교정교열 김동화 | **디자인** 신세진 | **전산편집** 디자인다인 | **일러스트** 조윤혜
CTP 출력 및 인쇄 금강인쇄 | **제본** 금강제본

ISBN 979-11-407-0349-4 13320
(길벗도서번호 070511)

정가 19,500원

글로벌 경제 상식 사전

최신 개정판

신동원 지음

길벗

경제를 이해하고 미래를 예측하는 힘을 기른다!

'바보야, 문제는 경제야.'

42대 미국 대통령이었던 빌 클린턴이 대선 때 사용한 유명한 문구입니다. 이 말에 힘입어 클린턴은 조지 부시를 꺾고 대통령에 당선되었습니다. 미국뿐 아니라 우리나라 정치인들도 선거철만 되면 한 표라도 더 얻기 위해 경제를 살리겠다고 입버릇처럼 말합니다.

정치인만이 아니라 일상생활에서 만나는 주변 사람들에게서도 "요즘 경제가 어쩌고~" 하는 말을 쉽게 들을 수 있습니다. 이렇게 많은 사람들이 경제 이야기를 하는 이유는 먹고사는 문제와 직결되어 있기 때문입니다.

그렇다면 오늘날 경제를 움직이는 것은 무엇일까요? 지금은 특정 국가나 세력이 경제를 완전히 통제할 수 없습니다. 세계 여러 나라들의 경제가 서로 상호작용하면서 얽히고설켜 있기 때문입니다. 우리나라 경제 역시 미국, 일본, 중국 등 세계 여러 나라의 영향을 받고 있습니다. 따라서 오늘날의 경제를 잘 이해하고 미래를 예측하려면 세계 경제를 반드시 알아야만 합니다.

쉬우면서도 맥을 짚어주는 세계 경제 입문서가 없을까?

그런데 문제가 있습니다. 마음을 다잡고 의욕적으로 세계경제를 공부해보려 해도 어려운 경제 용어와 맞닥뜨리면 의욕이 한풀 꺾인다는 것입니다.

그리고 세계에는 워낙 많은 나라가 있어 어느 나라부터 공부해야 할지 감을 잡기도 어렵죠. 그러다 보면 어느새 절로 '경포자(경제 포기자)'의 길로 들어서게 됩니다.

그러나 세계 경제를 너무 어렵게 생각할 필요는 없습니다. 경제활동의 주체는 결국 사람이기 때문입니다. 어려워 보이는 경제 용어 역시 사람들이 부대끼며 살아가는 와중에 만들어졌습니다. 모든 나라를 공부할 수는 없어도 세계 경제와 우리나라 경제에 큰 영향을 미치는 나라들을 먼저 살펴본다면 전체적인 뼈대를 그릴 수 있을 것입니다.

이 책에서는 어려운 경제 용어를 최대한 배제하고 이야기를 풀어나가려고 노력했습니다. 어쩔 수 없이 사용해야 하는 경제 용어는 최대한 풀어서 설명했습니다.

또한 경제의 기본기가 없는 분들을 위해 '기본 다지기'부터 시작하려고 합니다. 이를 바탕으로 세계 경제에 큰 영향을 미치는 미국, 중국, 유럽, 일본 위주로 세계 경제의 맥을 짚어 보고자 합니다.

이 책을 성실히 읽고 나면 나름대로 세계 경제라는 숲을 그릴 수 있을 것입니다. 아무쪼록 이 책이 독자분들의 세계 경제 입문서가 되어 '경포자'가 아닌 '경잘알(경제를 잘 아는 사람)'로 거듭나는 데 도움이 되기를 바랍니다.

세계 경제의 흐름을 이해하는 가장 빠른 방법

이 책의 초판이 2018년에 나왔으니 어느덧 5년이 지났습니다. 그동안 누구도 예상하지 못한 코로나19 팬데믹과 러시아-우크라이나 전쟁, 인플레이션 등이 일어났습니다. '10년이면 강산이 변한다'라는 말은 틀린 것 같습니다. 5년이면 충분하기 때문입니다.

그 사이 2020년 개정판이 나왔지만 일부 수정에 불과했습니다. 그래서 이번에 전면 개정판을 내며 그동안의 아쉬움을 덜어냈습니다. 이번 개정판에는 코로나19와 금융위기의 공통점과 차이점, 코로나19와 전쟁 이후 세계 경제의 변화, 인플레이션과 금리 인상 등 세계 경제에 큰 영향을 미친 굵직한 사건들에 대해 자세히 서술했습니다.

'상식사전'이라는 제목에서 알 수 있듯 이 책은 쉽게 쓰여 있습니다. 어려운 용어를 최대한 피하고 풀어서 설명해 경제나 금융에 대해 잘 모르는 초보자도 쉽게 읽을 수 있도록 했습니다.

그렇다고 수박 겉핥기 식의 가벼운 내용이 담긴 것은 아닙니다. 책을 끝까지 읽으면 독자분들이 나름대로 세계 경제의 흐름을 파악할 수 있을 정도의 깊이를 담았습니다.

경제 상식을 키우고 싶으신 분, 금융투자의 기본기를 쌓고 싶으신 분, 경제 신문을 읽기 어려우신 분, 세상이 어떻게 돌아가는지 알고 싶으신 분, 경제 금융업에 종사하시는 분 모두 이 책의 독자라고 생각합니다.

현대 사회에서 어느 정도의 경제 상식과 세계 경제 흐름을 파악하는 능력은 더 이상 선택이 아닌 필수입니다. 이 책을 선택하신 것을 환영하며, 이 책이 독자분들에게 좋은 길잡이가 되기를 바랍니다.

신동원

차례

Common Sense Dictionary of Global Economy

: 첫째 마당 :

1 미국 경제

: 둘째 마당 :

2 중국 경제

: 셋째 마당 :

3 유럽 경제

: 넷째 마당 :

4

일본 경제

: 다섯째 마당 :

5 인도 & 베트남 경제

Common Sense Dictionary of Global Economy

0

준비마당

세계 경제 기초 다지기

왜 세계 경제를 공부해야 할까?

세계 경제를 통해 숲을 바라보자

"왜 경제를 공부하려고 하나요?"

강의를 하기 전 이따금씩 학생들에게 물어볼 때가 있습니다. 그러면 "투자나 재테크를 잘하고 싶어서요", "면접 때 도움이 될 것 같아서요"처럼 현실적인 문제를 해결하기 위해 경제를 공부한다는 답변이 있는 반면 "경제를 잘 모르는데 알면 좋을 것 같아서요", "경제신문이 이해가 안 돼서요"와 같은 호기심 가득한 대답도 들려옵니다.

사람마다 경제를 공부하는 이유는 제각각이지만 어떤 이유든 '살아가는데 경제 공부는 필요하다'라는 공감대에 바탕을 두고 있습니다.

그런데 경제 공부는 범위가 굉장히 넓습니다. 개별 기업의 재무·회계를 공부할 수도 있고, 기업들이 모여 있는 주식시장을 분석할 수도 있습니다. 외환시장(외환이 거래되는 시장)이나 금융상품 등을 파헤칠 수도 있죠. 그리고 이 책에서 이야기할 세계 경제에 대한 공부도 있습니다.

그렇다면 세계 경제는 왜 공부해야 할까요? 경제를 거대한 산맥으로 비유했을 때 세계 경제는 큰 숲에 해당합니다. 나무나 줄기 그리고 산에 서식

하는 생물들도 하나하나 잘 알면 좋겠지만 숲 전체를 보는 안목과 시야가 없다면 단편적인 이해에 그칠 것입니다.

반면 숲의 성질을 파악하고 숲 전체를 바라보는 시야가 있다면 숲속 생태계에 대해서도 더욱 잘 이해할 수 있을 것입니다. 그래서 세계 경제를 공부하는 것은 경제라는 산맥 전체를 파악하는 가장 빠른 지름길입니다.

무엇이든 기본기가 중요하다!

복싱을 처음 배울 때 체육관에서는 줄넘기를 가르칩니다. 줄넘기를 반복하다 보면 '왜 재미없는 줄넘기만 계속 시킬까?'라는 생각이 들지만 줄넘기는 복싱의 가장 기본인 체력 그리고 스텝과 연관되어 있습니다.

세계 경제를 이해하기 위해서도 기본기가 중요합니다. 기본기가 부실하면 모래 위에 쌓은 성처럼 바람이 조금만 세게 불어도 금방 무너져 내릴 것입니다. 반대로 기본기가 튼튼하면 지금의 경제 상황을 이해하기가 수월할 뿐만 아니라 앞으로 세계 경제가 어떻게 변할지 합리적으로 예측할 수 있습니다.

시작이 반이고 천 리 길도 한 걸음부터입니다. 지금부터 세계 경제를 이해하는 데 꼭 필요한 기본기를 공부해보겠습니다.

금리와 물가는 어떤 관계가 있을까?

금리와 통화량, 물가의 관계

금리, 통화량, 유동성, 현금가치, 물가 등은 뉴스나 신문에 종종 등장해 익숙하지만 하나하나 설명하려고 하면 쉽지 않습니다. 그렇다면 금리란 무엇일까요? 금리는 이자율입니다. 금리가 올라간다는 것은 이자율이 올라간다는 말이고, 금리가 내려간다는 것은 이자율이 내려간다는 말입니다.

은행에 예금하는 사람은 금리가 높아질수록 좋습니다. 그래야 나중에 돈을 찾을 때 더 많은 이자를 받을 수 있으니까요. 하지만 은행에서 돈을 빌리는 사람은 금리가 올라가면 괴롭습니다. 예전보다 은행에 더 많은 이자를 내야 하기 때문입니다.

보통 금리가 내려가면 통화량이 증가합니다. 통화량은 사용할 수 있는 '돈의 양'입니다. 통화량과 비슷한 표현으로는 유동성이 있습니다. 유동성은 현금화할 수 있는 정도를 말하며, 유동성이 커졌다는 것은 현금화할 수 있는 것들이 많아졌다는 뜻입니다. 따라서 통화량이 많아졌다면 유동성도 증가했다고 말할 수 있습니다.

그렇다면 금리가 내려가면 왜 통화량(또는 유동성)이 많아질까요? 가장 큰 이유는 돈을 빌리기 쉬워지기 때문입니다. 만약 대출을 받아야 한다면 이자율이 10%일 때 돈을 빌릴까요, 1%일 때 빌릴까요? 이자율이 10%일 때 돈을 빌리겠다는 사람은 아무도 없을 것입니다. 그래서 금리가 낮아질수록 돈을 빌리는 사람들이 많아집니다. 많은 사람들이 돈을 빌리면 쓸 수 있는 돈이 많아지므로 통화량이 늘어납니다.

통화량이 많아지면 현금가치는 어떻게 될까요? 돈의 양이 많아졌으니 돈의 가치, 즉 현금가치는 하락합니다. 무엇이든 찾는 사람은 많은데 희귀해지면 가치가 상승하고, 흔해지면 가치가 하락합니다.

현금가치가 하락하면 물가는 어떻게 될까요? 물가는 재화와 서비스의 가격입니다. 우리는 돈을 주고 재화와 서비스를 구입합니다. 따라서 돈의 가치가 떨어지면 돈을 주고 사야 하는 재화와 서비스의 가격은 상대적으로 올라갑니다.

예를 들어 옷가게에서 2만원에 옷을 샀는데 미래에 돈의 가치가 떨어지면 그때는 똑같은 옷을 더 비싼 가격에 사야 합니다. 현금가치가 하락하면서 물가가 자연스럽게 올라가는 것입니다. 물가가 오르는 것을 영어로 인플레이션(inflation)이라고 합니다. 즉, 금리가 내려가면 다음과 같이 인플레이션이 발생할 수 있습니다.

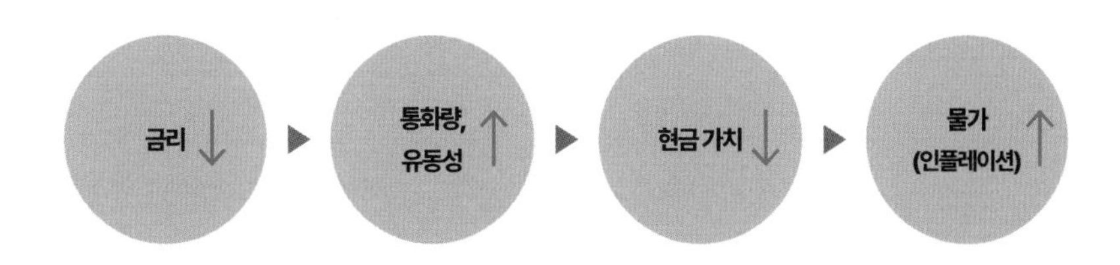

이와 반대로 금리가 오르면 통화량은 줄어들고 현금가치는 상승하며 물가가 하락할 가능성이 높습니다. 물가가 하락하면서 경기가 침체하는 것을 영어로 디플레이션(deflation)이라고 합니다.

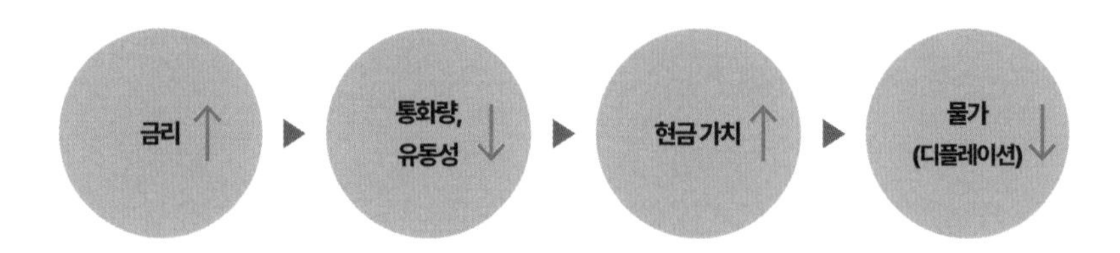

실력 체크

○ 금리가 내려가면 (인플레이션/디플레이션)이 발생할 가능성이 높다.

○ 통화량이 줄어들면 현금가치가 (하락/상승)할 가능성이 높다.

○ 인플레이션을 억제하려면 금리를 (인상/인하)해야 한다.

○ 현금가치가 하락하면 (인플레이션/디플레이션)이 발생할 가능성이 높다.

○ 경기를 상승시키려면 유동성을 (늘려야/줄여야) 한다.

○ 미국의 중앙은행이 기준금리를 올리는 이유는 물가가 (너무 높다/너무 낮다)고 생각하기 때문이다.

정답 | (순서대로) 인플레이션, 상승, 인상, 인플레이션, 늘려야, 너무 높다

세계 경제에서 환율은 왜 중요할까?

환율, 세계 경제의 흐름을 좌우하는 가치

세계 경제에 대한 뉴스나 신문을 보면 늘 빠지지 않고 나오는 이야기가 바로 환율입니다. 환율의 변화는 세계 경제에 많은 영향을 미치기 때문에 환율을 잘 이해하는 것은 매우 중요합니다. 그런데 사람들과 이야기해보면 환율을 헷갈려하거나 어려워하는 경우가 많습니다.

전 세계가 모두 똑같은 통화를 사용하지는 않습니다. 우리나라는 원화를 사용하지만 미국은 달러를 사용합니다. 이밖에도 엔화, 파운드화, 위안화, 유로화 등 세계에는 수많은 통화가 있습니다. 이 통화들을 서로 교환할 때의 비율이 환율입니다. 우리나라 입장에서는 원화를 제외한 나머지 통화가 외환이므로 환율은 외환의 가격이라고 말할 수 있습니다.

많은 통화가 존재하므로 환율도 수없이 많습니다. 예를 들어 달러와 엔화의 교환 비율은 엔/달러 환율입니다. 엔/달러 환율이 1달러=100엔이라면 100엔을 주고 1달러를 살 수 있다는 말입니다.

그중 우리나라 입장에서 가장 중요한 환율은 원화와 달러의 교환 비율입니다. 달러가 전 세계에서 가장 많이 사용되는 기축통화이기 때문에 환율이라고 하면 특별한 언급이 없는 한, 달러와의 환율을 가리킵니다. 우리나라의 경우에는 원/달러 환율이 되겠죠. 환율이 1달러=1,000원이라면 1달러를 1,000원으로 바꿔준다는 것입니다.

환율이 상승하면 달러가치는 어떻게 될까요? 환율이 1달러=1,000원에서 1달러=2,000원으로 올랐다고 가정하면, 예전에는 1달러로 1,000원어치를 살 수 있었는데 이제는 무려 2,000원어치나 살 수 있습니다. 달러가치가 상승한 것입니다. 반면, 전에는 2,000원을 주고 2달러를 살 수 있었는데 이제는 1달러밖에 살 수 없으므로 원화가치는 그만큼 하락했다고 할 수 있습니다.

이 계산이 빠르게 되지 않을 경우 '환율=달러가치'라고 생각하면 됩니다. 즉, 환율이 상승하면 달러가치가 상승하고 상대적으로 원화가치는 내려갑니다. 반대로 환율이 하락하면 달러가치가 하락하고 원화가치는 상승합니다.

환율이 상승하면 원화가치가 내려가므로 수출 기업들에게 유리해질 수 있습니다. 은정 씨는 휴대폰 케이스를 만들어 미국에 개당 2,000원에 수출하고 있습니다. 그런데 환율이 1달러=1,000원에서 2,000원으로 올랐습니다. 미국인들은 은정 씨의 상품을 구입하기 위해 예전에는 2달러를 지불해야 했지만 이제는

1달러만 지불하면 되니 상품이 그만큼 많이 팔리게 됩니다. 환율이 올라 은정 씨가 덕을 본 것입니다.

반면 해외에서 물건을 수입해오는 사장님들은 환율이 올라가면 곤혹스럽습니다. 예전보다 더 비싼 돈을 내고 상품을 수입해와야 하기 때문입니다. 그래서 환율이 상승하면 수입 원자재 가격이 상승하면서 물가가 오를 수 있습니다.

여러 위험 요소를 동반하는 정부의 환율 개입

그렇다면 환율은 어떻게 결정될까요? 환율은 외환시장의 수요와 공급에 의해 결정됩니다. 외환시장에서 달러를 사는 사람들이 많으면 달러가치가 상승하면서 환율이 상승합니다. 반대로 달러를 팔거나 원화를 사는 사람들이 많으면 달러가치가 하락하면서 환율이 하락합니다.

환율은 기본적으로 외환시장에서 결정되지만 정부가 외환시장에 개입해 인위적으로 환율을 높이거나 낮출 수도 있습니다. 예를 들어 정부가 외환시장에서 달러를 대거 사들이면 달러가치가 올라 환율이 상승합니다.

대표적인 사례가 이명박 정부 때의 고환율정책입니다. 당시 고환율정책으로 원화가치가 내려가 수출 기업들이 많은 돈을 벌었습니다. 그러나 달러가치가 상승하면서 수입 원자재 가격이 올라 물가가 많이 올랐습니다. 당시 정부는 서민물가를 안정시키기 위해 생필품 수십여 가지를 묶어 MB물가지수를 만들었는데, 오히려 다른 물가지수보다 더 많이 올랐습니다.

2022년, 코로나19 이후의 환율 방어

반대로 정부가 환율을 낮추기 위해 외환시장에 달러를 공급할 수도 있습니다. 대표적인 사례가 2022년인데, 당시 환율이 치솟아 무려 1,400원을 돌파했습니다. 금융위기 이후 환율이 가장 높았던 시기입니다. 미국이 물가를 잡기 위해 엄청나게 빠른 속도로 기준금리를 대폭 인상시키면서 '킹 달러'라 불릴 정도로 달러가치가 크게 올라 환율이 상승했습니다.

당시 정부는 치솟는 환율을 낮추기 위해 외환보유고의 달러를 풀면서 환율 방어에 나섰습니다(그림). 외환시장에 달러 공급이 늘어나면 달러가치가 하락하면서 환율을 내릴 수 있기 때문입니다. 그러나 외환보유고의 달러를 너무 많이 공급하면 외환보유고가 점점 줄다가 바닥이 날 위험이 있습니다. 이처럼 정부의 환율 개입은 여러 가지 위험을 동반할 수 있으므로 신중할 필요가 있습니다.

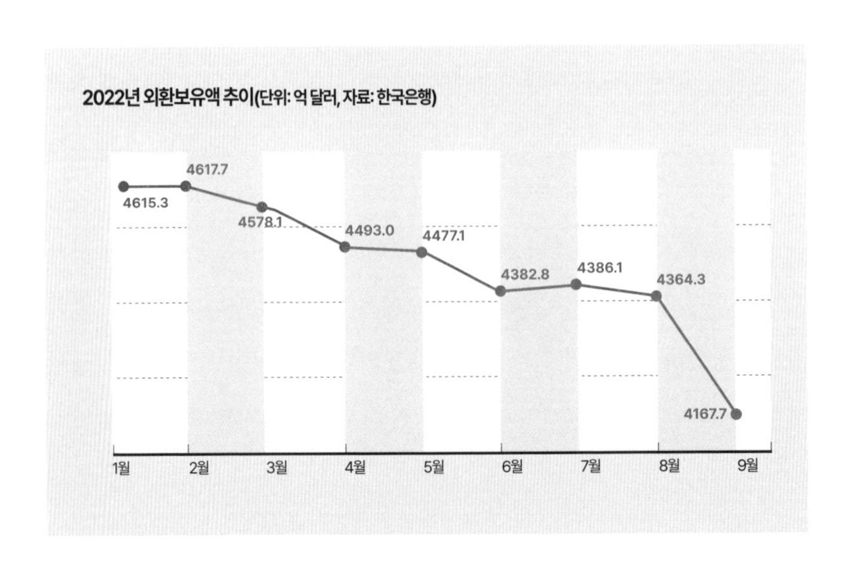

실력 체크

○ 환율이 상승하면 달러가치가 (상승/하락)할 가능성이 높다.

○ 환율이 하락하면 원화가치가 (상승/하락)할 가능성이 높다.

○ 정부가 인위적으로 환율을 올리려면 외환시장에 개입하여 달러를 (사야/팔아야) 한다.

○ 환율이 상승하면 수입 원자재 가격이 (상승/하락)하면서 (인플레이션/디플레이션)이 발생할 수 있다.

정답 | (순서대로) 상승, 상승, 사야, 상승, 인플레이션

세계 경제에서 돈은 어디서 어디로 흘러갈까?

돈의 흐름이 곧 경제다

우리 몸에 혈액의 흐름이 중요하듯 경제에서는 돈의 흐름이 중요합니다. 그렇다면 세계 경제에서 돈은 언제 이동할까요? A가 B에게 상품이나 서비스를 판매하면 B에서 A로 돈이 이동합니다. 예를 들어 우리나라가 미국에 자동차를 판매하면 미국에서 우리나라로 돈이 들어옵니다. 이처럼 자동차와 돈이 같이 움직이는 경제를 '실물경제'라고 합니다. 실물경제에서는 재화나 서비스를 공급하면 돈이 이동합니다.

실물경제에서 돈의 이동

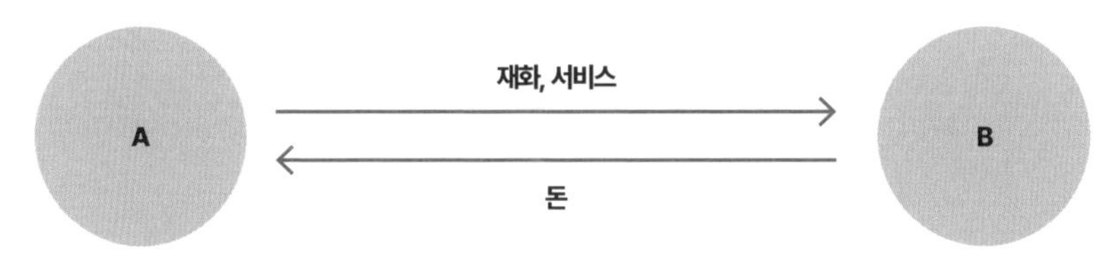

그러나 재화나 서비스의 이동 없이 돈만 움직이는 경우도 있습니다. 예를 들어 은행에 예금을 하거나 대출을 받을 때는 실물의 이동 없이 돈만 이동합니다. 이와 같이 돈이 움직이는 경제를 '금융경제'라고 합니다. 그렇다면 금융경제에서 돈은 어떻게 이동할까요?

돈은 금리가 낮은 곳에서 높은 곳으로 이동합니다. 생각해보면 매우 상식적인 이야기입니다. 연 2% 금리의 예금에서 연 5% 금리의 예금으로 갈아타는 사람은 있어도 연 5% 금리의 예금을 해지하고 연 2% 금리의 예금에 가입하는 사람은 없을 것입니다. 물은 위에서 아래로 흐르지만 돈은 금리가 낮은 곳에서 높은 곳으로 흐릅니다.

또한 돈은 성장성이 낮은 곳에서 높은 곳으로 이동합니다. 낮은 경제성장률이 예상되는 국가와 높은 경제성장률이 예상되는 국가가 있다면 높은 경제성장률이 예상되는 국가로 돈이 이동할 수 있습니다. 성장성이 높은 곳의 돈을 빼서 성장성이 낮은 곳에 집어넣는 사람은 없을 것입니다.

그리고 돈은 통화가치 하락이 예상되는 곳에서 통화가치 상승이 예상되는 곳으로 이동합니다. 통화가치가 하락하는 것을 '평가절하'라고 하고, 통화가치가 상승하는 것을 '평가절상'이라고 합니다. 다시 말해 돈은 평가절하가 예상되는 곳에서 평가절상이 예상되는 곳으로 이동합니다.

예를 들어보겠습니다. 미국과 한국이 있습니다. 미국은 달러를 사용하고 한국은 원화를 사용합니다. 환율은 1달러=2,000원입니다. 미국 워싱턴에 살고 있는 글로벌 투자자 에릭 씨는 달러가치가 크게 하락하고 원화가치가 크게 상승할 것으로 예상했습니다. 그래서 한국의 시중은행에 1만원을 예금했습니다. 1달러=2,000원이므로 5달러를 원화로 바꿔 예금한 것입니다(여기에서 외환수수료는 고려하지 않습니다).

그런데 얼마 후 환율이 1달러=1,000원이 되었습니다. 에릭 씨의 예상대로 달러가치가 떨어지고 원화가치가 올라간 것입니다. 에릭 씨의 1만원은 이제 10달러가 되었습니다. 그는 1만원을 팔고 10달러로 바꿨습니다. 애초에 투자한 돈은 5달러였는데 10달러가 되었으니 5달러를 벌게 된 것입니다.

에릭 씨가 한국에 1만원을 투자한 시점은 달러가치가 하락하고 난 후가 아니라 그 전입니다. 즉, 달러가치 하락이 예상되고 원화가치 상승이 예상될 때 돈이 이동한 것입니다. 이처럼 금융경제에서는 금리가 낮은 곳에서 높은 곳으로, 평가절하가 예상되는 곳에서 평가절상이 예상되는 곳으로 돈이 이동합니다.

금융경제에서 돈의 이동

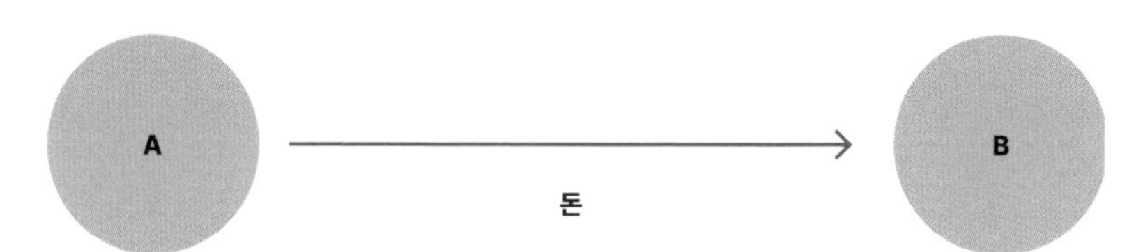

이를 잘 보여주는 투자 방식이 캐리트레이드(Carry trade)입니다. 캐리트레이드란 금리가 낮은 곳에서 돈을 빌려 금리가 높은 곳에 투자하는 것입니다. 예를 들어 미국의 금리가 0%이고 한국의 금리가 3%라고 가정해보겠습니다. 에릭 씨는 금리가 낮은 미국에서 달러를 빌려 원화로 바꾼 다음 금리가 높은 한국에서 투자했습니다. 바로 달러캐리트레이드가 발생한 것입니다.

달러를 원화로 바꾸려면 달러를 팔고 원화를 사야 하므로, 달러캐리트레이드가 대규모로 발생하면 달러가치가 하락하고 원화가치가 상승합니다. 결국 평가절하가 예상되는 곳에서 평가절상이 예상되는 곳으로 돈이 이동하는 것입니다.

캐리트레이드는 세계 경제에서 활발하게 발생하고 있습니다. 우리나라 역시 캐리트레이드의 영향을 받습니다. 2009년 우리나라는 금융위기의 여파로 돈이 대거 빠져나가며 심각한 외환위기를 맞이할 뻔했습니다. 달러가 부족해 전전긍긍하던 그때 해외 투자자들로 인해 달러가 대거 유입되었습니다. 당시 미국의 기준금리는 0%, 우리나라의 기준금리는 2%였기 때문에 금리 차이를 노린 대규모 달러캐리트레이드가 발생한 것입니다. 때마침 발생한 달러캐리트레이드로 부족한 달러가 채워져 우리나라는 외환위기를 피할 수 있었습니다.

2020년에 한국 주가가, 2021년에 미국 주가가 많이 오른 이유는?

2020년 미국을 중심으로 전 세계적으로 엄청난 돈이 풀리면서 증시가 뜨겁게 상승했습니다. 당시 미국의 주가도 크게 상승했지만, 우리나라의 주가상승률이 더 높았습니다. 우리나라 주식에 투자했던 사람들은 폭발적인 주가 상승으로 높은 수익률을 달성할 수 있었습니다. 그런데 2020년 우리나라의 경제성장률은 −0.7%였습니다. 전 세계를 강타한 코로나19로 인해 경기가 상승하기보다는 후퇴했던 것입니다. 우리나라가 마이너스 경제성장률을 기록한 것은 IMF 이후 처음이었습니다. 그럼에도 우리나라 주가가 다른 나라에 비해 많이 오른 이유는 무엇일까요?

당시 미국의 경제성장률은 −3.5%였습니다. 유럽은 상황이 더 좋지 않아 −3%에서 −10%가 넘는 나라까지 나타났습니다. 일본 역시 −4.5%였습니다. 우리나라의 경제성장률도 마이너스였지만 다른 나라에 비해 성장성이 높았던 것입니다.

또한 2020년 우리나라의 기준금리는 0.5%였습니다. 코로나19 위기를 극복하기 위해 한국은행이 돈을 풀면서 금리가 내려간 것입니다. 이는 역대 최저금리로, 우리나라에서 이보다 기준금리가 낮았던 적은 없었습니다. 그런데 당시 미국과 유럽은 제로(0%)금리, 일본은 −0.1%였습니다. 우리나라 금리도 낮았지만 다른 나라들에 비해서는 고금리였던 것입니다. 이처럼 2020년에는 우리나라의 성장성과 금리가 다른 나라들에 비해 상대적으로 높았습니다. 그로 인해 전 세계에 풀린 엄청난 유동성이 우리나라에 대거 들어오면서 주가가 크게 올랐던 것입니다.

이듬해인 2021년, 경기가 회복하면서 우리나라는 무려 4.1%의 경제성장률을 달성했습니다. 코로나19 이전인 2019년(2.2%)보다 훨씬 높았습니다. 그런데 우리나라 주가는 지지부진했습니다. 1월 5일 2,990이었던 코스피지수는 12월 31일 2,977로 마감했습니다. 반면 미국의 주가는 크게 올라 미국 주식을 보유한 투자자들은 높은 수익률을 올릴 수 있었습니다. 그 이유는 무엇일까요?

2021년 미국의 경제성장률은 우리나라보다 훨씬 높은 5.7%였습니다. 그리고 미국의 기준금리는 여전히 0~0.25%였지만, 0.5% 정도였던 미국의 10년물 국채금리가 1.4%까지 올랐습니다. 미국의 시장금리가 크게 상승하면서 우리나라와의 금리 차이가 좁혀진 것입니다. 따라서 2021년에는 금리와 성장성 모두 높았던 미국으로 돈이 이동해 미국의 주가가 크게 상승할 수 있었습니다.

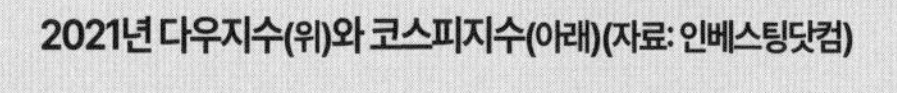
2021년 다우지수(위)와 코스피지수(아래)(자료: 인베스팅닷컴)

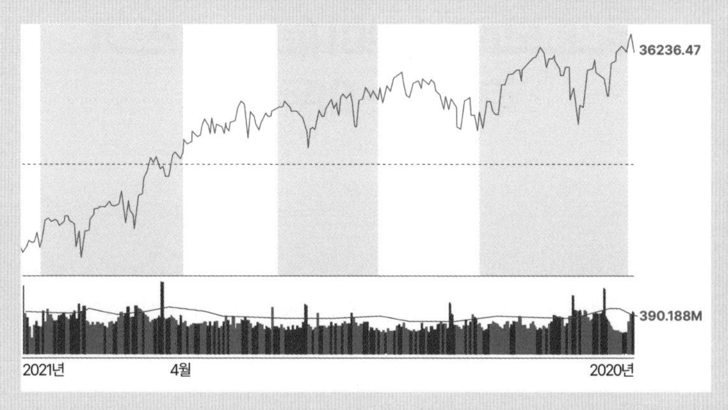
36236.47
390.188M
2021년
4월
2020년

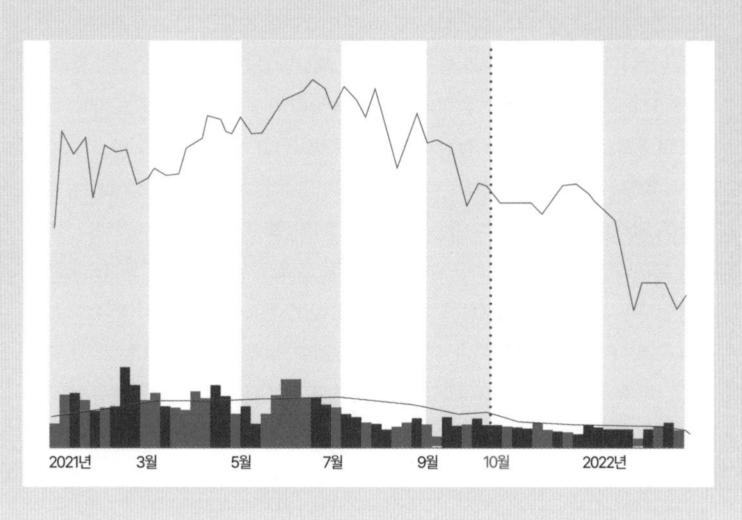
2021년
3월
5월
7월
9월
10월
2022년

우리나라에서 한미 통화스와프가 주목받는 이유는?

우리나라의 외환보유고는 약 4,000억 달러로 세계 8위입니다(2022년 1월 기준). 1997년 IMF 이후 외환보유고의 중요성을 깨달아 꾸준히 늘려온 결과입니다. 그럼에도 불구하고 앞서 살펴본 것처럼 투기 세력 등의 가세로 우리나라에서 달러가 순식간에 대량으로 빠져나간다면 4,000억 달러의 외환보유고로도 버티지 못하고 또다시 외환위기가 찾아올 수 있습니다. 이럴 경우를 대비해 우리나라 정부와 중앙은행은 다른 나라들과 통화스와프를 체결해왔습니다. 통화스와프를 체결하면 급하게 돈이 필요할 경우 신속하게 상대 국가의 돈을 빌릴 수 있습니다. 다른 나라의 돈을 급하게 빌릴 수 있는 마이너스 통장이라고 생각하면 됩니다.

전 세계에서 가장 많이 사용되는 통화는 달러입니다. 우리나라 입장에서는 위기 상황에 달러를 직접 빌릴 수 있는 미국과의 통화스와프가 가장 중요합니다. 이에 따라 우리나라는 금융위기 때인 2008년 10월, 300억 달러 규모의 통화스와프를 체결했지만 2010년에 종료됐습니다. 그리고 2020년 코로나19 사태 이후 한미 통화스와프를 다시 체결했지만, 이듬해인 2021년 말에 종료됐습니다.

2022년 우리나라에서 자금이 대거 빠져나가면서 환율이 치솟아 1,400원을 돌파했습니다. 그로 인해 한미 통화스와프를 다시 체결해야 한다는 의견이 많아졌습니다. 중앙은행인 한국은행은 미국의 연준과 통화스와프에 대한 정보를 교환하겠다고 밝혔습니다.

환율을 내리고 원화가치를 올리는 방법은 크게 두 가지입니다. 첫 번째 방법은 중앙은행이 기준금리를 올리는 것입니다. 앞서 살펴본 것처럼 기준금리가 오르면 자국의 통화가치가 상승할 수 있습니다. 그런데 금리를 너무 올리면 내수경제가 침체될 수 있다는 부작용이 있습니다. 두 번째 방법은 외환보유고의 달러를 풀어 외환시장에서 원화를 매입하는 것입니다. 그런데 이 경우 잘못하면 외환보유고가 고갈되어 IMF와 같은 외환위기가 발생할 수 있습니다. 환율을 인위적으로 내리기 위해 경기침체나 외환보유고 고갈이라는 떠안기 싫은 리스크를 짊어져야만 하는 것입니다.

그런데 만약 통화스와프가 체결된다면 이러한 리스크를 피하면서 외환시장을 안정시킬 수 있다는 장점이 있습니다. 한국은행이 기준금리 인상에 대한 압박감에서 다소 벗어나 정책적인 여유를 가질 수 있다는 점도 장점입니다. 향후 한미 통화스와프 체결 여부를 주목해야 하는 이유입니다.

세계 경제에서 인플레이션은 언제 발생할까?

인플레이션의 종류

어린 시절 조그마한 동네 분식점에서 판매했던 핫도그의 가격은 50원이었습니다. 100원을 내면 친구와 사이좋게 핫도그를 한 개씩 먹을 수 있었죠. 핫도그 하나에 2,000원을 호가하는 지금으로선 상상도 할 수 없는 가격입니다. 시간이 지나면서 지속적으로 인플레이션(물가상승)이 발생한 것입니다. 미래에는 핫도그 한 개에 1만원이 넘어갈지도 모릅니다.

그렇다면 어떤 경우에 인플레이션이 발생할까요? 인플레이션의 종류를 크게 세 가지로 나누어 살펴보겠습니다.

① 수요인플레이션

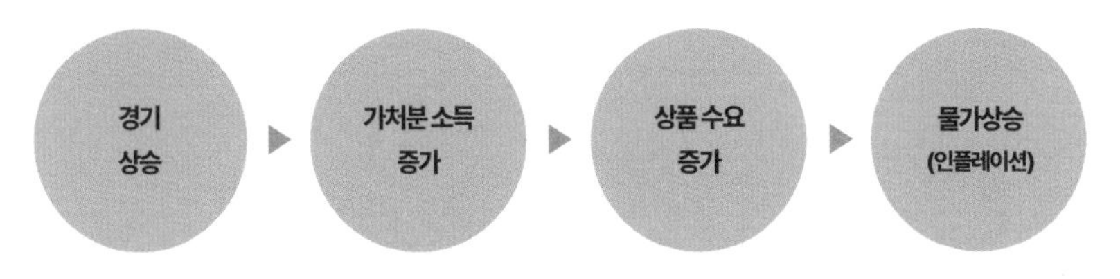

경기가 좋아지면 인플레이션이 발생할 수 있습니다. 경기가 상승하면

사람들의 가처분 소득이 증가하죠. 가처분 소득이란 실제로 사용할 수 있는 소득입니다. 예를 들어 연봉 3,000만원인 회사원은 한 달에 250만원의 월급을 받아야 합니다. 하지만 실제로 손에 쥐는 돈은 약 220만원입니다. 약 30만원을 세금과 4대 보험료로 납부해야 하기 때문이죠. 그러므로 연봉 3,000만원인 회사원의 가처분 소득은 월 220만원입니다.

가처분 소득이 220만원에서 250만원으로 오른다면 월급날 외식을 하거나 그동안 사고 싶었던 물건을 살 수 있습니다. 가처분 소득이 증가하면서 상품 수요가 늘어나는 것입니다. 상품 수요가 증가하면 자연스럽게 상품 가격도 올라갑니다. 이렇게 상품 수요가 늘어나 발생한 인플레이션을 수요인플레이션이라고 합니다.

② 비용인플레이션

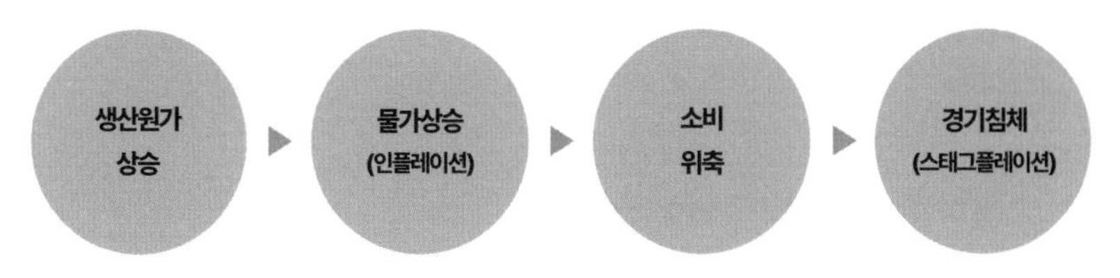

비용인플레이션이란 상품을 만들 때 생산원가가 올라 물가가 오르는 현상입니다. 그런데 이 경우에는 사람들의 소득이 늘어나지 않고 물가만 올라가기 때문에 오히려 소비가 위축되면서 경기침체가 찾아올 수 있습니다. 물가가 상승하면서 동시에 경기가 침체하는 현상을 스태그플레이션(stagflation)이라고 합니다. 따라서 비용인플레이션이 발생하면 스태그플레이션이 찾아올 수 있습니다.

대표적인 경우가 수입 원자재 가격이 오르면서 물가가 올라가는 것입니다. 예를 들어 석유 가격이 크게 오르면 수입 원자재 가격이 올라 비용인플레이션이 찾아올 수 있습니다. 1970년대 두 차례의 오일쇼크로 국제 석유 가격이 크게 올랐을 때, 미국을 포함한 여러 나라가 비용인플레이션으로 인한 스태그플레이션으로 어려움을 겪었습니다. 우리나라도 2차 오일쇼크의 여파로 경기가 침체되어 당시 마이너스 경제성장률을 기록했죠.

환율이 상승해도 비용인플레이션이 발생할 수 있습니다. 환율이 상승하면 달러가치가 올라가므로 수입 원자재 가격이 비싸져 물가가 상승합니다. 예를 들어, 성욱 씨는 해외에서 1달러짜리 원단을 사와 가공해 판매하는 사업을 하고 있습니다. 그런데 1달러에 1,000원이던 환율이 2,000원으로 올랐습니다. 예전에는 1,000원에 살 수 있었던 원단을 이제는 2,000원을 주고 사야 합니다. 결국 성욱 씨는 판매하는 상품의 가격을 올리지 않을 수 없었습니다.

이처럼 고환율이 지속될 경우 물가상승을 피하기 어렵습니다.

③ 통화량 증가에 의한 인플레이션

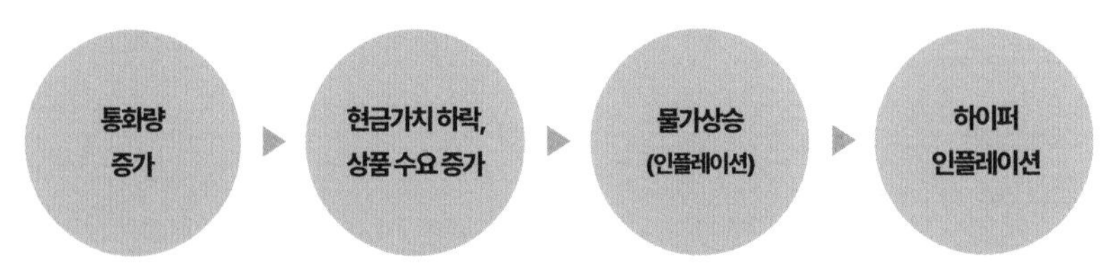

통화량이 증가해 시중에 돈이 많아지면 소비가 늘어나므로 상품 수요도 증가합니다. 상품 수요가 늘어나 물가가 상승하는 측면만 보면 ① 수요인플레이션과 크게 다르지 않습니다.

하지만 가처분 소득의 증가가 아니라 통화량의 증가로 현금가치가 하락해 물가가 상승한다는 측면에서 ①과 구분해 설명할 필요가 있습니다. 이 경우 돈이 많아져 현금가치가 떨어지는 바람에 물가가 오른 것이기 때문에 상품 가격이 실제 상품의 가치보다 비싸질 수 있습니다. 즉, 자산버블(상품 가격과 상품가치의 갭)이 형성되면서 물가가 크게 오르는 것입니다.

만약 통화량이 엄청나게 많아지면 어떻게 될까요? 최악의 경우 현금가치가 폭락해 하이퍼인플레이션(hyper inflation)이 찾아올 수 있습니다. 물가가 통제 불가능할 정도로 엄청나게 상승하는 것을 하이퍼인플레이션이라고 합니다.

하이퍼인플레이션이 발생했던 대표적인 나라는 바로 독일입니다. 제1차 세계대전 이후, 승전국들은 패전국이었던 독일에 막대한 배상금을 물려 전쟁에 대한 책임을 지게 했습니다. 하지만 독일은 전쟁으로 인해 경제 상황이 좋지 않았기 때문에 배상금을 지불할 여력이 없었죠. 이 문제를 해결하기 위해 독일은 돈을 마구 찍어댔고, 그로 인해 하이퍼인플레이션이 찾아왔습니다. 1921년 12월에 3.9마르크였던 빵 가격이 22개월 후에는 무려 17억 마르크로 올랐습니다. 5인 가족이 빵 한 개씩을 먹으려면 85억 마르크가 필요했죠.

독일의 인플레이션도 엄청났지만 인플레이션 세계 기록 보유 국가는 헝가리입니다. 제2차 세계대전 직후인 1946년 헝가리에는 4,200조%라는 믿기 힘든 인플레이션이 발생했습니다. 15시간마다 두 배씩, 일주일에 약 2,050배씩 물가가 상승한 것이죠. 당시 헝가리의 통화는 펭괴(pengö)였는데, 사람들이 길거리에 돈을 버려도 아무도 주워 가지 않았다고 합니다. 결국 버틸 수 없게 된 헝가리는 화폐개혁을 통해 펭괴에서 포린트로 통화를 바꾸었습니다.

하이퍼인플레이션의 사례는 우리나라에서도 찾아볼 수 있습니다. 조선시대 흥선대원군은 경복궁 재건 등을 위해 당백전을 발행했습니다. 하지만 너무 많이 발행한 나머지 하이퍼인플레이션이 발생했죠. 당시 발행된 당백전은 시중 통화량 전체보다 많은 금액이었습니다. 그로 인해 백성들의 삶이 더욱 고단해졌고, 결국 대원군이 실각하는 원인이 되었습니다.

최근에는 베네수엘라, 터키, 아르헨티나 등에서 하이퍼인플레이션이 발생했습니다. 특히 베네수엘라는 2014년 석유 가격이 폭락하면서 경제가 크게 침체되었고, 경제를 살리기 위해 돈을 엄청나게 풀면서 하이퍼인플레이션이 발생했습니다.

2022년, 전 세계를 강타한 인플레이션의 원인은?

2022년 세계 경제에서 가장 중요한 키워드를 하나 꼽으라고 한다면 단연 인플레이션일 것입니다. 미국의 소비자물가지수(CPI)는 40년 만에 최고치를 기록했고, 우리나라의 수출입물가 역시 13년 만에 가장 높은 수치를 기록했습니다. 우리나라와 미국뿐 아니라 전 세계 국가가 높은 인플레이션으로 몸살을 겪었습니다. 그렇다면 이와 같은 기록적인 인플레이션이 발생한 원인은 무엇일까요?

앞서 인플레이션의 종류에 대해 공부했습니다. 그런데 2022년의 인플레이션은 ① 수요인플레이션, ② 비용인플레이션, ③ 통화량 증가에 의한 인플레이션이 동시다발적으로 발생한 강력한 인플레이션이었습니다. 그렇다면 어떻게 세 가지 종류의 인플레이션이 모두 발생했는지 하나씩 자세히 알아보겠습니다.

① 수요인플레이션

2020년은 코로나19의 확산으로 경제성장률이 추락한 해입니다. 우리나라는 물론이고 미국, 일본, 유럽 모두 마이너스 경제성장률을 기록했습니다. 그러나 이러한 상황은 오래가지 않았습니다. 이듬해인 2021년, 주요국가들이 코로나19 확산 속에서도 높은 경제성장률을 기록했기 때문입니다. 우리나라를 포함해 미국, 독일, 일본 모두 코로나19가 발생하기 전인 2019년보다 높은 성장률을 달성했습니다(표). 이는 최악의 시기가 지나고 경기가 어느 정도 회복해 수요인플레이션이 발생했음을 의미합니다.

2019~2021년 주요국(한, 미, 일, 독)의 경제성장률 비교(단위: %)

국가	2019년	2020년	2021년
한국	2.2	-0.7	4.1
미국	2.3	-3.4	5.7
일본	-0.2	-4.5	1.6
독일	1.1	-4.6	2.9

② 비용인플레이션

2021~2022년은 생산비용이 상승한 시기이기도 합니다. 당시 생산비용이 상승한 이유는 크게 두 가지입니다.

첫째는 코로나19 이후 글로벌 공급망의 변화입니다. 코로나19 이전에는 글로벌 기업들이 생산단가를 줄이기 위해 인건비, 세금 등 각종 비용이 낮은 곳에 공장을 설립해 부품 및 원자재를 조달했습니다. 그러나 코로나19의 확산으로 물류 및 인적 자원의 이동이 어려워지자 글로벌 기업들도 원자재 및 부품 조달에 어려움을 겪었습니다. 결국 완제품 공급이 제때 이루어지지 않았고, 이는 매출 감소로 이어졌습니다.

이제 글로벌 기업들은 단지 생산비용이 저렴한 곳에서 원자재 및 부품을 조달하려고 하기보다 생산비용이 다소 높아지더라도 안정적으로 공급할 수 있는 곳이 필요해졌습니다. 또한 미중 무역전쟁이 길어지면서 미국은 주요 부품들을 중국 등의 타국이 아닌, 미국 내에서 생산하는 방식으로 바꾸려고 하고 있습니다. 이와 같은 글로벌 공급망의 재편은 생산비용 상승으로 이어져 비용인플레이션의 원인으로 작용했습니다.

둘째는 러시아와 우크라이나의 전쟁입니다. 2022년 2월, 러시아가 우크라이나를 침공하면서 전쟁이 시작됐습니다. 늘 그렇듯 전쟁은 세계 경제에 많은 영향을 미칩니다. 특히 러시아-우크라이나 전쟁은 전 세계 에너지 및 식량 공급을 불안정하게 만들었습니다.

러시아는 세계 1위 천연가스 수출국이었습니다. 그런데 전쟁으로 미국과 유럽이 러시아에 강력한 제재를 가하면서 러시아의 천연가스 공급이 어려워졌고, 이는 천연가스, 석유 등의 에너지 가격 폭등으로 이어졌습니다. 1배럴에 70달러 정도였던 석유 가격은 전쟁 이후 130달러까지 치솟았습니다.

2020년 세계 천연가스 수출국 순위
(단위: bcm, 자료: 스타티스타)

순위	국가명	수출량
1	러시아	230
2	미국	130
3	카타르	127
4	노르웨이	105
5	호주	101
6	캐나다	74
7	알제리	40
8	나이지리아	35
9	네덜란드	32
10	인도네시아	25

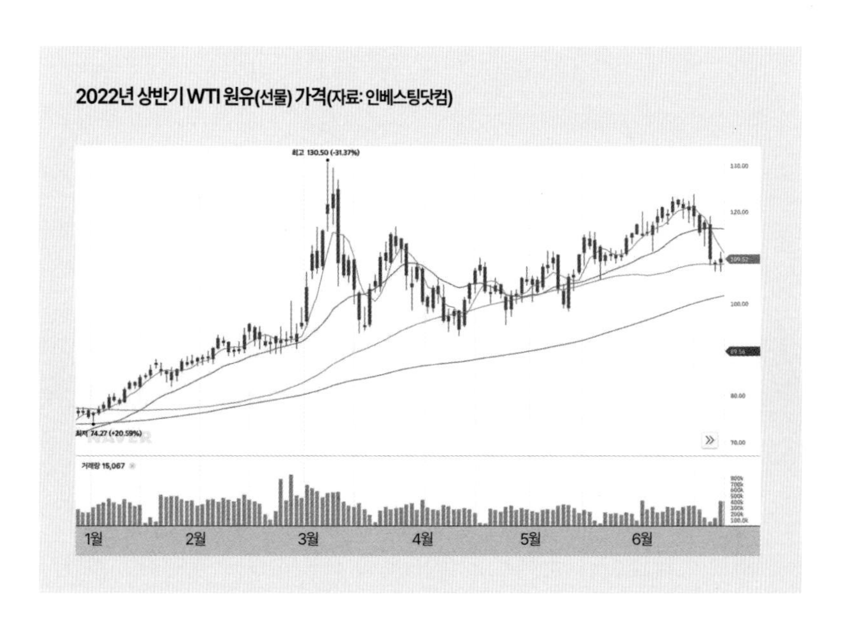

2022년 상반기 WTI 원유(선물) 가격(자료: 인베스팅닷컴)

또한 우크라이나는 세계 6위의 밀 수출국이며, 러시아와 우크라이나는 전 세계 밀과 보리 수출량의 1/3을 차지하고 있습니다. 그런데 전쟁으로 곡물 생산이 어려워지자 전쟁 후 한 달 만에 밀 가격이 20% 상승하는 등 전 세계 곡물 가격이 뛰어올랐습니다. 이처럼 러시아-우크라이나 전쟁은 에너지 가격 및 곡물 가격 상승을 일으켜 세계적인 비용인플레이션을 발생시켰습니다.

비용인플레이션의 두 가지 원인 중 더 지속될 것으로 예상되는 것은 코로나19 이후 글로벌 공급망의 변화입니다. 러시아-우크라이나 전쟁으로 인한 물가 상승은 종전이 되면 안정될 가능성이 큽니다. 그러나 코로나19로 인한 글로벌 공급망의 변화는 당분간 이어질 가능성이 높습니다. 기업 입장에서 공급망 재편 끝에 최적화된 공급망을 구축하면 쉽게 바꾸기 어렵기 때문입니다. 이로 인해 세계 경제는 코로나19가 발생하기 이전에 비해 어느 정도의 비용인플레이션을 감수해야 할 것으로 보입니다.

③ 통화량 증가에 의한 인플레이션

2020년 코로나19로 세계적인 경기침체가 발생하자 세계 주요 국가들은 위기를 해결하기 위해 금융위기 때와 마찬가지로 돈 풀기에 나섰습니다. 문제는 금융위기 때보다 훨씬 더 많은 돈을 풀었다는 것입니다. 특히 미국은 금융위기 이후 양적완화로 5년 동안 푼 돈의 약 세 배를 2020년 한 해에 풀었습니다. 2021년에도 유동성 공급은 멈추지 않았습니다. 2년이라는 짧은 시간 동안 사상 초유의 돈이 풀리면서 우리나라를 포함한 세계 여러 나라에 자산버블이 발생해 주식, 부동산, 코인 등의 자산 가격이 폭등했고, 전반적인 물가상승을 이끌었습니다.

이 중에서 가장 큰 영향을 미친 것을 하나만 고르라고 한다면 단연 ③ 통화량 증가에 의한 인플레이션입니다. 인류 역사상 이처럼 많은 돈이 풀린 적은 없었습니다. 이렇게 발생한 인플레이션은 예상을 뛰어넘는 수준이었습니다. 부랴부랴 인플레이션을 잡기 위해 미국뿐 아니라 우리나라도 급격한 금리인상을 단행했습니다. 미국의 중앙은행인 연준은 물가가 잡힐 때까지 금리를 인상하겠다고 공언했습니다.

그런데 금리가 오르면 내수경기가 침체할 가능성이 커집니다. 가뜩이나 비용인플레이션으로 물가가 상승하면서 경기가 침체되는 스태그플레이션 가능성이 커졌는데 여기에 금리까지 올라가면서 성장성이 악화되어 경기 침체 가능성이 더욱 커졌습니다.

가장 좋은 시나리오는 경기가 침체될 정도로 금리가 오르기 전에 물가가 안정되는 것입니다. 물가는 언제쯤 잡힐까요? 그리고 물가가 잡힐 때까지 금리가 얼마나 올라갈까요? 전 세계가 물가와 금리 변화에 주목하고 있습니다.

실력 체크

- 석유 가격이 상승하면 (수요/비용)인플레이션이 발생할 수 있다.
- 물가가 상승하면서 동시에 경기가 침체되는 현상을 (하이퍼인플레이션/스태그플레이션)이라고 한다.
- 환율이 상승하면 (수요/비용)인플레이션이 발생할 수 있다.

정답 | (순서대로) 비용, 스태그플레이션, 비용

대표적인 물가지수는 무엇일까?

물가는 일상생활뿐 아니라 정부의 재정정책이나 중앙은행의 통화정책에도 많은 영향을 미칩니다. 물가를 파악하기 위해서는 물가지수를 살펴봐야 합니다. 대표적인 물가지수에는 어떤 것들이 있는지 알아보겠습니다.

① CPI(소비자물가지수)

소비자가 구입하는 상품과 서비스의 가격변동을 보여주는 대표적인 물가지수입니다. 미국의 CPI는 매월 노동부 산하 고용통계국에서, 우리나라의 CPI는 통계청에서 발표하고 있습니다. 미국은 1913년 연준이 출범하면서 CPI를 조사하기 시작했고, 우리나라는 1965년부터 조사를 시작했습니다.

② PPI(생산자물가지수)

국내 생산자가 내수시장에 공급하는 상품 및 서비스의 가격변동을 종합한 지수입니다. CPI에 포함되지 않는 원재료, 중간재, 최종자본재 등도 조사에 포함되어 CPI보다 더욱 포괄적인 물가지수입니다. 미국에서는 노동부가, 우리나라에서는 한국은행이 발표하고 있습니다.

③ PCE(개인소비지출)

가계와 민간 비영리기관이 상품과 서비스를 이용하는 데 지불한 비용을 합한 것으로, 한 나라의 개인이 쓴 돈을 말합니다. 단, 토지와 건물의 구입비 등은 제외입니다. 특정 기간 개인들이 지출을 늘렸는지 줄였는지를 파악할 수 있습니다. 특히 미국의 중앙은행인 연준이 중요하게 생각하여 참고하는 물가지수입니다.

④ 근원 물가지수

에너지, 식량처럼 변동성이 큰 품목을 제외한 물가지수를 말합니다. 예를 들어 근원 CPI(소비자물가지수)는 이러한 식량과 에너지 부문을 제외한 소비자물가지수를 뜻합니다. 식량 가격은 기후의 변화나 가뭄, 홍수 등으로 오르락내리락 할 수 있으며 추석과 같은 명절 때 수요가 급증해 가격이 크게 오를 수도 있습니다. 휘발유나 경유 같은 에너지 가격도 전쟁이나 국제적 분쟁으로 가격의 변동성이 심합니다. 일반적인 물가지수와 함께 근원 물가지수를 관찰하면 물가의 추세를 더 정확히 파악할 수 있습니다.

기준금리는 누가 정할까?

통화량과 물가에 영향을 미치는 기준금리

금리에는 기준금리, 예금금리, 채권금리, CD금리, CP금리 등 여러 종류가 있습니다. 이 중 가장 중요한 것은 기준금리입니다. 기준금리는 말 그대로 다른 금리의 기준이 되기 때문에 보통 기준금리가 내려가면 은행의 예금금리나 대출금리 등 시중금리도 내려가고, 기준금리가 올라가면 시중금리도 올라갑니다. 군대로 따지면 부대원들을 이끄는 부대장과 같다고 할 수 있습니다.

그렇다면 기준금리는 누가 결정할까요? 기준금리는 각국의 중앙은행이 결정하며, 우리나라는 한국은행의 금융통화위원회가 결정합니다. 금융통화위원회는 한국은행의 통화정책을 심의하고 의결하는 기구입니다.

기준금리가 중요한 이유는 통화량과 물가에 큰 영향을 미치기 때문입니다. 앞서 살펴본 것처럼 기준금리가 내려가면 보통 통화량이 증가하고 물가가 오릅니다. 반대로 기준금리가 올라가면 통화량이 회수되고 현금가치가 상승하면서 물가가 하락할 수 있습니다.

따라서 중앙은행은 침체된 경기를 살리기 위해 기준금리를 내리기도 하고, 과열된 경기를 진정시키거나 높아진 물가를 잡기 위해 기준금리를 올리기도 합니다. 한국은행도 2008년 금융위기가 닥치자 기존 5%대였던 기준금리를 4개월 만에 2%로 뚝 떨어뜨린 적이 있습니다. 급격히 침체된 경기를 상승시키기 위해서였습니다.

금융위기 직후 2%로 하락했던 기준금리가 약 15개월 만에 2.25%로 올랐을 때, 각종 매스컴에서 특종과 속보로 이 소식을 다루었습니다. 저 역시 TV 드라마를 보다가 기준금리 인상 소식을 화면 아래 뉴스 속보 자막으로 본 기억이 납니다. 1%포인트도 아니고 고작 0.25%포인트 올랐을 뿐인데 말입니다. 기준금리가 경제 전반에 미치는 파급효과가 상당하기 때문에 조금만 변동되어도 뉴스 속보로 나오는 것입니다.

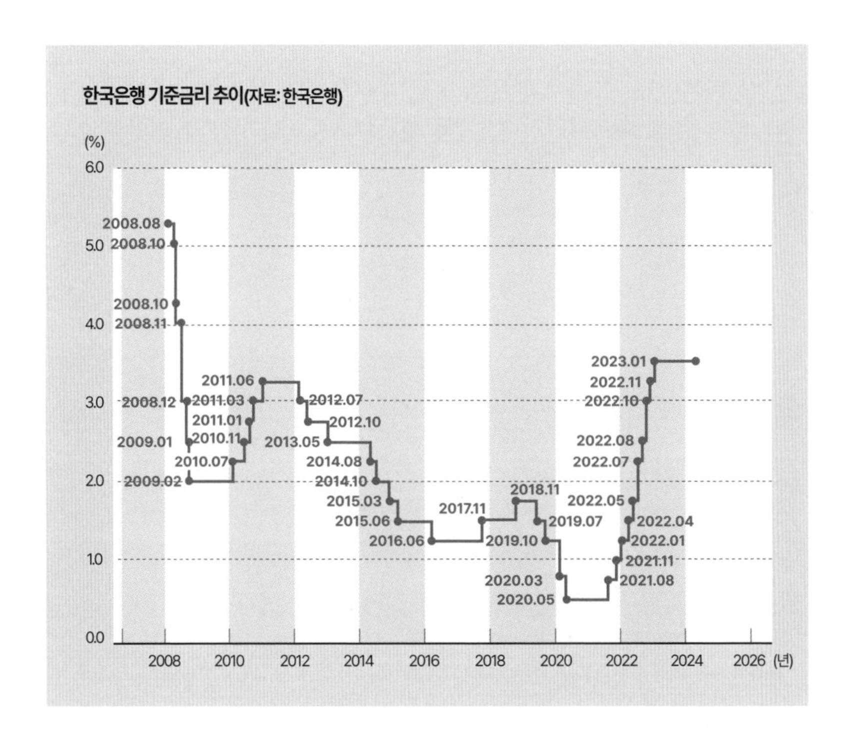

우리나라의 기준금리는 2019년부터 하락하다 코로나19로 역대 최저인 0.5%까지 떨어졌습니다. 그야말로 '가보지 않은 길'을 갔던 것이죠. 세계적으로 유행한 바이러스로 세계 경제의 불확실성과 경기침체 가능성이 커진 것이 반영된 결과입니다.

이 같은 역대 최저금리는 이듬해인 2021년 7월까지 이어지다 8월부터 꾸준히 올라 3.5%까지 도달했습니다(2024년 4월 기준). 특히 2022년에는 기준금리를 한 번에 0.5%포인트씩 두 차례나 올렸습니다. 보통 한국은행은 기준금리를 0.25%포인트씩 인상했는데, 1999년 기준금리 도입 이후 이른바 '빅스텝'이라 불리는 0.5%포인트 기준금리 인상은 처음이었습니다.

한국은행이 역대 최초의 빅스텝을 두 차례나 단행한 가장 큰 이유는 물가를 잡기 위해서입니다. 앞서 언급했듯 2022년에는 세계적으로 강력한 인플레이션이 발생했습니다. 미국을 중심으로 유럽, 영국 등의 중앙은행이 물가를 잡기 위해 금리를 인상했고, 한국은행 역시 같은 이유로 금리를 인상했습니다. 물가를 잡는 것이 우선적인 과제인 만큼 기준금리는 물가가 안정될 때까지 올라갈 가능성이 높습니다.

그러나 급격한 기준금리 인상은 신용경색을 가져오고 내수경제를 침체시킬 수 있습니다. 가장 좋은 시나리오는 경기침체를 최소화하면서 물가를 잡는 것입니다. 각국의 중앙은행이 두 마리 토끼를 잡을 수 있을지 주목할 필요가 있습니다.

달러 통화량을 조절하는 미국의 중앙은행

전 세계 중앙은행 중에서 세계 경제에 가장 큰 영향을 미치는 곳은 단연 미국의 중앙은행입니다. 미국의 중앙은행은 전 세계에서 가장 많이 사용되는 통화인 달러를 찍어냅니다. 미국의 중앙은행을 연방준비제도(Fed, Federal Reserve System)라고 합니다.

연방준비제도(이하 '연준')는 우리나라처럼 하나의 중앙은행이 존재하는 것이 아니라 '분권화된 중앙은행'의 형태를 취하고 있습니다. 무려 열두 개의 연준이 미국 전역에 흩어져 있는데, 워싱턴에 있는 이사회가 이들을 총괄하는 형태입니다. 이사는 총 일곱 명입니다. 대통령이 지명하고 상원이 승인하며 그중 한 명이 의장이 됩니다. 연준 의장은 우리나라로 따지면 한국은행장이라고 할 수 있습니다. 2018년 2월부터 제롬 파월이 16대 의장을

열두 개의 연방준비제도 관할 지역

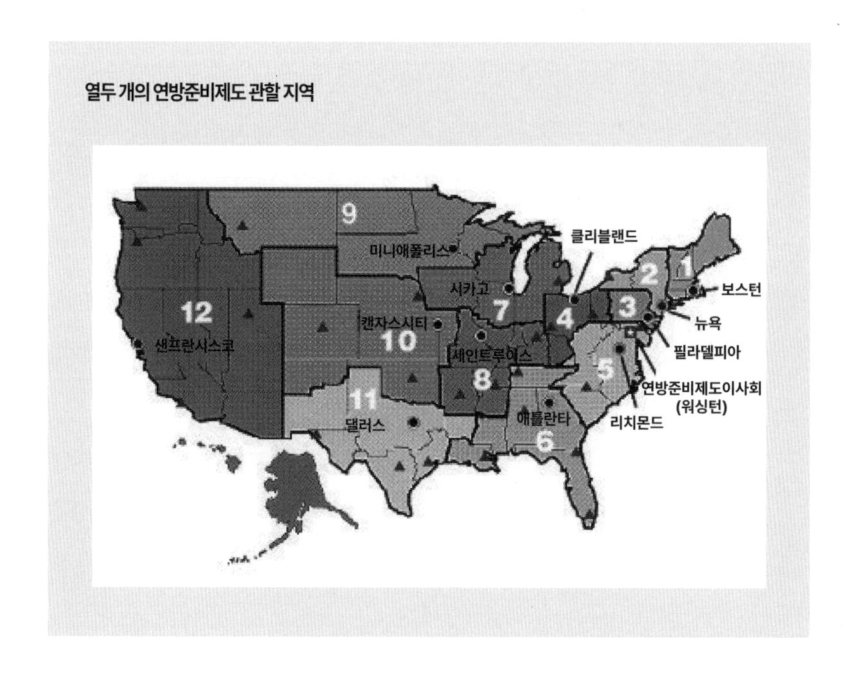

맡고 있습니다.

한국은행이 원화의 통화량을 조절한다면 연준은 달러의 통화량을 조절합니다. 달러는 전 세계에서 가장 많이 쓰이는 통화이므로 연준의 결정은 세계 경제에 매우 큰 영향을 미칩니다. 우리나라에서도 미국의 기준금리가 변경되면 매번 뉴스 속보로 다루고 있죠.

밀고 당기는 미국 정부와 연준의 관계

그렇다면 연준의 주인은 누구일까요? 대통령이 이사들을 지명하기 때문에 당연히 정부 소유라고 생각하는 사람이 많은데, 놀랍게도 연준은 민간기업입니다. 연준의 주식은 모두 회원은행들이 보유하고 있습니다.

하지만 아무리 민간 기업이라 하더라도 결국 대통령이 이사들을 지명하니 정부의 입김이 강하지 않을까요? 그런데 실제로 미국 정부가 연준에 이래라저래라 하기는 어렵습니다. 이사들의 임기가 무려 14년에 달해 독립적으로 활동할 수 있는 여건이 마련되어 있기 때문입니다.

따라서 미국 정부와 연준이 마찰을 빚기도 합니다. 예를 들어, 정부는 통화량을 늘려 경기를 띄우기를 원합니다. 통화량이 늘어난다는 것은 사람들의 주머니에 돈이 많아진다는 뜻이죠. 그리고 주식과 부동산 가격도 올라 대통령의 인기가 상승해 재선에 유리할 수 있습니다.

하지만 이때 연준은 자산버블로 인한 물가상승을 우려해 금리를 인상합니다. 경기상승에 찬물을 끼얹는 셈이죠. 이를 두고 과거 연준 의장이었던 앨런 그린스펀은 이렇게 말했습니다.

"연준의 역할은 파티가 한창일 때 접시를 빼는 것이다."

그러나 미국 정부가 연준에 늘 끌려다니는 것은 아닙니다. 정부의 입김이 강하게 작용한 사례들도 있습니다. 1951년 국채를 사달라는 미국 정부의 요구를 연준이 거절했을 때, 정부의 의지로 연준 의장이 윌리엄 마틴으로 바뀌었죠. 결국 연준은 정부의 요구대로 국채를 매입했습니다. 당시 마틴을 임명한 사람은 다름 아닌 해리 트루먼 대통령이었습니다.

1979년 연준이 미국 정부의 금리인상 주장을 반대했을 때도 연준 의장이 폴 볼커로 교체됐고, 기준금리가 올라갔습니다. 볼커는 원래 재무부 차관이었습니다. 결국 정부 쪽 인물이 연준 의장이 된 것입니다.

반대로 연준 의장이 정부 쪽 인물이 된 경우도 있습니다. 대표적인 예가 바이든 행정부의 재무장관인 재닛 옐런으로, 그녀는 15대 연준 의장을 역임했습니다.

Common Sense Dictionary of Global Economy

1

첫째 마당

미국 경제

미국은 코로나19와 금융위기를 어떻게 해결하려 했을까?

돈을 풀어 위기를 해결하려고 한 미국

21세기에 세계 경제에 엄청난 영향을 미친 두 번의 커다란 위기가 있었습니다. 바로 2008년의 금융위기와 2020년의 코로나19 팬데믹입니다. 이때 모두 경제위기를 해결하기 위해 미국을 중심으로 전 세계가 대규모 유동성 공급, 즉 돈 풀기를 했습니다. 우리는 두 경우의 공통점과 차이점을 알아야 할 필요가 있습니다. 이를 이해하면 작금의 세계 경제 상황을 더욱 잘 파악할 수 있기 때문입니다.

먼저 금융위기에 대한 이야기를 해보겠습니다. 2008년 미국발 금융위기로 세계 경제는 엄청난 혼란과 침체를 겪었습니다. 우리나라도 경기가 둔화되었고 환율이 폭등해 1,500원을 돌파했습니다. 주가도 큰 폭으로 하락했는데, 2007년 2,000포인트를 넘었던 코스피지수가 900포인트 아래로 하락했습니다.

금융위기의 진원지인 미국도 상황이 심각했습니다. 주가와 자산가치가 폭락하고 실업자가 속출했으며, 정권도 공화당에서 민주당으로 교체되었죠. 미국의 대통령이 된 버락 오바마와 당시 연준 의장이던 벤 버냉키는 금융위기를 수습해야 하는 막중한 임무를 부여받았습니다. 그들은 엄청나게 많은 돈을 풀어 금융위기를 해결하고자 했습니다. 이때 버냉키는 "헬리콥터로 공중에 돈을 뿌려서라도 경기를 부양하겠다"라고 말해 '헬리콥터 벤'이라는 별명을 얻었습니다.

고뇌하는 벤 버냉키
(자료: 언론 보도)

그로부터 12년이 지난 2020년, 코로나19가 전 세계를 휩쓸었습니다. 금융위기 이후 가장 충격적이고 파괴력 있는 사건이었죠. 코로나19 팬데믹은 실물경제에 직접적으로 타격을 가했습니다. 제조업, 서비스업을 가리지 않고 큰 타격을 주었는데, 특히나 항공 산업, 여행 산업, 수출 산업 등은 엄청난 피해를 입었습니다.

주요 국가들의 경제성장률도 마이너스로 추락했습니다. 우리나라뿐 아니라 미국, 유럽, 일본 등 세계 여러 나라들의 경제성장률이 마이너스를 기록했습니다. 이는 코로나19 팬데믹으로 세계적인 경기침체가 있었음을 의미합니다. 우리나라가 마이너스 경제성장률을 기록한 것은 1998년 IMF 이후 처음이었습니다.

그로 인해 전 세계 주요 증시의 주가는 폭락을 피할 수 없었습니다. 우리나라 역시 약 2,200포인트였던 종합주가지수가 한때 1,400포인트대로 떨어졌습니다. 주가만 폭락한 것이 아닙니다. 석유 가격도 폭락해 한때 마이너스를 기록했습니다. 돈을 내고 석유를 사는 게 아니라 돈을 받고 사야 하는 초유의 기현상이 발생했습니다. 코로나19로 물류와 사람의 이동이 어려워지자 경기가 급속도로 침체되어 석유 수요가 크게 줄었기 때문입니다.

추락하는 경제를 살리기 위해 전 세계는 미국을 중심으로 다시 대규모 유동성 공급에 나섰습니다. 미국의 연준 의장인 제롬 파월과 미국 정부는 금융위기 때처럼 경기가 살아날 때까지 달러를 살포하기로 했으며, 전 세계 여러 나라가 돈 풀기에 동참했습니다.

돈을 풀어 경기상승을 노리는 방법들

유동성 공급의 주체는 정부와 중앙은행입니다. 그렇다면 정부와 중앙은행은 어떤 방법으로 돈을 풀 수 있을까요?

① 기준금리 인하

중앙은행이 기준금리를 인하하면 통화량이 증가합니다. 기준금리가 내려가면 일반적으로 채권금리와 은행의 예금금리, 대출금리 등 시중금리도 같이 내려갑니다. 그러면 대출을 받기 쉬워지므로 통화량이 증가하죠.

사실 미국의 중앙은행인 연준은 미국 경제가 큰 위기를 겪을 때마다 금리를 내려, 즉 유동성을 공급해 문제를 해결하려고 했습니다. 1980년대 후반 저축대부조합 절반이 파산했을 때도, 1998년 헤지펀드회사 롱텀캐피털매니지먼트(LTCM)의 펀드가 붕괴되어 큰 피해가 예상됐을 때도 금리를 인하해 유동성을 공급했습니다.

연준은 금융위기와 코로나19 직후 기준금리를 역사상 최저금리인 제로금리(0%)로 뚝 떨어뜨렸습니다. 돈을 풀고자 하는 연준의 강력한 의지가 느껴지는 대목으로, 그만큼 경제 상황이 나빴음을 잘 보여줍니다.

② 지급준비율 인하

지급준비율이란 시중은행이 예금 총액 중에서 중앙은행에 예치하는 돈의 일정 비율입니다. 예를 들어 신한은행은 한국은행에 일정 비율의 돈을 예치해야 합니다. 그렇다면 신한은행은 왜 한국은행에 돈을 예치해야 할까요?

그 이유는 뱅크런(Bank Run) 때문입니다. 많은 사람들이 은행에 예금하지만 예금 인출 시기는 저마다 다릅니다. 어떤 사람은 오늘, 어떤 사람은 한 달 후, 어떤 사람은 몇 년 후에 예금을 인출할 것입니다. 이처럼 평소에는 사람들이 한꺼번에 예금을 찾아갈 가능성이 없습니다.

모든 예금자가 한꺼번에 예금을 찾아가는 대량 인출 사태가 발생하지 않는다면 은행은 예금의 상당 금액을 대출로 내보낼 수 있습니다. 대출금리는 예금금리보다 높으므로 대출금리와 예금금리의 차이, 즉 예대마진이 은행의 주요 수입이 됩니다.

그런데 은행이 파산하거나 부도가 나면 상황이 달라집니다. 사람들은 은행에 넣어둔 돈을 최대한 빨리 찾으려고 할 것입니다. 은행이 예금의 대부분을 대출로 내보냈다는 것을 알기 때문에 은행에 최대한 빨리 가야만 자신이 맡긴 예금을 찾을 수 있으니까요. 이와 같이 예금자들이 한꺼번에 돈을 찾으러 은행에 달려가는 현상을 뱅크런이라고 합니다.

뱅크런과 같은 대량 인출 사태가 발생하면 많은 예금자들이 돈을 찾아가지 못할 가능성이 커집니다. 그래서 이와 같은 상황에 대비해 은행들은 자체적으로 지급준비금을 예치해놓고 있으며, 중앙은행에도 지급준비금을 예치해두는 것입니다. 이와 같이 중앙은행에 가져다주는 지급준비금을 콕 집어 '법정지급준비금'이라고 하며, 법정지급준비금의 비율을 '(법정)지급준비율'이라고 합니다.

지급준비율은 중앙은행이 정합니다. 중앙은행이 지급준비율을 내리면 은행 입장에서는 중앙은행에 예치해야 할 금액이 줄어들어 더 많은 돈을 개인과 기업에 대출해줄 수 있습니다. 따라서 일반적으로 지급준비율이 내려가면 통화량이 늘어납니다.

③ 재할인율 인하

지급준비율을 내리는 방법 외에도 재할인율을 내리는 방법이 있습니다. 재할인율이란 중앙은행이 시중은행에 돈을 빌려줄 때 적용하는 이자율입니다. 즉, 재할인율은 시중은행이 중앙은행에서 자금을 조달할 때의 비용과 관계가 있습니다.

재할인율이 높아지면 시중은행은 중앙은행에 더 많은 이자를 지급하고 돈을 빌려야 하므로 자금 조달비용이 늘어납니다. 따라서 중앙은행에 빌리는 돈이 예전보다 줄어들고 통화량도 함께 줄어듭니다. 반대로 재할인율이 내려가면 시중은행은 중앙은행에서 더 많은 돈을 빌릴 수 있습니다. 그 돈으로 더 많이 대출해줄 수 있으니 통화량이 늘어납니다. 재할인율을 올리거나 내리는 것 역시 중앙은행의 역할입니다.

④ 양적완화

기준금리와 지급준비율, 재할인율을 내릴 만큼 내린 상황에서도 계속 돈을 풀어야 한다면 중앙은행은 어떻게 할까요? 중앙은행은 시장에 돈을 지급하고, 주식, 채권, 부동산, 파생상품 등 여러 자산을 살 수도 있습니다. 이때 필요한 돈은 중앙은행에서 찍습니다. 이와 같이 중앙은행이 돈을 찍어 시장의 자산을 매입하는 방법을 양적완화라고 합니다. 이렇게 하면 보다 직접적으로 시중에 돈을 공급할 수 있습니다.

⑤ 정부의 국채 발행과 중앙은행의 국채 매입

정부가 돈을 구하는 방법은 총 세 가지입니다. 첫 번째 방법은 가장 대표적인 방법으로 각종 세금을 걷어 돈을 마련하는 것입니다. 두 번째 방법은 돈을 빌리는 것입니다. 개인과 마찬가지로 정부도 돈을 빌릴 수 있습니다. 이때 정부가 발행하는 채권을 국채라고 합니다. 세 번째 방법은 원조를 받는 것입니다. 지금은 우리나라의 국력이 강해져 다른 나라를 원조하고 있지만 먹고살기 어려웠던 시절에는 우리나라 역시 다른 나라의 원조를 받았습니다.

세금을 더 걷거나 원조를 받기 어렵다면 정부는 국채를 발행해야 합니다. 그런데 국채를 발행하면 정부로 돈이 들어오는데 왜 통화량이 늘어날까요? 그 이유는 국채를 중앙은행에서 매입하기 때문입니다. 중앙은행이 국채를 사들이고 정부에 돈을 빌려주면 정부가 그 돈을 시중에 풀어 통화량이 늘어나는 것입니다.

⑥ 정부지출 늘리기

정부가 지출을 늘려 돈을 풀 수도 있습니다. 기업들에 공적자금을 투입하거나 다리, 항만, 철도 등의 토목공사 및 기타 공공사업 등을 추진하는 것입니다. 미국 정부는 금융위기 이후 정부지출을 엄청나게 늘렸습니다. 그런데 이렇게 돈을 쏟아부으면 재정적자가 발생해 향후 정부 재정에 부담을 줄 수도 있습니다.

경기가 살아날 때까지 달러를 풀 수 있다?

지금까지 알아본 여섯 가지 방법 중에서 기준금리 인하, 지급준비율 인하 등 중앙은행이 하는 정책을 통화정책이라고 하고, 정부가 지출을 늘리는 방법을 재정정책이라고 합니다. 미국은 통화정책과 재정정책을 총동원해 엄청난 양의 돈을 풀었습니다.

그런데 이렇게 돈을 푼다고 정말 경제가 살아날까요? 찢어진 풍선에 바람을 불어넣는 격은 아닐까요? 실제로 유동성 공급에도 불구하고 경기가 살아나지 않은 사례도 많이 있습니다. 그중 대표적인 나라가 일본입니다. 일본은 1990년대 버블이 붕괴되면서 경기가 크게 침체되어 금리를 0%까지 낮추고 재정적자를 감내하며 엄청난 양의 돈을 풀었으나 별 효과를 거두지 못했습니다.

미국도 일본처럼 되지 말라는 법은 없습니다. 그렇다면 미국이 돈을 풀었음에도 경기가 살아나지 않으면 그때는 어떻게 해야 할까요? 이 질문에 대한 미국의 답변은 다음 한 문장으로 요약할 수 있습니다.

'경기가 살아날 때까지 달러를 풀겠다.'

미국이 양적완화를 할 수 있었던 이유는?

미국은 2008년 12월 기준금리를 0%로 내린 이후 2014년까지 무려 6년간 지속적으로 유동성을 공급했습니다. 대규모로 돈을 풀었음에도 불구하고 2014년까지 미국 경제가 회복되었다고 보기 어려웠기 때문입니다. 그런데 2008년에 이미 ① 기준금리, ② 지급준비율, ③ 재할인율을 내릴 수 있을 만큼 내렸기 때문에 계속 유동성을 공급하기 위해서는 ④ 양적완화, ⑤ 국채 발행, ⑥ 재정지출을 해야만 했습니다.

금융위기 이후 양적완화는 크게 세 차례에 걸쳐 이루어졌습니다. 2010년 3월까지 이루어졌던 1차 양적완화 때는 1조 7,000억 달러가, 2010년 11월부터 2011년 6월까지 이루어졌던 2차 양적완화 때는 6,000억 달러가, 2012년 9월부터 2013년 12월까지 이루어졌던 3차 양적완화 때는 1조 3,000억 달러가 풀렸습니다. 1~3차를 모두 합치면 약 4조 달러가 풀린 셈입니다. 이러한 양적완화는 경기가 살아날 때까지 돈을 풀겠다던 당시 연준 의장 벤 버냉키의 의지를 확인할 수 있는 대목입니다.

미국의 양적완화는 2020년 코로나19 팬데믹 위기를 극복하기 위해 다시 본격적으로 시행되었습니다. 이때 풀린 달러는 금융위기 때를 훨씬 능가했습니다. 2020년 한 해에만 금융위기 이후 5년 동안 푼 돈의 세 배인 약 12조 달러가 공급되었습니다. 상상을 초월할 정도로 엄청난 양의 돈이 풀린 것입니다.

그런데 이렇게 무지막지하게 달러를 공급해도 괜찮을까요? 앞서 통화

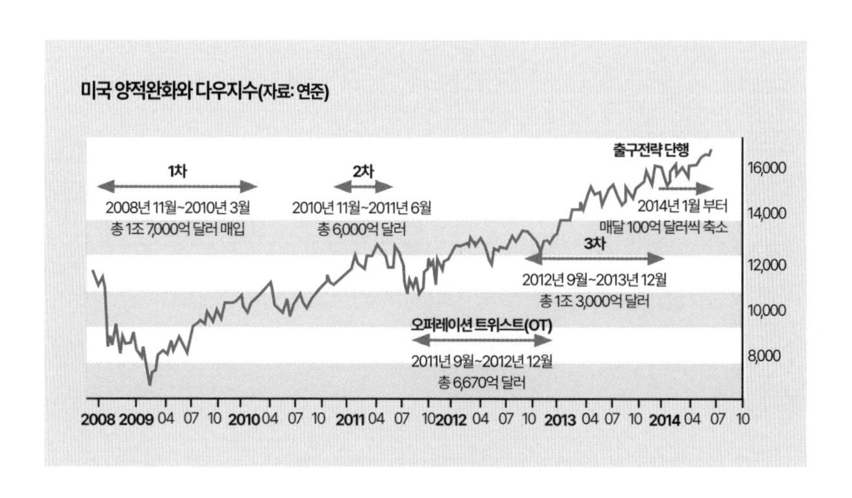

량이 크게 증가하면 현금가치가 뚝 떨어지면서 물가가 치솟는 하이퍼인플레이션이 발생할 수 있다고 배웠습니다. 이론상으로는 미국이 엄청난 양의 달러를 풀면 하이퍼인플레이션이 발생해야 합니다.

하지만 하이퍼인플레이션은 발생하지 않았습니다. 우리나라 역시 물가가 많이 오르긴 했지만 자고 일어날 때마다 수십 배씩 오르지는 않았습니다.

그렇다면 하이퍼인플레이션은 왜 발생하지 않은 것일까요? 그 이유는 바로 달러가 전 세계에서 가장 많이 사용되는 기축통화이기 때문입니다. 세계 방방곡곡에서 달러를 필요로 하기 때문에 달러를 아무리 많이 찍어내도 전 세계로 다 빠져나가 하이퍼인플레이션이 발생하기 어렵습니다. 따라서 미국은 '경기가 살아날 때까지 돈을 풀 수 있는' 유일한 나라입니다.

많은 나라가 돈 풀기에 동참한 이유

금융위기와 코로나19 위기 때 미국만 돈을 푼 것이 아닙니다. 다른 나라들도 돈 풀기에 동참했습니다. 유럽중앙은행(ECB), 일본중앙은행, 한국은행 모두 금리를 내렸습니다. 특히 일본은 2016년부터 사상 초유의 마이너스 기준금리를 적용했습니다.

여러 나라가 유동성을 공급하는 가장 큰 이유는 금융위기로 침체된 경기를 살리기 위해서입니다. 통화량이 늘어 개인과 기업에 돈이 생기면 소비가 늘어 경기를 활성화시킬 수 있습니다.

또 다른 이유는 자국의 통화가치가 상승하는 것을 막기 위해서입니다. 예를 들어 미국은 달러를 엄청나게 푸는데 우리나라는 통화량을 늘리지 않는다면 달러가치는 하락하고 상대적으로 원화가치는 상승할 것입니다. 이럴 경우 우리나라의 상품 가격이 올라 수출에 어려움을 겪게 됩니다. 따라서 자국 산업의 경쟁력을 유지하기 위해서는 통화량을 늘려 자국의 통화가치를 내려주어야만 합니다.

과거의 돈 풀기와 오늘날의 돈 풀기는 어떤 차이가 있을까?

막강해진 연준의 영향력

사실 미국은 금융위기 이전에도 경제에 큰 위기가 발생했을 때마다 돈을 풀어 해결해왔습니다.

다음은 미국의 기준금리 추이를 나타낸 그래프입니다. 1980년대부터 지속적으로 우하향해왔다는 것을 알 수 있습니다. 금융위기 이전에도 저축대부조합 파산, LTCM 사태, IT버블 등 수많은 경제위기가 있었습니다. 미국은 그때마다 기준금리를 내려, 즉 돈을 풀어 위기를 해결해왔습니다.

그런데 금융위기 때부터 전통적인 돈 풀기 방법 외에 '양적완화'를 시도했다는 점에서 그 차이점을 찾을 수 있습니다. 전에도 돈 풀기는 이루어졌지만 본격적인 양적완화는 금융위기 이후 처음 시작한 것입니다.

양적완화를 시행함으로써 과거보다 훨씬 더 많은 달러를 풀 수 있게 된 미국은 막강한 유동성 공급으로 단기간에 경제를 살릴 수 있었지만 자산버블로 인한 인플레이션에 대비해야 하는 숙제를 떠안게 되었습니다.

양적완화는 세계 경제에서 미국의 중앙은행인 연준의 영향력을 훨씬 강하게 만들어주었습니다. 양적완화는 중앙은행이 시장에 직접적으로 돈을

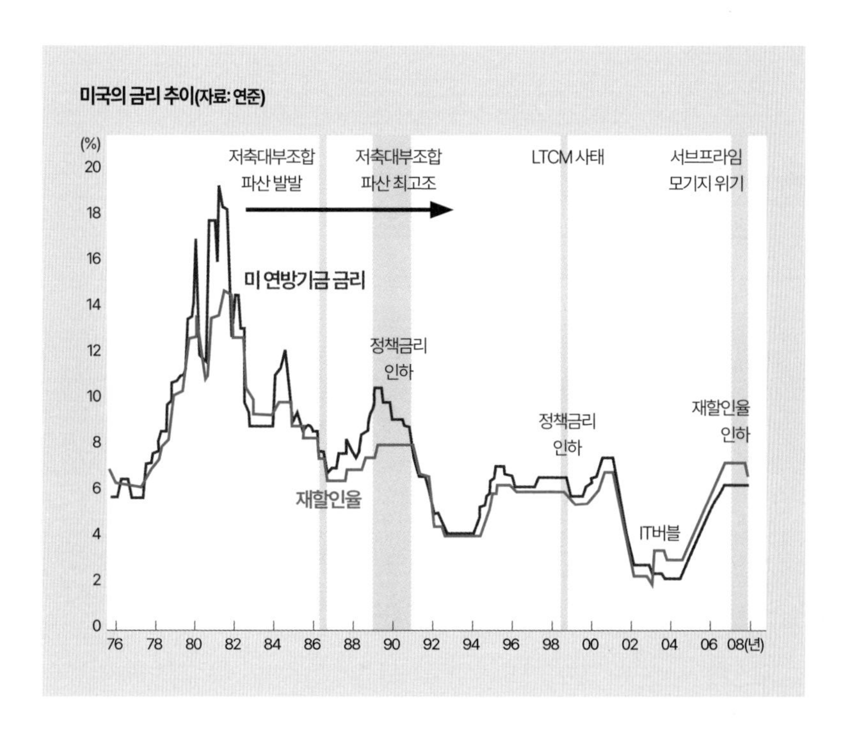

공급하는 방법입니다. 사실 시장에 돈을 공급하는 역할을 맡은 것은 시중은행이었습니다. 그런데 중앙은행이 그러한 역할을 자처하면서 자연스럽게 영향력이 강해졌습니다.

양적완화는 연준이 사용할 수 있는 통화정책 수단이 이전에 비해 훨씬 많아졌음을 의미합니다. 예를 들어 미국의 10년물 국채금리가 크게 오르면서 시장금리가 상승했다고 가정해보겠습니다. 시장금리가 크게 상승하면 내수경제가 침체될 수 있어 금리 상승을 억제시켜야 합니다. 시장금리는 말 그대로 시장의 수요와 공급에 의해 결정됩니다. 그런데 연준이 양적완화로 시장에서 10년물 국채를 매입하면 국채 가격이 상승하고 결국 금리가 하락합니다. (채권금리와 채권 가격은 반비례합니다. 따라서 국채 가격이 상승하면 국채금리가 하락합니다.)

전통적인 통화정책인 중앙은행의 기준금리는 시장의 단기금리에 영향을 미칩니다. 보통 시장금리는 기간이 길어질수록 올라갑니다. 1년 만기 정기예금보다 5년 만기 정기예금 금리가 높은 것이 좋은 예입니다. 기준금리는 단기금리를 조정해 장기금리에 영향을 미치는 방식입니다. 그런데 연준은 양적완화를 통해 시장의 장기금리에도 직접적으로 영향을 미칠 수 있게 되었습니다. 이처럼 연준의 정책 수단이 많아졌다는 것은 연준의 영향력이 막강해졌음을 의미합니다.

양적완화는 달러가치에도 영향을 미쳤습니다. 양적완화로 엄청난 양의 달러가 풀리면 달러가치가 하락합니다. 달러가치 하락은 달러에 대한 신뢰도 하락을 의미합니다. 양적완화 이후 전 세계 외환보유고 내에서 달러의 비중이 작아졌다는 것이 이를 잘 나타냅니다. 달러의 신뢰도 하락은 향후 기축통화의 지위를 위태롭게 만들 수도 있습니다. 따라서 미국은 양적완화 이후 금리인상 등을 통해 하락한 달러가치를 올려주어야 합니다. 이러한 과정이 반복되면서 급격한 달러가치 하락과 상승이 번갈아가며 나타나고 있습니다.

코로나19 팬데믹과 금융위기의 차이점은?

어떻게 실물경제로 돈을 보낼 수 있을까?

2008년 금융위기는 금융경제 위기가 실물경제로 이어진 케이스입니다. 따라서 금융경제와 실물경제 모두에 자금 수혈이 필요했습니다. 실물경제로 돈이 이동하면 투자와 고용이 늘어나고 소비가 활성화되어 경기가 상승합니다. 한편 금융경제로 돈이 이동하면 주식, 부동산 등의 자산 가격이 상승할 가능성이 커집니다.

그런데 보통 돈이 풀리면 실물경제보다 금융경제로 돈이 많이 이동합니다. 금융경제의 규모가 실물경제의 규모보다 100배 이상 크기 때문이죠. 따라서 금융위기 이후 유동성 공급으로 인한 자산 가격 상승은 충분히 예상 가능했습니다. 유동성 공급의 주체였던 연준과 미국 정부도 이를 모를 리 없었습니다. 연준과 미국 정부는 어느 정도의 자산 가격 상승이 경제위기를 극복하고 경기를 상승시키는 데 도움이 된다고 판단했던 것입니다.

반면, 코로나19 팬데믹 때는 금융경제는 타격이 거의 없었지만 실물경제는 심각한 타격을 받았습니다. 따라서 돈을 풀었을 때 금융경제보다 실물경제로 돈이 많이 흘러가야 했습니다. 그러나 금융위기 때보다 실물경제로 돈이 이동하기가 더욱 어려웠습니다. 코로나19 바이러스 확산으로 경제가 봉쇄되어 인적·물적 자원의 이동이 어려웠고, 내수경제에서도 소비가 어려웠기 때문입니다.

금융위기 때 풀린 돈은 주식, 부동산과 같은 자산시장뿐 아니라 실물경제에도 흘러 들어갔습니다. 돈이 생기면 주식투자, 부동산투자도 하지만 여행도 가고, 문화생활도 즐기고, 지인들과 밥과 술도 먹기 때문입니다. 그러나 코로나19 이후 풀린 돈은 실물경제로 이동하기가 어려웠습니다. 돈이 생겨 해외여행을 가고 싶어도 갈 수 없었고, 좋아하는 가수의 콘서트에도 갈 수 없었습니다. 그리고 사적 모임이 거의 금지되다시피 하여 친구들과 술 한잔 기울이기도 어려웠습니다. 실물경제로 돈을 이동시키고 싶어도 그럴 수 없었던 것이죠.

따라서 금융경제로 돈이 대거 이동할 수밖에 없었고, 그로 인해 주식, 부동산, 코인 등 자산 가격이 크게 상승했습니다. 2020년의 자산 가격 상승만 보면 경기는 대호황이어야 했습니다. 그러나 실상은 대다수 국가들의 경제성장률이 마이너스였던 침체기였습니다. 실물경제는 매우 어려운데 자산 가격만 상승하는 양극화 현상이 벌어졌던 것입니다.

유동성 공급의 주체였던 연준 역시 이와 같은 상황을 우려했습니다. 따라서 당시 연준은 어떻게 실물경제로 돈을 보낼 것인지 고민을 해야만 했습니다.

코로나19 이후 연준이 실물경제에 돈을 공급한 방법은?

개인과 기업은 주로 시중은행에 예금을 하고 대출을 받습니다. 그리고 시중은행은 중앙은행에 예금을 하고 대출을 받습니다.

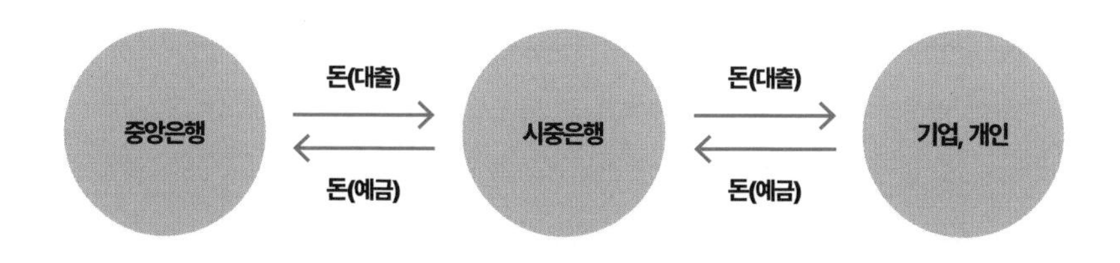

그런데 코로나19로 어려워진 기업들이 시중은행에서 돈을 빌리기가 어려워졌습니다. 예를 들어 중소기업 여행사인 A는 코로나19로 큰 타격을 받아 매출이 급감했습니다. 자금난이 찾아온 A는 시중은행을 찾아가 돈을 빌리려 했지만 번번이 거절당했습니다. 매출이 급감해 실적이 악화됐을 뿐만 아니라 코로나19 장기화로 향후 전망도 나빴기 때문입니다. 이런 기업에 쉽게 돈을 빌려줄 시중은행은 거의 없을 것입니다. 중앙은행이 돈을 풀어도 실질적으로는 상황이 어려운 기업에 돈이 가지 못하는 것입니다.

연준은 이러한 문제를 해결하기 위해 기업에 직접 대출을 해주기로 했습니다. 그런데 기업 대출은 중앙은행이 아닌 시중은행의 역할이기 때문에 연준의 기업 대출은 금지되어 있습니다. 우리나라 기업들도 대출을 받기 위해 중앙은행인 한국은행을 찾아가지는 않습니다.

그렇다면 연준은 어떻게 기업에 직접 대출을 해주겠다는 것일까요? '안 되면 되게 하라'라는 말이 있습니다. 연준의 해결 방법은 두 가지입니다. 먼저 양적완화를 통해 채권형 펀드를 매입하는 것입니다. 그러면 펀드 포트폴리오에 들어가 있는 기업에 자금을 빌려줄 수 있습니다. 연준이 매입한 회사채 ETF 중 신용도가 낮은 투기등급 채권(high yield)의 비중이 약 17%를 차지합니다.

ETF Ticker	ETF Name	Shares Purchased	Market Value as of May 19, 2020 (US $)
LQD	iShares iBoxx US Dollar Investment Grade Corporate Bond ETF	2,521,892	326,282,386.96
VCIT	Vanguard Intermediate-Term Corporate Bond ETF	2,483,885	228,095,159.55
VCSH	Vanguard Short-Term Corporate Bond ETF	2,776,786	226,196,987.56
HYG	iShares iBoxx High Yield Corporate Bond ETF	1,255,084	100,657,736.80
JNK	SPDR Bloomberg Barclays High Yield Bond ETF	905,284	89,532,587.60
IGSB	iShares Short-Term Corporate Bond ETF	1,639,301	88,341,930.89
SPIB	SPDR Portfolio Intermediate Term Corporate Bond ETF	1,942,325	69,030,230.50
IGIB	iShares Intermediate-Term Corporate Bond ETF	997,134	57,973,370.76
SPSB	SPDR Portfolio Short Term Corporate Bond ETF	1,339,345	41,613,449.15
USIG	iShares Broad US Dollar Investment Grade Corporate Bond ETF	616,593	35,922,708.18
ANGL	VanEck Vectors Fallen Angel High Yield Bond ETF	410,585	11,106,324.25
HYLB	Xtrackers US Dollar High Yield Corporate Bond ETF	240,996	11,006,287.32
SLQD	iShares 0-5 Year Investment Grade Corporate Bond ETF	198,064	10,208,218.56
SHYG	iShares 0-5 Year High Yield Corporate Bond ETF	171,837	7,175,913.12
USHY	iShares Broad US Dollar High Yield Corporate Bond ETF	104,979	3,884,223.00
Total		17,604,090	1,307,027,514.20

2020년 코로나19 이후 연준이 매입한 ETF(자료: ETFGI)

그러나 아무리 연준이라고 해도 시장에서 거래되는 펀드를 몽땅 매입할 수는 없습니다. 연준의 펀드 매입 비율은 정해져 있어 일정 수준 이상 펀드를 매입할 수 없습니다. 회사채 펀드 매입만으로는 자금 공급에 한계가 있는 것입니다.

그래서 연준이 생각해낸 방법은 특수목적기구(SPV, Special Purpose Vehicle)를 설립해 자금을 공급하는 것입니다. 연준이 개별 기업에 돈을 빌려줄 수는 없으니 중간에 오직 회사채를 매입하기 위한 SPV를 설립해 자금을 공급하고, SPV가 개별 기업의 회사채를 사들이면 기업에 돈을 빌려줄 수 있습니다. 직접 빌려주는 것은 안 되니 한 다리 거쳐 빌려주는 것입니다. 그런데 이 방식은 형식만 직접 대출이 아닐 뿐, 연준이 개별 기업에 직접 돈을 빌려주는 것과 다를 바 없습니다. 연준은 2020년 6월부터 이러한 방식으로 회사채 매입을 시작했습니다.

유동성 공급에는 어떤 문제점이 있을까?

유동성 공급에 따른 필수불가결한 부작용

독한 처방에는 그에 상응하는 부작용이 따르기 마련입니다. 그렇다면 세계적인 유동성 공급의 부작용은 무엇이었을까요?

① 물가상승

유동성 공급으로 통화량 증가에 의한 인플레이션이 발생합니다. 금융위기 이후에도 주식과 부동산 등 자산 가격이 많이 올랐지만, 코로나19 이후에는 금융위기를 능가하는 엄청난 유동성 공급에 자산버블이 발생하면서 주식, 부동산, 코인 가격이 폭등했습니다. 결국 2022년 인플레이션을 잡기 위해 미국을 중심으로 급격한 금리인상이 이루어지면서 거품이 꺼지기 시작했고, 자산 가격도 크게 하락했습니다.

② 정부부채 증가

시중에 풀 돈을 구하기 위해 정부는 국채를 발행해 돈을 빌려야 합니다. 그리고 과도한 재정지출로 재정적자가 발생하면 역시 돈을 빌려와 적자를 메꿔야 합니다. 빌리는 돈이 많아질수록 정부부채는 증가합니다. 금융위기 이후 돈 풀기로 미국, 유럽, 일본 등 여러 나라의 정부부채는 이미 많이 늘어난 상태였습니다. 그런데 2020년 코로나19 팬데믹으로 각국 정부는 금융위기 때보다 더 많은 돈을 풀었습니다. 미국 정부는 미국 GDP의 18%인 약 4조 달러를 풀었고, 일본은 무려 GDP의 57%를 풀었습니다(그림). 금융위기와 코로나19의 원투펀치로 각국의 정부부채가 폭발적으로 증가했습니다.

주요국의 코로나19 대책 재정정책 규모(GDP 대비, 자료: 블룸버그 기획재정부)

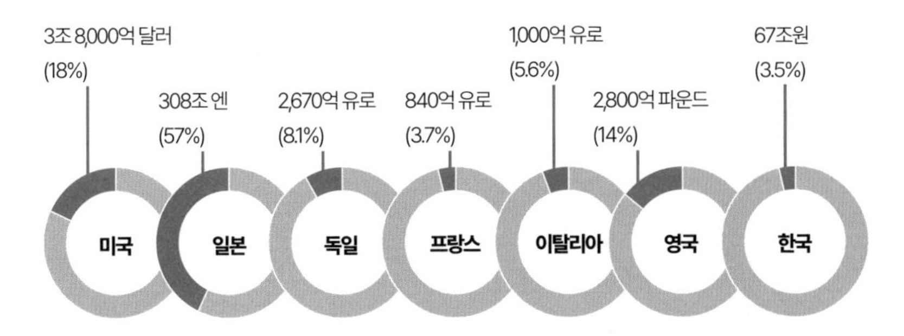

우리나라의 정부부채는 양호할까?

> **추경**(추가경정예산)
> 미리 짜놓은 예산보다 더 많은 지출이 필요할 때 추가로 편성하는 예산

정부부채가 늘어난 것은 우리나라도 마찬가지입니다. 우리나라 역시 금융위기와 코로나19 팬데믹을 거치면서 정부부채가 많이 늘어났습니다. 특히 코로나19 이후 개인과 기업에 직접적으로 자금 지원을 하면서, 즉 추경을 하면서 정부부채가 상당히 늘어났죠.

개인도 빚이 많으면 파산할 수 있듯 정부도 빚이 과도하게 많으면 파산할 수 있습니다. 그렇다면 우리나라의 정부부채는 위험한 수준일까요?

일반적으로 GDP 대비 정부부채 비율이 60%가 넘어가면 위험하다고 할 수 있습니다. 그러나 우리나라는 약 50%여서 아직까지는 양호한 수준이며, 이는 OECD 평균보다도 크게 낮은 수치입니다.

그러나 안심하기에는 이릅니다. GDP 대비 정부부채 비율이 60%를 넘는 나라들은 대개 달러, 유로, 엔 등 국제적인 통화를 사용하고 있습니다. 그렇지 않은 통화를 사용하는 국가 중에서는 우리나라의 정부부채 비율이 높은 편입니다. 국제적인 통화를 사용하지 않는 나라가 정부부채 비율이 높아지면 상대적으로 더 위험합니다.

따라서 이제부터 정부부채를 잘 관리해나가는 것이 중요합니다. 이를 위해서는 꼼꼼하고 장기적인 재정지출 계획이 수반되어야 합니다.

미국은 어떻게 부채공화국이 되었을까?

초강대국 미국이 빚더미에 앉은 사연

매초마다 2만 달러씩 빚이 늘어나는 나라가 있습니다. 바로 미국입니다. 앞서 정부부채가 GDP의 60%를 넘으면 위험하다고 배웠습니다. 그러나 미국의 정부부채는 GDP의 100%를 넘어선 지 오래입니다. 이러한 추세를 감안하면 앞으로 미국은 세입의 30% 이상을 빌린 돈의 이자를 갚는 데 써야 할 것으로 보입니다. '빚을 빚으로 돌려막는' 상황이 발생할 수밖에 없는 것입니다. 미국은 어쩌다 부채공화국이 되었을까요?

경상수지는 상품수지, 서비스수지, 소득수지, 이전수지로 이루어져 있습니다. 이 중 상품수지 흑자는 제조업 상품의 수출이 수입보다 많을 때 발생하고, 서비스수지 흑자는 교육, 관광을 대표로 하는 서비스업의 수출이 수입보다 많을 때 발생합니다.

서비스수지가 적자인 대표적인 나라는 우리나라입니다. 외국인들이 우리나라에 교육이나 관광을 하러 오기보다는 우리나라 사람들이 해외에 나가는 경우가 더 많죠. 공항은 늘 해외여행을 가려는 사람들로 북새통을 이룹니다. 이처럼 서비스업이 내수를 중심으로 이루어지다 보니 서비스수지 적자를 면하기가 어렵습니다.

반면 우리나라는 전통적으로 상품수지가 흑자입니다. 흔히 우리나라를 '수출로 먹고사는 나라'라고 하는데, 여기서 말하는 수출은 서비스업이 아니라 제조업 수출을 의미합니다. 철, 배 등의 인프라 산업부터 TV, 냉장고 등의 전자제품, 스마트폰, 자동차, IT, 반도체에 이르기까지 우리나라는 경쟁력 있는 제조업 포트폴리오를 가지고 있습니다. 이러한 제조업의 선전으로 서비스수지 적자에도 불구하고 경상수지는 대체로 흑자입니다.

미국은 우리나라와 반대입니다. 미국은 세계 최대 수준의 서비스수지 흑자 국가입니다. 많은 사람들이 미국으로 교육이나 관광을 하러 갑니다. 우리나라에서도 유학이나 관광을 위해 미국으로 떠나는 사람들을 어렵지 않게 찾아볼 수 있습니다.

반면 미국은 세계 최대 상품수지 적자 국가입니다. 미국의 상품수지 적자는 OECD 국가들의 상품수지 적자를 모두 합쳐도 따라잡을 수 없을 정도입니다. 미국의 제조업이 그만큼 부실하다는 이야기입니다.

미국은 전 세계에서 GDP가 가장 높은 나라지만 우리가 사용하는 상품 중에서 'Made In USA'를 찾기는 생각보다 쉽지 않습니다. 자동차만 해도 독일과 일본 자동차는 눈에 쉽게 띄지만 미국 자동차는 좀처럼 보기가 어렵습니다. 서비스수지 흑자에도 불구하고 더 막대한 상품수지 적자로 인해 경상수지 적자 국가가 된 것입니다.

미국의 경상수지 적자는 2000년대에 꾸준히 증가하다가 금융위기 이후 대폭 증가했습니다. 그리고 조금 줄어드나 싶더니 2020년에 코로나19가 닥치면서 다시 급격히 증가했습니다(그림). 미국 경제에 위기가 발생할 때마다 경상수지 적자가 심해진다는 사실을 알 수 있습니다.

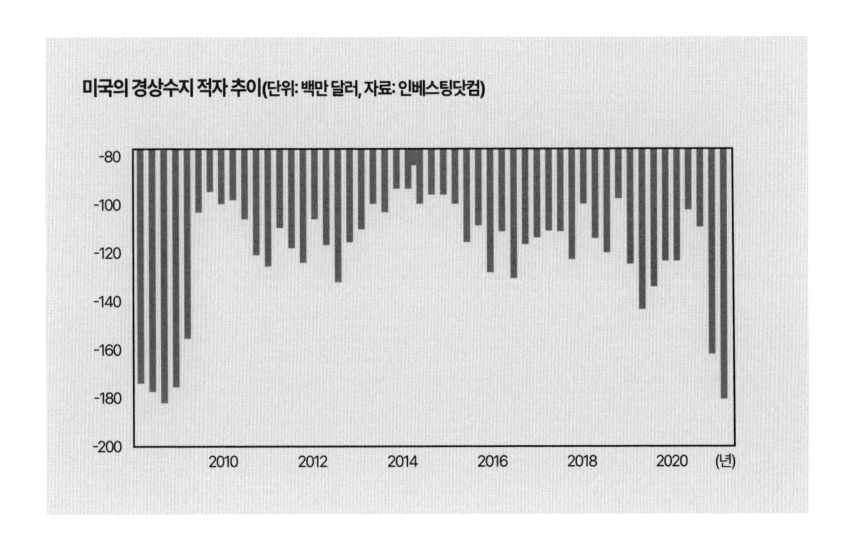

미국의 재정적자가 많아진 이유는?

2000년대에 미국은 경상수지 적자뿐 아니라 재정적자도 크게 늘어났습니다. 재정적자는 정부의 세입보다 세출이 많을 때 발생합니다. 그렇다면 왜 2000년대에 재정적자가 늘어났을까요? 그 이유는 크게 세 가지입니다.

첫째는 전쟁입니다. 2001년 9·11 테러 발생 후 미국의 대통령 조지 부시는 테러와의 전쟁을 선포하고 이라크와 아프가니스탄을 공격했습니다. 전쟁을 하려면 많은 돈이 필요합니다. 따라서 전쟁에 필요한 돈을 충당하기 위해 정부지출이 많아졌고, 재정적자가 늘어났습니다.

둘째는 감세정책입니다. 부시는 취임 후 경기를 살리겠다는 취지하에 적극적으로 감세정책을 펼쳤습니다. 그러나 그 결과 조세수입이 감소하면서 재정적자의 원인이 되었습니다.

이러한 부시의 감세정책은 같은 공화당 출신 대통령인 1980년대 로널드 레이건 정부에 뿌리를 두고 있습니다. 당시 감세정책의 이론적인 기반은 래퍼 곡선이었습니다. 미국의 경제학자 아서 래퍼는 감세가 조세수입을 늘리는 데 기여할 수 있으며, 세율이 너무 높아 오히려 조세수입이 감소한다고 주장했습니다. 이를 수용한 레이건은 감세정책을 펼쳤지만 오히려 조세수입이 감소해 당시 재정적자가 늘어나는 원인이 되었습니다.

래퍼 곡선
(Laffer curve)
세율이 낮을수록 정부의 조세수입은 낮지만 노동과 저축, 투자 의욕이 높아진다. 하지만 적정 세율 이상 넘어서면 경제 주체들의 경제 유인이 감소하며 경제활동이 위축되어 조세수입이 감소한다.

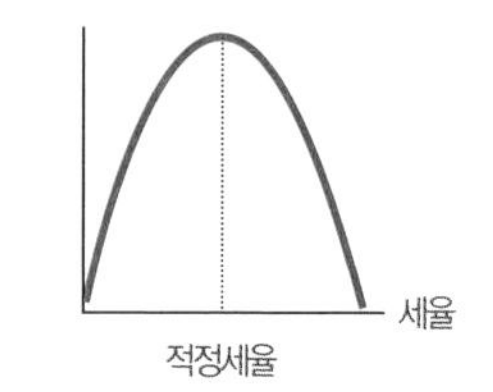

셋째는 경기부양을 위한 재정지출입니다. 앞서 살펴봤듯 미국의 경상수지 적자는 2000년대부터 점점 심해졌습니다. 이는 미국의 수출이 그만큼 어려움을 겪었다는 뜻입니다. 부시는 이러한 어려움을 해소하기 위해 지출을 늘렸고, 이는 재정적자가 늘어나는 결과로 이어졌습니다.

코로나19 팬데믹 이후의 재정적자

금융위기 이후 미국 정부는 대규모 재정지출을 감행했습니다. 더 이상 금리를 내릴 수 없는 상황이었지만 미국 경제를 살리려면 돈을 풀어야만 했죠. 막대한 재정지출은 막대한 재정적자로 이어졌습니다. 다음은 미국의 재정적자 추이를 나타낸 그래프입니다. 금융위기 이전 약 4,000억 달러였던 재정적자는 금융위기 이후인 2009년부터 1조 달러를 넘어섰습니다. 금융위기 이전보다 세 배 정도 늘어난 것입니다. 당시 우리나라의 1년 GDP가 약

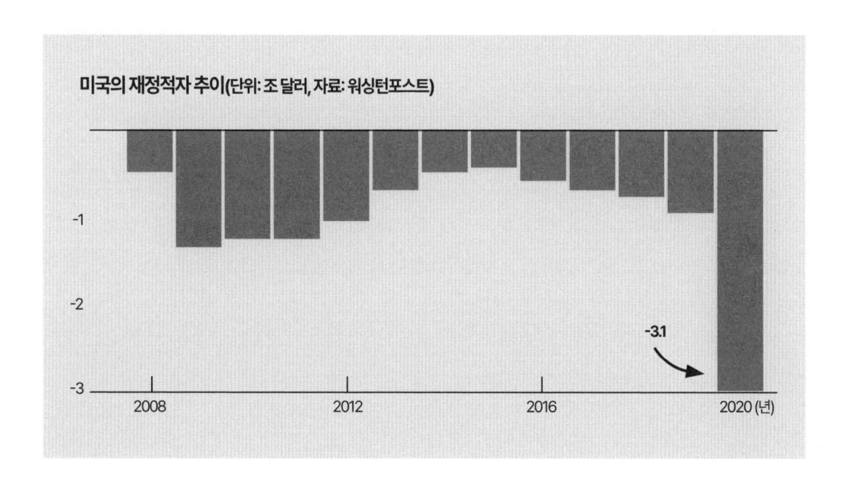

1조 달러였으니 적자의 규모가 얼마나 컸는지 알 수 있겠죠?

그런데 금융위기의 재정적자는 앞으로 발생할 엄청난 적자의 예고편에 불과했습니다. 2020년 코로나19로 인해 어마어마한 수준의 재정적자가 발생했기 때문입니다. 2020년 한 해의 재정적자만 3조 달러가 넘습니다. 금융위기 때의 약 세 배 수준입니다. 이에 비하면 금융위기는 애들 장난처럼 보일 정도입니다. 돈을 풀어 경제를 살리겠다는 미국 정부의 의지가 얼마나 강했는지 엿볼 수 있는 대목입니다.

이 같은 재정적자는 고스란히 정부부채로 이어졌습니다. 금융위기와 코로나19 팬데믹 이후 정부부채는 크게 늘어 현재 30조 달러가 넘습니다. 이는 과거 빌 클린턴 정부 때보다 무려 여섯 배 정도 많은 수준입니다. 결국 크게 늘어난 정부부채는 미국에 디폴트(채무불이행) 위기와 신용등급 강등 사태를 불러일으켰습니다.

경상수지 적자와 재정적자를 합쳐 '쌍둥이 적자'라고 부릅니다. 2000년대 미국의 경상수지 적자는 심할 경우 약 8,000억 달러에 달했고, 재정적자는 약 4,000억 달러에 달했습니다. 1조 달러가 넘는 쌍둥이 적자가 발생한 것입니다. 당시 우리나라의 GDP가 약 1조 달러였으니 우리나라 GDP에 버금가는 수준의 쌍둥이 적자가 발생했던 것입니다.

지속적으로 누적된 미국의 쌍둥이 적자는 금융위기와 코로나19 팬데믹을 거치면서 폭발적으로 증가했습니다. 특히 코로나19를 거치면서 역사상 최대 규모의 쌍둥이 적자가 발생했습니다. 2020년 한 해 쌍둥이 적자 규모만 5조 달러에 육박했습니다. 우리나라 GDP의 무려 세 배 규모입니다. 미국은 이와 같은 쌍둥이 적자를 메꾸기 위해 결국 국채를 발행해야 했습니다. 쌍둥이 적자가 정부부채 증가로 이어지는 악순환의 고리가 만들어진 것입니다.

감세와 증세가 재정적자에 미치는 영향은?

미국의 45대 대통령인 도널드 트럼프의 대표적인 정책은 감세정책이었습니다. 그는 법인세를 대폭 낮추면 해외에 나가 있는 공장이나 기업이 미국으로 들어와 미국인들의 일자리를 만들어줄 것이라고 주장했습니다. 트럼프는 35%였던 법인세를 21%로 대폭 낮추었습니다.

그러나 법인세를 대폭 낮추면 세수가 크게 감소해 재정적자는 더욱 커질 수밖에 없습니다. 트럼프 이전에 감세정책을 펼친 대표적인 대통령은 레이건과 부시입니다. 레이건 때는 소련과의 군비 경쟁을 통해 재정지출이 커졌고, 부시 때는 이라크와 아프가니스탄 전쟁에 많은 돈을 썼습니다. 그리고 두 대통령 모두 감세정책을 펼친 탓에 세수가 감소해 미국 정부의 재정 적자가 크게 늘어났습니다. 트럼프 역시 다르지 않았습니다. 2017~2020년 미국의 재정적자는 지속적으로 증가했습니다.

트럼프에 이어 대통령에 당선된 조 바이든은 트럼프와 달리 감세가 아닌 법인세 인상(21%에서 28%로 인상)을 공약했습니다. 트럼프가 낮춰놓은 법인세를 다시 대폭 인상하겠다는 의도였습니다.

법인세를 인상하려는 이유는 과도한 재정적자 때문입니다. 재정적자가 심할수록 정부부채도 증가해 갈수록 이자 부담이 커질 수밖에 없습니다. 특히 2020년 코로나19로 정부가 엄청난 돈을 풀면서 재정적자가 대폭 늘어났는데, 이는 향후 미국 정부에 부담을 줄 수밖에 없습니다. 따라서 적절한 시기에 증세가 필요하다는 것입니다.

그러나 공약과 달리 법인세 인상은 이루어지지 않았고, 28% 인상안은 철회되었습니다. 대신 최저세율한도를 기존 21%에서 15%로 낮추는 법안이 상원을 통과했습니다. 이는 얼핏 보면 감세정책 같지만 실제로는 증세정책입니다. 미국에서는 법인세 세율이 21%여도 각종 세액공제와 비과세 등을 활용해 세금이 대폭 줄어드는 경향이 있습니다. 실제로 2020년 미국의 500대 대기업 중 55곳이 법인세를 한 푼도 내지 않았습니다. 이러한 기업들에도 이익의 최소 15%는 무조건 법인세를 부과하겠다는 것이 그 내용이었습니다. 미국은 앞으로 증세에 성공해 미래의 부담을 줄일 수 있을까요? 귀추가 주목됩니다.

바이든과 트럼프, 공통점과 차이점은?

2021년 대통령에 당선된 바이든은 전임인 트럼프와는 다른 생각을 가지고 있습니다. 감세가 아닌 법인세 인상을 공약했고, 2025년까지 발전소 탄소배출을 0으로 만들겠다며 트럼프가 등한시했던 환경정책도 적극적으로 추진하고 있습니다. 미등록 이주자에게 시민권을 주는 등 인종 포용적인 정책을 추진하고 있는 것도 트럼프와 다른 점입니다.

그러나 보호무역주의는 계속 이어질 것으로 예상됩니다. 바이든은 '바이 아메리칸'이라는 구호를 내걸고 미국산 제조업을 적극 보호하겠다는 의지를 드러내고 있습니다. '바이 아메리칸'은 트럼프의 '아메리칸 퍼스트'와 크게 다르지 않아 보입니다. 재정적자도 트럼프 때보다 심해질 가능성이 큽니다. 바이든은 코로나19 위기를 해결하기 위해 약 2조 달러의 초대형 재정정책을 추진하고 있습니다. 대선 때부터 적극적인 재정정책을 공약했기 때문에 향후에 추가로 돈이 더 풀릴 수도 있습니다. 재정적자는 정부부채로 고스란히 이어져 향후 미국 경제에 부담으로 작용할 것입니다.

미국의 부도위기와 신용등급 강등

미국 뉴욕의 맨해튼 거리에는 국가부채가 얼마나 되는지를 보여주는 국가채무시계가 있습니다. 그런데 2008년 9월 30일에 이 시계가 갑자기 멈추었습니다. 13자리(최대 9조 9,999억 9,999만 9,999달러)까지만 표시할 수 있었던 까닭에 미국의 국가부채가 10조 달러를 넘어서면서 오류가 발생한 것입니다. 결국 이 시계는 한 달간의 보수 작업 끝에 15자리까지 표시할 수 있도록 바뀌었습니다.

그로부터 3년 후인 2011년 7월 미국은 과도한 채무로 인해 디폴트 위기를 맞이했습니다. 정부가 빌린 돈을 갚을 수 없는 상태까지 온 것입니다.

정부가 빌린 돈을 갚으려면 세금을 더 걷거나 돈을 빌리거나 원조를 받아야 합니다. 갑자기 세수를 늘리거나 원조를 받을 수는 없기 때문에 미국이 선택할 수 있는 방법은 돈을 빌려서 갚는 것이었습니다.

그러나 미국은 과도한 국채 발행을 막기 위해 정부가 돈을 빌릴 수 있는 한도를 정해놓은데다, 이미 그 한도까지 꽉꽉 채워 돈을 빌린 상황이어서 돈을 더 빌릴 수 없었습니다. 곧 있으면 디폴트를 선언해야 할지도 모르는 긴박한 상황이었습니다. 당시 우리나라도 이러한 불안감 때문에 주가가 크게 하락했습니다.

그런데 다행스럽게도 디폴트는 찾아오지 않았습니다. 미국은 어떻게 디폴트 위기를 극복했을까요? 그 방법은 다름 아닌 부채한도를 증액하는 것이었습니다. 디폴트 직전 공화당과 민주당은 극적으로 부채한도 증액 협상을 타결했습니다. 부채한도를 증액하면 국채를 더 발행할 수 있으므로 돈을 더 빌려와 '돌려막기'를 한 것입니다.

미국은 이로써 부도위기를 겨우 넘길 수 있었지만 신용등급 강등은 피할 수 없었습니다. 세계 3대 신용평가회사 중 하나인 S&P(스탠다드 앤 푸어스)는 미국의 신용등급을 AAA에서 AA+로 강등했습니다. 불안해진 투자자들은 유동성을 회수하기 시작했고, 당시 우리나라 주가도 크게 하락했습니다.

그런데 미국의 디폴트 위기는 이것으로 끝이 아니었습니다. 2년 후인 2013년 10월 미국에 또다시 디폴트 위기가 찾아왔습니다. 미국은 이때에도 부채한도를 증액해 디폴트 위기를 피했습니다. 마치 2011년의 데자뷔를 보는 것 같았습니다.

코로나19 팬데믹 이후에도 엄청난 규모의 국채를 발행하면서 또다시 디폴트 위기가 찾아왔습니다. 그리고 2021년 10월 미 의회는 다시 한 번 부채한도를 증액했습니다. 4,800억 달러를 상향해 미국 정부의 부채한도는 28조 8,800억 달러까지 높아졌습니다.

앞으로 미국이 빚을 갚으려면 또다시 부채한도를 증액해야 할 것입니다. 정부부채를 줄이려는 각고의 노력을 기울이지 않는다면 미국은 '정부부채 증가 → 채무불이행 위기 → 부채한도 증액'이라는 사슬에서 벗어나기 어려울 것입니다.

금융위기 이후 미국의 유동성 회수는 성공적이었을까?

금융위기 이후의 출구전략

앞서 설명했듯 달러를 풀수록 정부부채가 증가하고 신용도가 떨어지기 때문에 미국도 달러를 계속 공급할 수는 없습니다. 언젠가는 유동성을 줄이고 회수해야 하는데, 유동성을 회수하는 전략을 출구전략이라고 합니다.

2008년 금융위기 이후 미국은 경기가 살아날 때까지 돈을 풀겠다고 했습니다. 만약 경기가 살아났다고 판단된다면 출구전략을 세워야 합니다. 그럼 경기가 살아났는지 어떻게 알 수 있을까요? 여러 가지 경제지표를 보고 알 수 있는데, 대표적인 것이 실업률과 물가상승률입니다.

미국의 목표 실업률은 5% 이하입니다. 미국에서는 실업률 5% 이하를 완전 고용에 가까워졌다고 판단하죠. 다행히 금융위기 이후 미국의 실업률은 5% 아래로 하락했습니다. 확실히 고용 상태가 좋아진 것입니다. 고용 상태가 좋아진 이유는 여러 가지가 있겠지만 끈질긴 달러 유동성 공급의 결실이라고도 볼 수 있습니다.

또한 미국의 물가상승률 목표는 2%입니다. 2%를 달성하면 경기가 회복되었다고 봅니다. 사실 미국은 실업률 5% 이하와 물가상승률 2%를 모두 달성하면 경기가 확실히 살아났다고 판단하고 가차 없이 출구전략을 쓸 생각이었습니다. 그러나 세상일이 늘 생각처럼 되지 않듯 미국은 코로나19 위기가 발생한 2020년 전까지 물가상승률 2% 달성에 실패했습니다. 아무리 애를 써도 물가가 원하는 만큼 상승하지 않은 것입니다.

그럼에도 불구하고 연준은 2014년부터 본격적으로 출구전략을 감행했습니다. 연준은 미국 경제가 좋아졌다고 판단한 것입니다. 물가상승률 목표를 달성하지 못했는데 연준은 왜 경기가 좋아졌다고 판단했을까요?

연준은 물가가 상승하지 않은 것은 미국 경기가 살아나지 않아서가 아니라 다른 요인 때문이라고 생각했습니다. 다른 요인이란 바로 석유 가격의 하락입니다. 금융위기 이후 한때 1배럴(bbl)에 100달러가 넘어가던 석유 가격이 2014년부터 하락하더니 1년도 되지 않아 30달러대까지 주저앉았습니다. 석유 가격 하락으로 우리나라 주유소의 휘발유 가격도 리터당 1,800원에서 1,300원대까지 하락했습니다.

당시 석유 가격은 왜 내려갔을까요? 여기에는 크게 세 가지 원인이 있습니다. 첫 번째 원인은 글로벌 경기침체로 인한 석유 수요의 위축입니다. 수요가 늘어나지 않으면 가격도 상승하기 어렵습니다. 두 번째 원인은 셰일가스의 등장입니다. 미국이 주도한 셰일혁명으로 셰일가스가 대량으로 생산되자 셰일가스와의 경쟁에서 이기기 위해 사우디아라비아를 중심으로 석유 가격을 낮춘 것입니다. 마지막 세 번째 원인은 이란의 석유 공급 증가입니다. 이란은 석유매장량이 풍부하지만 미국의 경제제재로 공급에 어려움을 겪어 왔습니다. 그런데 오바마 정부가 경제제재를 풀어주면서 이란은 전보다 더 많은 양의 석유를 공급할 수 있게 되었고, 이러한 공급 증가는 석유 가격 하락을 부추겼습니다.

이와 같이 석유 가격이 폭락한 상황에서 물가상승률 2%를 달성하기는 현실적으로 어려운 과제였습니다. 따라서 연준은 물가상승률 목표치를 달성하지는 못했지만 미국 경기가 충분히 회복되었다고 판단하고 출구전략에 나선 것입니다.

미국 연준의 테이퍼링 선택

연준은 2014년부터 본격적으로 출구전략을 시작했습니다. 그렇다면 출구전략은 어떤 방법으로 하는 것일까요? 앞서 유동성을 공급하는 방법들을 배웠습니다. 이를 거꾸로 하면 유동성을 회수할 수 있습니다. 구체적으로는 ① 기준금리 인상, ② 지급준비율 인상, ③ 재할인율 인상, ④ 양적완화 축소(테이퍼링) 및 종료, ⑤ 국채 및 자산 매각 등의 방법입니다.

테이퍼링(tapering)
'점점 가늘어지다'라는 뜻으로 양적완화의 규모를 점차 축소하는 것

이 중에서 연준은 테이퍼링을 먼저 실시했습니다. 연준은 왜 기준금리 인상이 아닌 테이퍼링을 먼저 실시했을까요? 그 이유는 유동성이 급격히 회수되는 것을 막기 위해서입니다. 유동성이 갑자기 크게 줄어들면 그동안 애써 경기를 겨우 끌어올려 놓은 것이 수포로 돌아갈 수 있습니다. 따라서 유동성 회수는 아기 걸음걸이처럼 조심스럽게 천천히 진행 해야 합니다. 이를 일컬어 베이비스텝(baby step)이라고 합니다.

기준금리는 0.1%포인트만 변경되어도 시장에 미치는 영향이 큽니다. 따라서 기준금리를 먼저 인상할 경우 유동성이 급격히 회수되어 금융시장이 큰 충격을 받을 수 있습니다. 그래서 양적완화의 규모를 줄이면서 시장의

반응을 살피는 것입니다. 기준금리를 올리기 전에 '간'을 본다고 할 수 있죠.

2014년 1월부터 테이퍼링을 통해 양적완화의 규모를 줄여오던 연준은 그해 10월에 약 6년간 해왔던 양적완화를 종료했습니다. 그만큼 연준이 경기 회복에 대한 자신감을 가지고 있었음을 알 수 있습니다. 간보기를 끝낸 연준은 이듬해인 2015년부터 본격적으로 기준금리를 올리기 시작했습니다. 이때부터 미국 경제의 최대 이슈는 기준금리 인상이었습니다.

조금씩 금리를 인상한 미국

재닛 옐런은 2014년부터 2018년 1월까지 벤 버냉키에 이어 15대 연준 의장을 역임했습니다. 버냉키가 유동성을 공급하는 역할을 했다면 옐런은 시장에 큰 충격이 가지 않게 유동성을 조금씩 회수하는 역할을 했습니다. 옐런의 재임 기간 중 연준은 기준금리를 여러 차례 인상했습니다. 첫 번째 인상은 2015년 12월에 이루어졌습니다. 2008년에 금리를 내린 이래 7년 만이었습니다. 그리고 1년 후인 2016년 12월에 금리를 또 한 차례 인상했습니다. 이듬해인 2017년에는 3월과 6월에 이어 12월까지 무려 세 차례나 금리를 인상했습니다. 매회 인상 폭은 0.25%포인트로 동일했습니다. 연준은 시장을 주의 깊게 살피면서 조심스럽게 조금씩 금리를 올렸습니다.

사실 연준은 기준금리를 큰 폭으로 올리기 어려웠습니다. 앞서 이야기했듯 금리가 급격히 오르면 유동성이 빠르게 회수되면서 경기가 침체될 수 있기 때문입니다. 그러면 수년간 애쓰고 공들여 겨우 끌어올려놓은 경기가 도로 주저앉을 수 있었습니다.

또 다른 이유는 미국의 과도한 국가부채 때문입니다. 금리가 가파르게 오르면 미국이 갚아야 할 이자도 덩달아 많아집니다. 지금도 이미 갚아야 할 이자가 산더미인데 더 늘어난다면 감당하기가 어려워질 것이 뻔합니다. 그래서 미국의 금리는 큰 폭의 상승 없이 조금씩 올라갔습니다.

코로나19 이후 유동성 회수 실패 이유는?

자산 가격 상승으로 걱정되는 두 가지 시나리오

2020년 코로나19 이후 미국 정부와 연준은 엄청난 규모의 돈을 풀었습니다. 이 돈들이 자산시장에 흘러들어가 주식, 코인, 부동산 등의 가격을 끌어올렸습니다. 그런데 자산 가격 상승으로 예상되는 좋지 않은 시나리오가 두 가지 있었습니다.

첫 번째 시나리오는 경기가 회복되지 않은 상황에서 시장금리가 상승해 경기가 더욱 침체되는 것이었습니다. 자산 가격이 상승하면 인플레이션 기대심리가 발생해 시장금리가 상승할 수 있습니다. 예를 들어 주식, 코인, 부동산 가격이 모두 크게 오르면 사람들은 임금 및 예금금리 상승을 기대합니다. 그러면 예금금리와 채권금리 등 시장금리가 올라 경기침체로 이어질 수 있습니다.

이것을 막기 위해서는 시장금리의 상승을 억제해야 합니다. 그런데 시장금리는 말 그대로 시장의 수요와 공급에 의해 결정됩니다. 그러면 연준이 시장금리 상승을 억제할 수 있을까요? 다행히 연준은 양적완화를 통해 시장금리를 억제할 수 있습니다.

예를 들어 미국의 10년물 국채금리가 상승해 이를 낮추어야 하는 상황이라고 가정해봅시다. 연준은 양적완화로 시장에서 미국 10년물 국채를 매입해 국채 가격을 올릴 수 있습니다. 그러면 채권금리와 가격은 반비례하므로 국채금리가 하락합니다. 양적완화가 시장금리를 내리는 정책 수단으로 활용되는 것입니다.

두 번째 시나리오는 자산 가격이 폭등하는 것이었습니다. 사실 연준은 어느 정도의 자산 가격 상승은 용인할 수 있었습니다. 금융위기 때 자산 가격 상승이 경기 회복에 도움을 준다는 사실을 깨달았기 때문입니다.

그러나 이것도 어느 정도여야지 심한 자산버블로 인한 가격 폭등을 원하지는 않았습니다. 과도한 인플레이션이 발생하면 버블이 순식간에 꺼지면서 자산 가격이 폭락하고 경기가 크게 침체될 수 있기 때문입니다. 따라서 연준의 과제는 '자산 가격 상승과 과도한 인플레이션을 어떻게 억제시킬 것인가?'였습니다.

다행히 연준은 자산 가격과 과도한 인플레이션을 억제할 수 있는 정책 수단을 가지고 있었습니다. 출구전략을 통한 유동성 회수가 그것입니다. 연준의 과제는 적당한 시기에 적절한 규모의 유동성 회수를 하는 것이었습니다. 그러나 불행하게도 연준은 두 번째 시나리오를 막는 데 실패했습니다.

코로나19 이후 유동성 회수에 실패한 이유

코로나19 이후 연준이 유동성 회수에 실패한 이유는 무엇일까요? 그 답을 알고 싶다면 금융위기 이후의 유동성 회수와 비교해볼 필요가 있습니다.

연준은 금융위기 이후 유동성을 공급했을 때 물가상승률 2%와 실업률

5% 이하를 달성하면 지체없이 유동성 회수를 할 계획이었습니다. 그런데 물가상승률이 2%에 도달하기도 전에 유동성 회수에 나섰습니다. 금리가 올라가던 시기인 2015~2018년에도 물가상승률은 2%를 달성하지 못했습니다. 물가상승률 목표를 달성하지 못했는데도 상당히 이른 시기에 유동성 회수를 진행한 것입니다.

코로나19 이후 미국 정부와 연준은 금융위기 때와 마찬가지로 경제가 살아날 때까지 유동성 공급을 했습니다. 이때에도 물가상승률 목표는 2%, 실업률 목표는 5%였습니다. 그리고 대규모 유동성을 공급한 지 1년도 되지 않아 일시적으로나마 두 가지 목표를 모두 달성했습니다. 만약 금융위기 때였다면 연준은 지체없이 유동성 회수를 했을 것입니다.

그러나 연준은 즉시 유동성 회수에 나서지 않고 오히려 계속 돈을 풀었습니다. 그 이유에 대해 연준은 "평균 물가상승률이 2%를 달성하지 않았기 때문이다"라고 말했습니다. '평균'이란 일정 기간을 가정하는 표현입니다. '일시적'으로가 아닌 '지속적'으로 물가상승률이 2%를 유지해야 한다는 것입니다. '평균 물가상승률'은 금융위기 때는 사용하지 않은 표현입니다. 그로 인해 연준의 유동성 회수가 금융위기 때보다 늦어지게 되었습니다. 연준은 성급한 유동성 회수가 성장성에 악영향을 미쳐 경기를 더욱 악화시킬 수 있다고 생각한 것입니다.

연준은 2021년 시장에서 인플레이션에 대한 우려가 지속적으로 나왔을 때도 당시의 인플레이션이 '일시적'이라고 규정하고 유동성 회수에 나서지 않았습니다. 그러나 강력한 인플레이션이 발생하자 2021년 12월 1일 연준은 결국 인플레이션이 일시적이라는 주장을 스스로 폐기처분했습니다.

그러나 이때는 유동성 회수에 적합한 시기가 한참 지났을 때였습니다.

이후 미국에서는 40년 만에 기록적인 인플레이션이 발생했고, 연준은 부랴부랴 금리인상에 나설 수밖에 없었습니다. 2022년 1년 동안 기준금리는 무려 4.25%포인트 상승했습니다. 금융위기 이후 2015년부터 2018년까지 4년 동안 2.25%포인트 오른 것과 비교하면 얼마나 급격한 인상인지 알 수 있습니다.

연준의 물가상승률 목표는 여전히 2%입니다. 그러나 급격한 금리인상에도 불구하고 물가는 아직 잡히지 않았고, 미국을 포함한 세계 경제의 성장성이 낮아질 가능성이 높아졌습니다.

연준의 뒤늦은 유동성 회수를 비판하는 목소리가 여기저기에서 나오고 있습니다. 세계 최대 채권 운용사 핌코의 전 CEO 엘 에리언은 연준의 일시적 인플레이션은 역대급 정책적 실수라고 꼬집었고, 전 연준 의장 벤 버냉키 역시 연준의 뒤늦은 물가 대응은 엄청난 실수라고 비판했습니다.

금리를 인상하면 물가는 결국 잡힐 것입니다. 그러나 금리가 오를수록 경기침체의 깊이도 커질 것입니다. 만약 연준이 이른 시기에 유동성 회수에 나섰다면 성장성을 해치지 않는 선에서 물가가 안정되었을지도 모릅니다. 그러나 이제 시장에서 기대할 수 있는 가장 좋은 시나리오는 금리가 너무 많이 올라가지 않는 선에서 물가가 잡히는 것입니다.

미국의 금리가 우리나라 금리에 미치는 영향은?

금융위기 이후 출구전략과 한국은행의 금리인상

금융위기 이후 연준은 2015년부터 2018년까지 4년 동안 기준금리를 인상했습니다. 당시 미국의 금리인상은 우리나라에 어떤 영향을 미쳤을까요?

앞서 돈은 금리가 낮은 곳에서 금리가 높은 곳으로 이동한다고 배웠습니다. 2009년 미국의 기준금리가 0%이고 우리나라의 기준금리가 2%일 때 달러캐리트레이드가 발생했습니다. 달러캐리트레이드란 금리가 낮은 미국에서 달러를 빌려 금리가 높은 다른 나라에 투자하는 방식입니다. 당시 금리 차이를 노리고 우리나라에 많은 양의 달러가 유입되었습니다.

그런데 이와 반대로 미국의 금리가 점점 올라 우리나라와의 금리 차이가 줄어들면 우리나라에 들어왔던 돈이 미국으로 빠져나가는 자본 유출 가능성이 커집니다. 이 경우 주식시장에서 돈이 빠져나가 주가가 하락할 수 있고, 유동성이 회수되어 경기가 침체될 수 있습니다.

미국은 수차례에 걸친 금리인상으로 우리나라와의 금리 차이를 줄여왔습니다. 그리고 2018년 3월 금리인상으로 우리나라보다 기준금리가 높아졌습니다. 결국 한국과 미국 간 금리가 역전된 것이죠. 이후 미국은 기준금리를 몇 차례 더 올렸고, 한국과 미국 간 금리 차이는 더욱 벌어졌습니다.

미국과의 금리 차이가 벌어지자 한국은행도 2017년과 2018년에 두 차례에 걸쳐 기준금리를 인상했습니다. 사실 당시 우리나라는 선불리 금리를 인상하기 어려운 상황이었습니다. 수출 둔화, 청년실업 증가, 저성장 등 여러 가지 면에서 경기 둔화 조짐을 보이고 있었기 때문이죠.

그런데 금리가 계속 오르면 내수경기 침체가 가속화될 수 있습니다. 그리고 기준금리가 오르면 대출금리가 올라 돈을 빌린 사람들의 이자 부담도 늘어납니다. 당시 우리나라의 가계대출은 크게 증가해 1,400조원을 돌파한 상황이었습니다. 그럼에도 한국은행은 자본 유출을 막기 위해 미국과의 금리 차이를 줄여야 했고, 결국 기준금리를 올릴 수밖에 없었습니다.

연준의 금리를 신경 써야 하는 한국은행

연준은 코로나19 이후 인플레이션을 억제하기 위해 2022년부터 기준금리를 인상했습니다. 그런데 우리나라의 중앙은행인 한국은행은 2021년 하반기에 기준금리를 두 차례나 인상했습니다. 왜 미국보다 앞서 금리를 올린 것일까요?

가장 표면적인 이유는 인플레이션이 우려되어 이를 억제하기 위함이었습니다. 그리고 기준금리를 올리더라도 우리나라의 성장성에 큰 타격이 없을 것이라고 판단한 것이죠. 그런데 이 이유 외에도 미국과의 금리 차이를 어느 정도 벌려놓을 필요가 있었습니다. 2022년에 미국이 본격적으로 금리를 올리면 우리나라와의 금리 차이가 빠르게 좁혀지거나 역전당할 수 있었습니다. 그러면 자본은 금리가 낮은 곳에서 높은 곳으로 이동하기 때문에 우리나라에서 미국으로 돈이 빠져나가 경제가 위기에 빠질 수 있죠. 이와 같은 일을 피하기 위해 선제적으로 금리를 올릴 필요가 있었습니다.

2021년 한국은행이 먼저 금리를 두 차례 올리면서 한미간 기준금리 차이는 최대 1%포인트까지 벌어졌습니다. 그러나 우려했던 대로 이듬해인 2022년 미국이 '자이언트스텝'이라 불리는 0.75%포인트 금리인상을 여러 차례 단행하면서 금리 차이는 급속도로 좁혀졌고, 결국 2021년 하반기에 한미간 금리가 역전돼 미국의 금리가 우리나라보다 높아졌습니다. 한국은행은 미국과의 금리 차이를 좁히기 위해 기준금리를 인상할 수밖에 없었습니다. 미국의 금리는 물가가 잡힐 때까지 더 오를 가능성이 큽니다. 미국과 우리나라의 기준금리가 앞으로 어떻게 변할지 주목할 필요가 있습니다.

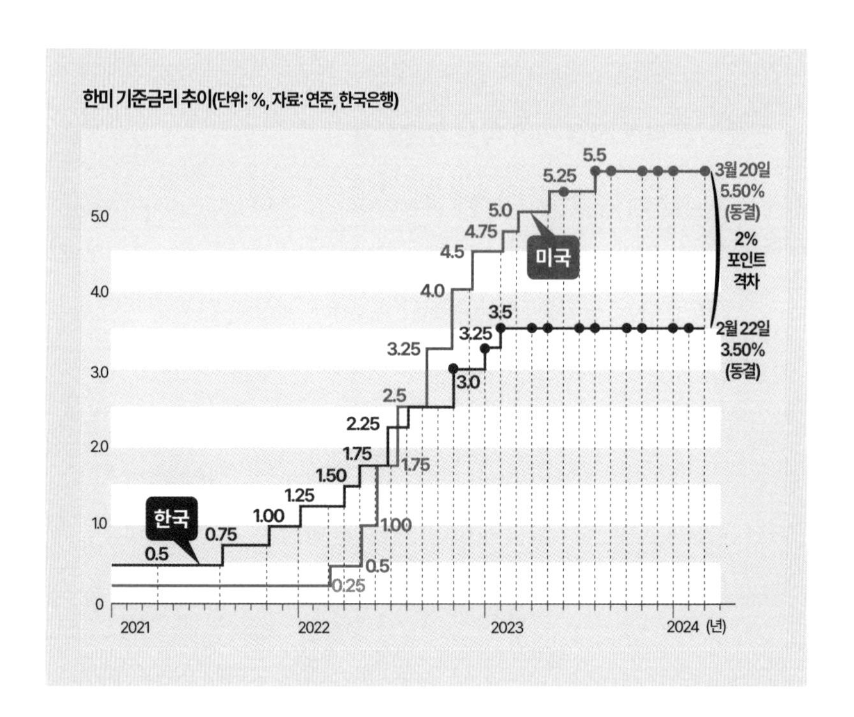

미국은 다시 한 번 자금을 빨아들일 수 있을까?

고금리로 인한 경기침체의 그림자

금융위기 이후 연준이 금리인상에 나선 4년이라는 기간 동안(2015~2018년) 미국의 주가는 어땠을까요? 금리가 오르면 유동성이 회수되어 경기가 하강하고 주가가 하락할 수도 있습니다. 그런데 당시 미국의 주가는 오

2015~2018년 다우지수(자료: 인베스팅닷컴)

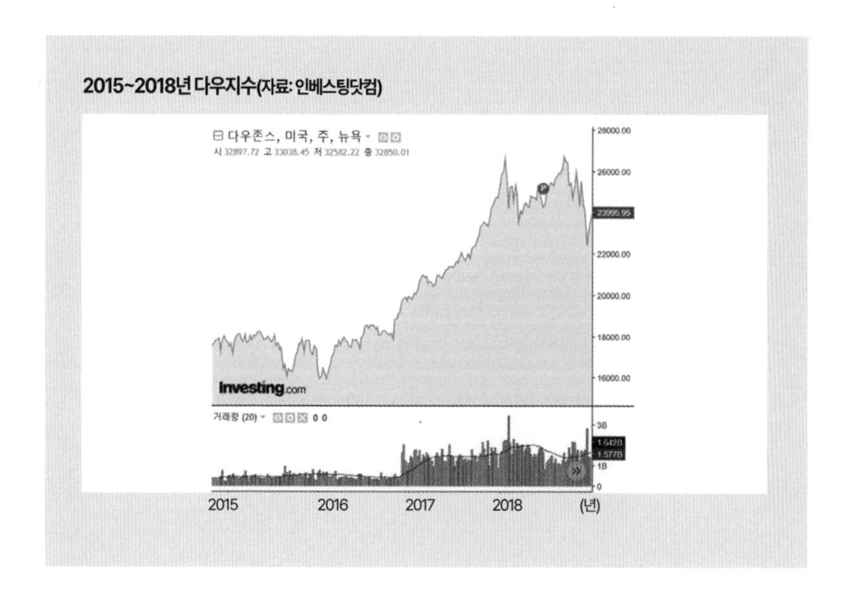

히려 많이 올랐습니다.

그 이유는 미국의 금리와 성장성이 높았기 때문입니다. 자본은 금리가 낮은 곳에서 높은 곳으로, 성장성이 낮은 곳에서 높은 곳으로 이동합니다. 당시 미국의 기준금리는 최대 3%였습니다. 0%인 유로존이나 마이너스인 일본보다 월등히 높았죠. 그리고 당시 높은 금리에도 미국의 성장성은 견고했습니다. 미국의 4년간 연평균 경제성장률은 2.4%였습니다. 이는 일본(1.17%)이나 유로존의 수장 격인 독일(1.87%)보다도 높은 수치였습니다.

글로벌 금융위기의 진원지는 미국이었습니다. 미국은 경제위기를 극복하기 위해 돈을 풀었고, 끝내 경기가 회복되었다고 판단해 유동성을 회수하는 출구전략을 펼쳤습니다. 그 결과 금융위기를 극복하고 고금리와 높은 성장성에 힘입어 전 세계 자금을 빨아들일 수 있었습니다. 미국 입장에서 보면 성공적인 위기 극복 사례임이 틀림없습니다.

2020년 코로나19가 전 세계 경제를 침체시켰을 때 미국의 베스트 시나리오는 금융위기 때와 마찬가지로 '① 유동성 공급 → ② 경기 회복 → ③ 금리인상 → ④미국으로 자본이동'이었을 것입니다. 그러나 출구전략에 실패하면서 이와 같은 시나리오는 물거품이 되었습니다. 오히려 '① 유동성 공급 → ② 물가상승 → ③ 금리인상 → ④ 성장성 하락 → ⑤ 경기침체' 시나리오도 발생할 수 있습니다. 중앙은행의 첫 번째 목표는 물가안정이지만 두 번째 목표는 고용안정입니다. 경기가 침체되면 고용안정을 달성하기 어렵습니다. 미국의 연준은 물가안정과 고용안정이라는 두 마리 토끼를 모두 달성할 수 있을까요?

주목해야 할 미국의 성장성

그러나 미국에는 또 한 번의 기회가 있습니다. 인플레이션을 잡기 위해 빠른 속도로 금리를 인상했기 때문입니다. 미국의 금리는 이미 유로존과 일본, 우리나라를 훌쩍 뛰어넘었습니다(2024년 4월 기준).

강력한 금리인상으로 물가는 결국 잡힐 것입니다. 그러면 세계 경제에서 자본은 다시 금리가 높고 성장성이 높은 곳으로 이동할 것입니다. 이미 미국은 다른 선진국들에 비해 금리가 높으므로 미국의 성장성만 견고하다면 다시 미국으로 대규모 자본이 이동할 가능성이 큽니다. 물가가 원하는 수준으로 잡혔을 때 빠르게 성장성을 회복한다면 미국은 다시 글로벌 유동성을 흡수할 수 있습니다.

미국은 다시 한 번 자금을 빨아들일 수 있을까요? 물가와 미국의 성장성을 주의 깊게 살필 필요가 있습니다.

미중 무역전쟁과 패권 다툼

자유무역에 반대한 미국인들

미중 무역전쟁을 본격적으로 시작한 것은 도널드 트럼프 행정부였습니다. 트럼프는 대통령 후보 때부터 미국이 자유무역으로 피해를 입고 있다고 주장해왔습니다. 이와 같은 주장은 당시 같은 당인 공화당 내에서도 반발을 불러일으켰습니다. 공화당은 과거 로널드 레이건 대통령 때부터 자유무역을 지향해왔기 때문입니다. 그럼에도 불구하고 트럼프는 자신의 주장을 굽히지 않고 자유무역을 비난했습니다.

트럼프가 이러한 주장을 밀고 나간 이유는 믿는 구석이 있었기 때문입니다. 그것은 바로 미국 여론이었죠. 그 당시 많은 미국인들이 자유무역이 미국 경제에 이롭지 않다고 생각했습니다. 심지어 트럼프를 싫어하는 사람들 중에서도 절반가량이 자유무역이 미국 경제에 해롭다고 생각했습니다.

미국인들은 왜 자유무역을 반대했을까요? 그 이유는 살림살이가 나아지지 않았기 때문입니다. 실제로 미국 서민들의 실질소득은 자유무역이 확산된 20년 동안 거의 늘어나지 않았고, 금융위기가 찾아오면서 더욱 어려워졌습니다. 열심히 일해도 제자리걸음이니 자유무역에 대한 반감이 서서히 커진 것입니다. 사람들의 이러한 심리를 잘 파고든 트럼프는 경쟁자였던 힐러리 클린턴보다 먼저 보호무역에 대한 이미지를 선점했고, 결국 힐러리를 꺾고 대통령에 당선되었습니다.

미국과 중국의 무역전쟁, 그로 인한 경제 피해

미국이 자유무역으로 피해를 봤다면 어떤 나라가 이득을 봤다는 것일까요? 바로 중국입니다. 미국의 대중 무역수지 적자는 2000년대 이후 폭발적으로 증가했습니다. 2000년 중국이 WTO에 가입하면서 중국 상품들이 미국을 포함한 전 세계로 뿌려졌기 때문입니다. 트럼프는 자유무역으로 값싼 중국 제품이 수입되어 미국의 무역적자가 심해졌고, 그로 인해 미국 기업들이 어려워져 일자리를 빼앗겼다고 주장했습니다. 중국이 미국인들의 희생을 바탕으로 점점 부유해졌다는 논리입니다.

무역적자는 미국에 어떤 이득을 가져다줄까?

트럼프는 중국과 우리나라 등 미국에 무역적자를 가져다주는 나라들을 대상으로 불공정한 거래가 이루어지고 있다고 주장했습니다. 그 주장이 사실일까요? 그렇지 않습니다. 미국이 중국의 상품을 구입한다는 이야기는 바꿔 말하면 미국 최대 수출품인 달러를 수출한다는 것을 의미하기 때문입니다. 중국과의 거래에서 엄청난 무역적자가 발생하지만 그만큼의 달러를 수출하고 있습니다. 이로써 세계 무역에서 달러의 비중이 커지고 기축통화로서의 지위가 더욱 공고해질 수 있습니다.

달러 수출이 늘어나면 달러의 주조차익도 늘어납니다. 예를 들어 우리나라의 5만원권이 한 장 발행될 때마다 들어가는 제조원가가 1,000원이라고 가정해보겠습니다. 그러면 5만원권 한 장에 발생하는 부가가치(주조차익)는 49,000원입니다. 미국이 달러를 발행하는 만큼 달러의 주조차익이 발생합니다. 달러 발권국은 미국뿐이므로 이렇게 발생한 엄청난 주조차익은 모두 미국의 것입니다. 이를 '세뇨리지 효과'라고 합니다.

그리고 중국을 필두로 미국에 상품을 수출해 흑자를 내는 나라들은 그렇게 번 돈으로 다시 달러를 사주고 있습니다. 미국 입장에서는 상품을 사고 돈을 지불했는데 캐시백처럼 돈이 다시 들어오는 것입니다. 이러한 일이 왜 벌어지는 걸까요?

예를 들어 우리나라가 미국에 상품을 많이 팔면 그만큼 달러가 많아집니다. 즉, 상품을 많이 팔수록 달러가치가 하락하고 원화가치가 상승합니다. 그대로 놔두면 원화가치가 계속 상승해 우리나라의 상품 가격이 비싸져 상품 수출에 어려움을 겪게 됩니다. 따라서 수출을 활성화하고 상품을 계속해서 많이 팔기 위해서는 달러가치를 올려주어야 합니다. 결국 우리나라는 달러가치를 올리기 위해 달러를 사들여야 합니다.

우리나라뿐 아니라 많은 나라가 상품을 팔아 번 돈으로 다시 달러를 사들이고 있습니다. 중국 역시 미국과의 무역으로 달러 표시 국채를 매입하는 대표적인 나라입니다. 반면 미국은 무역적자가 발생해 돈이 빠져나가 큰일났다 싶다가도 다들 알아서 달러를 척척 사주니 다시 돈이 들어오게 됩니다. 이를 '달러의 리사이클링'이라고 표현합니다. 달러가 전 세계에서 가장 많이 사용되는 기축통화의 힘을 유지하는 한, 이러한 일은 계속 반복될 것입니다.

미중 무역전쟁의 진짜 이유는?

이처럼 중국과의 무역적자는 미국에 일방적인 손해만 가져다주는 것은 아닙니다. 그러므로 미국이 미중 무역전쟁을 하는 이유가 단지 무역적자를 해소하기 위해서라는 주장은 설득력이 떨어집니다. 그렇다면 미중 무역전쟁의 진짜 이유는 무엇일까요?

미국은 전 세계에서 명목 GDP가 가장 높은 나라입니다. 미국의 GDP는 무려 약 23조 달러입니다. 이는 세계 3~10위 국가의 GDP를 모두 합친 것과 맞먹습니다.

미국에 이어 2위는 중국입니다. 중국의 GDP는 미국의 70% 정도입니다. 1위인 미국을 바짝 쫓아가고 있으며 3위인 일본의 네 배 정도이죠. 미국과 중국의 GDP는 G2라 불릴 정도로 그야말로 압도적입니다.

미국의 과제는 중국을 따돌리고 압도적 1위를 하는 것입니다. 미국 최대의 수출품은 달러입니다. 그런데 미국이 달러 수출에 집중하는 동안 중국이 어느새 미국의 턱밑까지 쫓아왔습니다. 미국은 중국의 맹추격을 보면서 '달러 수출로 중국의 추격을 따돌릴 수 있을까?'라는 불안감이 생길 수밖에 없습니다.

결국 중국과 격차를 벌리는 가장 좋은 방법은 중국의 주력 수출 산업인 제조업에서 우위를 점하는 것입니다. 그러나 지금껏 부실했던 제조업의 경쟁력을 하루아침에 끌어올리는 것은 결코 쉬운 일이 아니죠. 그런데 마침내 미국에도 기회가 찾아왔습니다. 바로 '4차 산업혁명'입니다.

4차 산업혁명 관련 산업들은 성장성이 높은 미래의 고부가가치 산업들입니다. 다행히 미국은 하이테크 기업들이 즐비해 4차 산업혁명 관련 기술을 잔뜩 가지고 있습니다. 기술적인 부분에서 중국을 비롯한 다른 국가들에 비해 확실한 우위를 가지고 있는 것입니다. 만약 미국이 4차 산업혁명에서 우위를 점해 시장을 선점한다면 중국과의 경쟁에서 당당히 앞서나갈 수 있습니다. 달러 수출에 제조업까지 강해지면 중국의 추격을 따돌리고 압도적 1위로 우뚝 설 수 있습니다.

반면 중국의 과제는 미국을 맹렬히 추격해 미국을 넘어서는 것입니다. '세계의 공장'이라 불리는 중국은 제조업 상품들을 만들어 전 세계에 공급했고, 이를 앞세워 미국을 맹추격했습니다. 그러나 어느새 중국의 제조업도 인건비 및 원재료의 상승으로 전성기 때에 비해 경쟁력이 약화되었습니다. 이대로는 미국을 따라잡기는커녕 성장성 악화로 차이가 더 벌어질 수도 있습니다.

그런데 중국에도 기회가 찾아왔습니다. 역시 4차 산업혁명입니다. 4차 산업혁명으로 만들어질 제품들은 IoT, 인공지능, 자율주행 등을 활용한 제조업입니다. 중국 입장에서는 전혀 다른 사업 분야로 진출하는 것이 아닌, 연구개발을 바탕으로 기존 제품들을 혁신해 기존의 제조업을 더욱 강하게 만들면 되는 것입니다. 중국이 미국보다 앞서 4차 산업혁명을 선점한다면 미국을 따라잡는 것은 물론, 역전까지 가능할 수 있습니다.

그러므로 미중 무역전쟁은 무역적자를 빌미로 벌어지는 '4차 산업혁명을 둘러싼 패권전쟁'의 성격이 강합니다. 따라서 미국이 가장 신경 쓰는 부분은 중국으로의 '기술 유출'입니다. 반면 중국은 '기술 굴기'를 강조하면서 기술 습득에 열을 올리고 있습니다.

대표적인 사례가 2020년 미국이 중국의 IT 기업인 화웨이에 반도체 공급을 전면 중단한 것입니다. 미국은 기술 유출을 우려해 미국뿐 아니라 다른 나라에서 만든 반도체 공급도 중단했습니다. 그리고 중국 기업들에 대한

2차 제재(세컨더리 보이콧)까지 경고했습니다. 세컨더리 보이콧은 제재 대상과 거래하는 제3국의 기업, 은행, 정부 등에도 제재를 가하겠다는 정책입니다. 어느 한 나라가 4차 산업혁명의 주도권을 완전히 잡을 때까지 미중 무역전쟁은 계속될 가능성이 큽니다.

미중 무역전쟁은 우리나라에도 영향을 미치고 있습니다. 미중 무역전쟁에 코로나19로 인한 중국 정부의 도시 봉쇄가 겹치면서 우리나라의 중국 수출도 어려움을 겪고 있습니다. 수출에서 중국이 차지하는 비중이 점차 줄어들고 있는 상황이죠. 특히 우리나라 반도체 기업들의 중국 진출이 큰 어려움을 겪고 있습니다. 우리나라 기업들은 중국에 대한 수출 의존도를 줄이고 거래처를 다각화해야 하는 과제를 안게 되었습니다.

지금 다시 금융위기를 공부해야 하는 이유

경제위기를 몰고 오는 유동성 과잉

2008년 전 세계를 강타한 금융위기가 발생한 지도 어느덧 15년이 넘었습니다. '10년이면 강산도 변한다'라는 말도 있듯 세계 경제에도 그동안 많은 변화가 있었습니다. 그럼에도 불구하고 지금의 세계 경제를 이해하려면 금융위기를 반드시 짚고 넘어가야 합니다. 금융위기는 아직까지도 세계 경제에 많은 영향을 미치고 있기 때문입니다. 이를 기점으로 그 전과 후로 나눌 정도로 금융위기는 세계 경제의 트라우마로 남아 있습니다.

금융위기의 가장 큰 원인은 달러의 유동성 과잉입니다. 유동성 과잉이란 말 그대로 돈이 넘쳐나는 것을 뜻합니다. 돈이 많아지면 좋을 것 같지만 꼭 그렇지도 않습니다. 유동성 과잉의 가장 큰 문제점은 자산버블을 동반한다는 것입니다. 자산버블은 맥주 거품이 빠지듯 언젠가 꺼지기 마련입니다. 결국 어느 순간 버블이 붕괴되면서 자산가치가 폭락하고 경제위기가 찾아오게 됩니다.

유동성 과잉은 2008년 금융위기뿐 아니라 훨씬 이전부터 각종 경제위기를 몰고 다녔습니다. 1920년대에는 통화량이 60% 이상 증가한 끝에 최악의 경제 참사라 할 수 있는 경제대공황(1929년)이 찾아왔고, 1980년대 후반 일본의 유동성 과잉은 1990년대 버블 붕괴로 이어져 '잃어버린 30년'의 시발점이 되었습니다. 버블 붕괴 직전, '금(金)이 넘치는(滿) 일본'이라는 표현이 유행할 정도로 일본에는 돈이 많았습니다.

2008년 금융위기의 원인 역시 유동성 과잉입니다. 2000년대 초 미국 경제는 닷컴버블(IT버블)의 붕괴로 몸살을 앓았습니다. 연준은 이에 대한 처방전으로 당시 5%를 넘나들던 기준금리를 1%로 뚝 떨어뜨렸습니다. 이러한 금리인하는 달러의 유동성 과잉을 유발했고, 이것이 결국 금융위기로 이어진 것입니다.

물가상승과 금리인상

유동성이 풍부해지면 자산버블이 형성되면서 물가가 크게 오를 가능성이 높습니다. 그런데 2000년대 초만 하더라도 자산버블을 의심할 만큼 물가가 크게 오르지 않았습니다. 이러한 현상은 유동성 과잉에 대한 경각심이 둔해지게 만들었습니다. 당시 자산 가격이 크게 상승하지 않은 이유는 중국 때문이었습니다. 중국이 싼 가격의 상품들을 전 세계에 공급하면서 물가상승을 억제한 것이죠.

그런데 결국 2005년에 물가가 크게 올랐습니다. 특히 석유 가격은 2001년에 비해 약 네 배 상승했습니다. 당시 중국의 석유 수요가 급증한 데다 유동성 과잉으로 석유 가격이 크게 오른 것이죠. 물가가 가파르게 오르자 연준은 치솟는 물가를 잡기 위해 금리인상에 나섰습니다. 1%였던 금리가 2년이 채 되지 않아 5%대로 상승했습니다.

'기준금리가 5%대로 오른 것이 뭐 대수냐' 하고 생각할 수도 있지만 기준금리는 0.1%포인트만 변해도 경제에 미치는 파급효과가 상당히 큽니다. 우리나라에서도 한국은행이 발표하는 기준금리가 1~2%포인트가 아닌 겨우 0.25%포인트 정도만 변해도 북한의 핵 도발이나 국정농단 사건처럼 뉴스 속보로 다루어지죠. 그만큼 기준금리 변화가 사회에 미치는 영향이 상당합니다. 당시 미국의 기준금리 인상으로 인한 파급효과는 결국 서브프라임 모기지론 사태로 이어졌습니다.

서브프라임은 어떻게 파산했나?

2000년대 초반, 금리가 내려가자 서브프라임 모기지론의 규모가 크게 증가했습니다. 당시 미국은 대출을 받기가 쉬워 신용이 좋지 않은 사람들도 대출을 받아 집을 몇 채씩 소유하곤 했습니다. 그런데 대부분이 변동금리여서 향후 금리가 인상될 경우 이자 부담이 늘어날 가능성이 컸습니다.

서브프라임 모기지론 (Subprime mortgage loan)

서브프라임은 신용이 좋지 않은 사람들을 가리키며, 모기지론은 주택을 담보로 잡고 나가는 대출을 뜻한다. 쉽게 말해 서브프라임 모기지론은 신용이 좋지 않은 사람들에게 빌려주는 주택담보대출이다.

결국 2005년부터 금리가 가파르게 오르자 서브프라임 모기지론의 대출금리도 크게 상승했습니다. 갑작스럽게 이자 부담이 커지자 소득이 많지 않았던 서브프라임들은 자신의 소득만으로는 대출원금과 이자를 갚기가 어려웠습니다. 따라서 담보로 잡혀 있던 집을 팔아 이자를 상환해야 했고, 집을 파는 사람들이 많아지자 미국의 주택 가격은 하락했습니다.

주택 가격의 하락은 서브프라임의 파산으로 이어졌습니다. 그런데 자신의 소득으로 대출금을 갚지 못할 경우 집을 팔아서 갚으면 되는데 서브프라임은 왜 파산한 것일까요?

미국과 비교해보기 위해 우리나라를 예로 들겠습니다. 서울에 사는 D씨는 1억원짜리 집을 사기 위해 5,000만원을 대출받았습니다. 우리나라에서는 서울에 집을 살 경우 집값의 50%까지 대출을 받을 수 있는데, 이것을 주택담보대출비율(LTV)이라고 합니다(2018년 1월 기준). 그런데 하필이면 D씨가 집을 사자마자 집값이 8,000만원으로 떨어졌습니다. 무려 20%나 하락한 것이죠. D씨는 눈물을 머금고 8,000만원에 주택을 팔았지만 그럼에도 불구하고 대출금 5,000만원을 상환하는 데는 큰 문제가 없었습니다.

그러나 당시 미국의 LTV는 100%였습니다. 이는 곧 1억원짜리 집을 살 때 1억원을 대출받을 수 있다는 뜻입니다. 가진 재산도 별로 없고 소득 수준도 낮았던 서브프라임들은 집값의 100%를 대출받아 집을 샀습니다. 이 경우 주택 가격이 20% 하락해 8,000만원이 되면 집을 팔아도 대출금 1억원을 갚을 수 없습니다. 그로 인해 그들은 결국 파산하고 만 것입니다.

신용이 좋지 않은 사람에게 왜 대출을 해주었을까?

우리나라에는 빚이 많은 사람들을 구제해주는 제도가 있습니다. 대표적인 것이 개인회생과 개인파산제도입니다. 개인회생은 법원에서 빚의 일부를 탕감해주고 나머지를 채무자가 열심히 갚게끔 하는 제도입니다. 개인파산은 채무가 동결되어 빚을 갚을 법적인 의무가 사라지는 것으로 개인회생보다 조건이 까다롭습니다. 개인파산이 확정되면 채권자는 채무자가 도의적으로 빚을 갚지 않는 한, 돈을 받을 수 없습니다.

미국도 마찬가지입니다. 서브프라임이 파산하면 채권자는 빌려준 돈을 사실상 받을 수 없습니다. 채권이 휴지 조각이 되는 것입니다. 그렇다면 신용이 좋지 않은 서브프라임들에게 대체 누가 돈을 빌려주었을까요?

우리나라 은행에서도 누구에게나 대출을 해주지는 않습니다. 신용이 좋지 않은 사람에게 대출을 해주었다가 회수가 되지 않으면 손실을 볼 수 있기 때문입니다. 신용등급이 8등급 이하일 경우에는 신용대출은 물론 담보대출도 받기 어렵습니다.

그러나 미국의 은행과 모기지회사는 서브프라임에게 손쉽게 대출을 해주었습니다. 서브프라임은 비우량한 대출이므로 그에 대한 모든 위험을 은행과 모기지회사가 부담해야 합니다. 그렇다면 이렇게 위험한 대출을 해준 이유는 무엇일까요?

그 이유는 은행과 모기지회사가 서브프라임 모기지론 채권을 리먼브라더스 같은 투자은행이나 패니메이 같은 주택금융업체에 팔아넘길 수 있었기 때문입니다. 투자은행과 주택금융업체가 채권을 사가니 위험은 그들에게 넘기면서 이익은 더 많이 챙길 수 있어 서브프라임에게 대출을 해주지 않을 이유가 없었습니다. 마치 폭탄 돌리기 게임에서 폭탄을 다른 사람에게 떠넘긴 꼴이었습니다.

투자은행과 주택금융업체

리먼브라더스, 골드만삭스, 베어스턴스 등 한 번쯤 이름을 들어봤을 법한 이 회사들은 미국의 투자은행입니다. 우리나라에는 투자은행이 없기 때문에 생소할 수 있습니다. 투자은행의 주요 업무는 인수, 리서치, 트레이딩

등으로 우리나라의 증권회사와 비슷합니다.

투자은행이 위험한 서브프라임 모기지론 채권을 사들이는 이유는 많은 돈을 벌기 위해서입니다. 금리가 낮은 우량채권만을 기초자산으로 하는 상품은 수익률이 낮아 인기를 끌기 어렵습니다. 반대로 고금리 서브프라임 채권만을 기초자산으로 하는 상품은 수익률은 높지만 위험도 높아 역시 잘 팔리지 않습니다.

그렇다면 둘을 섞으면 어떨까요? 우량채권보다 수익률이 높으면서 서브프라임 채권보다 안전해 보이는 매력적인 상품이 탄생합니다. 저금리 상황에서 돈을 불릴 곳을 찾던 전 세계 투자자들이 몰려드는 것은 시간문제입니다.

투자은행은 서브프라임 모기지론 채권을 가지고 있는 한, 이런 식으로 파생상품을 무수히 만들어낼 수 있습니다. 투자자들이 몰려들어 파생상품의 규모가 커질수록 돈을 더 많이 벌어들일 수 있고 위험은 투자자들에게 분산시킬 수 있으니 일석이조라 할 수 있습니다. 그러나 서브프라임 채권 자체는 여전히 투자은행이 가지고 있으므로 위험은 분산될지언정 사라지지는 않습니다.

주택금융업체는 주로 금융회사로부터 모기지론 채권을 인수하는 업무를 맡은 회사입니다. 대표적으로 프레디맥과 패니메이가 있습니다. 주택금융업체가 채권을 사주면 금융회사가 주택담보대출을 해주기 더 쉬워지므로 주택경기가 활성화될 수 있습니다. 그러나 아무리 그렇다 해도 서브프라임 모기지론 채권은 위험하기 때문에 무작정 사들였다가 큰 손실을 볼 수도 있습니다. 프레디맥과 패니메이도 이 사실을 모르지는 않았습니다.

그럼에도 불구하고 서브프라임 채권을 사들인 이유는 바로 미국 정부의

'암묵적 보증' 때문이었습니다. 만약 문제가 생기면 미국 정부가 책임진다는데 사지 않을 이유가 없었던 것이죠. 암묵적 보증이라고 한 것은 프레디맥과 패니메이의 상품 설명서에 정부가 보증한다는 내용이 명문화되어 있지는 않았기 때문입니다. 그러나 잘못될 경우 미국 정부가 책임진다는 것은 공공연한 사실이었습니다. 그만큼 미국 정부도 금융위기의 책임에서 자유롭지 못했습니다.

금융위기가 찾아오다

당시 미국의 부동산 시장에는 낙관론이 팽배했습니다. 서브프라임뿐 아니라 은행, 모기지회사, 투자은행, 주택금융업체, 정부까지 모두가 부동산 가격이 폭락하리라고는 예상하지 못했습니다. 그들의 예상대로 부동산 가격이 계속 올랐다면 서브프라임도 파산하지 않았을 테고, 금융위기도 일어나지 않았을 것입니다. 그러나 부동산 가격이 크게 하락하면서 그들의 장밋빛 전망은 보기 좋게 빗나가고 말았습니다.

서브프라임 모기지론 채권이 휴지 조각이 되면서 고수익을 노리고 관련 금융상품에 투자했던 투자자들은 큰 손실을 감수해야 했습니다. 모기지론 채권을 가지고 있던 투자은행과 주택금융업체는 위험에 고스란히 노출되어 큰 손실을 봤고, 투자자금이 빠져나가면서 투자은행의 매출은 급감했습니다. 결국 대표적인 투자은행이었던 리먼브라더스가 파산했고, 양대 주택금융업체였던 프레디맥과 패니메이가 구제금융을 받아 국유화되었습니다. 서브프라임에게 돈을 빌려주던 모기지회사들도 연달아 파산했고, 은행 역시 어려움을 겪었습니다. 글로벌 금융위기가 시작된 것입니다.

부동산정책과 LTV

LTV는 정부의 부동산정책 방향에 따라 늘어나기도 하고 줄어들기도 합니다. 노무현 정부 때 LTV는 40%였습니다. 세계적인 유동성 공급으로 우리나라의 주택 가격이 크게 오르자 부동산 투기를 막아 가격을 안정시키겠다는 의도였습니다.

그런데 LTV는 이명박 정부 때 60%로 확 늘어났고, 박근혜 정부 때 부동산 경기를 활성화한다는 명목으로 70%로 늘어났습니다. 당시 주택 가격이 하락하고 부동산 경기가 침체되자 부동산 경기를 활성화시켜 내수경제를 살리고자 한 조치였습니다. LTV의 증가는 가계부채 증가에도 영향을 미쳤습니다. 집값의 70%를 대출받을 수 있으니 집을 사기가 더 쉬워졌기 때문입니다.

반면 문재인 정부는 주택시장이 투기 수요로 인해 과열될 조짐을 보이자 강력한 부동산수요억제정책을 펼쳤습니다. 70%였던 LTV는 지역에 따라 40%까지 대폭 내려갔습니다. 심지어 서울(투기지역)에 집을 산 사람이 서울에 집을 한 채 더 사고자 할 때는 아예 대출을 받지 못하게 했습니다. 그럼에도 2020년 집값이 폭등하자 많은 사람들이 소위 '영끌'을 해서 집을 매입해 우리나라의 가계부채는 GDP의 100%를 넘어서게 되었습니다.

이후 물가를 잡기 위한 전 세계적인 금리인상으로 유동성이 회수되면서 우리나라의 주택 가격도 하락했고, 윤석열 정부는 무주택자의 LTV를 다시 올렸습니다. 가격 하락으로 부동산 거래가 거의 발생하지 않는 '거래 절벽'이 찾아오자 부동산 가격의 폭락을 막고 시장을 활성화시키기 위한 조치였습니다.

영화 <빅쇼트>와 공매도 기법

"우리가 공매도한 사실을 광고해서는 안 돼요.

사람들을 놀라게 하지 말자고요." — 영화 〈빅 쇼트〉 중에서

미국 서브프라임 모기지론 사태를 배경으로 한 영화 〈빅 쇼트〉의 대사입니다. 우리나라에서도 개봉해 화제가 되었죠. 미남 배우 크리스찬 베일과 브래드 피트가 출연해 여심을 공략했습니다. 영화는 주인공들이 미국의 모기지론이 부실해질 것을 예상하고 공매도(short)라는 기법을 활용해 많은 돈을 버는 과정을 보여줍니다.

공매도란 무엇일까요? 공매도란 말 그대로 없는 것을 판다는 뜻입니다. 그런데 어떻게 없는 것을 팔 수 있을까요?

은정이와 다빈이는 자매입니다. 겨울이 끝나가는 어느 날, 다빈이는 10만원을 주고 겨울 코트를 구입했습니다. 다빈이는 이 코트를 올해는 입을 생각이 없고 내년 겨울에나 꺼내 입을 생각입니다. 은정이는 겨울이 끝나가기 때문에 다빈이가 구입한 코트의 가격이 곧 떨어질 것이라고 확신합니다. 그래서 다빈이에게 소정의 대가 5,000원을 지불하고 코트를 빌립니다. 다빈

이는 어차피 내년 겨울까지는 코트를 입지 않고 가지고만 있을 생각이어서 은정이에게 잠깐 빌려주고 대가를 받아도 나쁠 게 없습니다. 그런데 은정이는 다빈이에게 빌린 코트를 곧바로 10만원에 팔아버립니다. 한 달 정도 지나자 옷가게에서 동일한 코트를 8만원에 팔기 시작합니다. 은정이의 예상대로 코트 가격이 하락한 것입니다. 은정이는 8만원에 코트를 다시 구입해 다빈이에게 돌려줍니다. 이렇게 은정이는 1만 5,000원(2만원-다빈이에게 준 5,000원)을 법니다. 애초에 가지고 있지 않았던 코트를 팔아서, 즉 공매도를 해서 이익을 얻은 것입니다.

가격 하락에 베팅하는 공매도 투자의 위험성

주식시장에도 이러한 방식을 적용할 수 있습니다. A는 삼성전자의 주가가 하락할 것이라고 확신하지만 삼성전자 주식을 가지고 있지 않습니다. 그래서 그는 삼성전자 주식을 가지고 있는 B에게 주식을 빌립니다. B는 삼성전자 주식을 오래 가지고 있을 생각이어서 소정의 대가를 받고 A에게 잠깐 빌려줍니다. A는 B에게 빌린 주식을 곧바로 팔아치웁니다. 이후 A의 예상대로 삼성전자 주가는 떨어졌고, A는 삼성전자 주식을 싸게 사서 B에게 갚습니다. 이때 A는 삼성전자 주식을 비싸게 팔아 싸게 샀으니 남는 장사를 한 것입니다. 이처럼 공매도는 주식이나 채권 등의 가격 하락에 베팅해 수익을 얻는 기법입니다.

영화 〈빅 쇼트〉처럼 실제로 2008년 글로벌 금융위기 때 이와 같은 공매도로 많은 돈을 번 사람이 있습니다. 바로 월가의 펀드매니저 출신으로 본인의 회사인 폴슨앤컴퍼니를 운영하고 있는 존 폴슨입니다.

폴슨은 2007년 미국 주택시장이 거품이 빠져 붕괴될 것을 예측하고 주택담보대출 채권을 바탕으로 만들어진 부채담보부증권(CDO)을 공매도했습니다. 사실 그 당시 주택시장의 붕괴를 예측한 사람은 거의 없었습니다. 하지만 그는 다른 회사나 신용평가기관의 보고서에 의존하지 않고 독자적으로 주택시장을 검토했고, 주택시장에 거대한 거품이 있다는 것을 확인했습니다. 그의 예상대로 모기지론 부실 사태가 터지면서 미국의 주택 가격이 폭락했고, 그는 큰 수익을 올렸습니다. 또한 금융위기 직전인 2008년, 금융위기가 닥칠 것을 예상하고 월가의 금융회사 주식을 대거 공매도했습니다. 역시 곧 찾아온 금융위기로 인해 금융회사 주가가 폭락했고, 그는 다시 한 번 어마어마한 수익을 올렸습니다.

이러한 공매도에도 투자 위험이 존재합니다. 공매도한 주식이나 자산 가격이 떨어지지 않고 올라간다면 판 가격보다 더 비싸게 사들여야 하기 때문이죠. 만약 가격이 크게 오른다면 손실도 그만큼 커질 수밖에 없습니다. 폴슨 역시 공매도 후 1년 정도 손실을 거듭해야 했습니다. 하지만 그는 인내심을 가지고 끈질기게 기다렸고, 결국 큰 성공을 거두었습니다. 폴슨이 금융위기가 있었던 2008년부터 약 1년 동안 벌어들인 돈은 무려 200억 달러(약 20조 원)에 달합니다. 이는 영화 〈빅 쇼트〉의 주인공들이 벌어들인 돈보다 더 많은 액수입니다. 영화보다 더 영화 같은 일이 벌어진 것이죠.

미국의 달러패권은 어떻게 만들어졌을까?

달러는 미국에 어떤 혜택을 가져다줄까?

미국의 정부부채는 앞으로 더 늘어날 전망입니다. 그러나 미국이 부채 때문에 망할 가능성은 별로 없습니다. 달러를 찍어낼 수 있기 때문이죠. 우리나라는 달러가 부족해지면 외환위기가 발생해 국가부도에 직면할 수 있습니다. 1997년 달러 고갈로 IMF의 구제금융을 받았던 것이 대표적인 사례입니다. 그러나 미국은 달러를 찍어낼 수 있어 IMF의 구제금융을 받을 필요가 없을 뿐만 아니라 다른 나라에 비해 국가부도 가능성이 적습니다

그리고 앞서 말했듯 달러는 많이 풀려도 하이퍼인플레이션을 유발할 가능성이 적습니다. 전 세계에서 가장 많이 사용하는 기축통화이므로 많이 찍어내도 전 세계 구석구석으로 다 빠져나가기 때문입니다. 다른 나라들은 하이퍼인플레이션을 우려해 통화량을 조절해야 하지만 미국은 그런 걱정을 할 필요가 없습니다.

브레튼우즈 체제의 탄생

달러는 어떻게 전 세계에서 가장 많이 사용하는 기축통화가 되었을까요? 그리고 왜 미국만이 달러를 찍어낼 수 있을까요?

제2차 세계대전이 끝날 무렵인 1944년, 미국의 브레튼우즈에 44개 연합국 대표들이 모였습니다. 전쟁 이후에 대해 의논하기 위해서였죠. 당시 '어떻게 교역할 것인가'는 매우 중요한 주제였습니다. 전쟁으로 인해 많은 나라가 황폐해져 상대 나라의 통화를 믿기 어려운 상황이었기 때문입니다. 예를 들어 독일과 프랑스가 교역할 때 독일은 프랑스의 통화를, 프랑스는 독일의 통화를 신뢰할 수 없었습니다.

이러한 경우에는 믿을 만한 다른 것으로 거래하면 됩니다. 그러고 보니 누구나 신뢰할 수 있는 것이 있습니다. 바로 금입니다. 그런데 금으로 거래하는 것도 쉽지 않습니다. 잘못하면 금이 대량으로 빠져나갈 수 있기 때문이죠. 예를 들어 대규모 무역적자가 발생해 금이 모두 해외로 빠져나간다면 그다음에는 어떻게 해야 할까요? 어디선가 엄청난 양의 금이 채굴되지 않는 한, 위기를 극복하기 어려울 것입니다. 어느 나라나 언젠가는 이런 상황에 처할 수 있으니 금으로 교역하는 것도 썩 좋은 방법은 아닙니다.

그렇다면 어떻게 해야 할까요? 이때 미국이 제시한 방법은 '달러'로 교역하자는 것이었습니다. 미국이 달러를 찍어 공급해줄 테니 믿고 사용하라는 것이었죠. 그런데 다른 통화들도 믿을 수 없는 판국에 달러를 어떻게 믿고 쓸 수 있을까요?

미국은 금 1온스를 35달러로 바꿔주는 방법으로 이 문제를 해결했습니다. 금으로 바꿀 수 있는 통화라면 누구나 믿을 수 있기 때문입니다. 그리고 안정적인 교역을 보장하기 위해 달러와 다른 나라의 통화를 고정환율로 묶어 환율 차이로 인한 이익이나 손해가 발생하지 않도록 했습니다. 이렇게 브레튼우즈 체제가 탄생했습니다.

미국에 금이 많아진 이유

그런데 전 세계에 뿌려진 달러를 모두 금으로 바꿔줄 수 있으려면 상당히 많은 양의 금을 가지고 있어야 합니다. 그렇다면 미국의 금은 충분했을까요? 당시 미국은 전 세계 금의 70% 이상을 가지고 있었습니다. 실로 엄청난 양의 금을 보유하고 있었죠. 달러를 금으로 다 바꿔줄 수 있다는 말이 허언이 아니었습니다.

어떻게 미국은 이렇게 많은 금을 가지고 있었을까요? 미국의 금은 제1차, 2차 세계대전을 거치면서 본격적으로 많아졌습니다. 전쟁을 이용해 많은 나라에 전쟁 물자를 공급하면서 막대한 흑자를 냈고, 그 돈으로 금을 사들인 것입니다. 미국으로 금이 쏠리면서 금이 부족해진 여러 나라들은 금본위제를 포기할 수밖에 없었습니다.

사실 전쟁이 발생하기 전까지만 해도 달러가 아닌 영국의 파운드화가 기축통화였습니다. 영국은 1817년부터 금본위제를 실시했으며, 파운드화는 전 세계 교역의 60%를 차지했습니다. 그러나 세계대전을 거치면서 영국의 파운드화는 쇠락했고, 압도적인 금 보유량을 자랑하는 미국의 달러에 기축통화의 지위를 내주고 말았습니다.

베트남전쟁과 브레튼우즈 체제의 붕괴

브레튼우즈 체제는 ① 달러가 기축통화, ② 달러 발권국은 미국, ③ 금 1온스=35달러(금본위제), ④ 고정환율을 내용으로 하고 있습니다. 아직도 달러는 기축통화이고 미국만이 발권하고 있습니다. 그러나 오늘날에는 금 1온스를 35달러로 교환하지 않으며 많은 나라들이 고정환율이 아닌 변동환율을 사용하고 있습니다. 브레튼우즈 체제가 붕괴된 것입니다.

브레튼우즈 체제는 1971년 리처드 닉슨 대통령이 더 이상 달러를 금으로 바꿔주지 못한다고 선언하면서 무너졌습니다. 자신만만하던 미국은 왜 달러를 금으로 바꿔주지 못했을까요?

1960년대 베트남은 사회주의 지도자였던 호치민의 북베트남과 친미정권의 남베트남으로 갈라져 있었습니다. 호치민이 베트남을 통일하려 하자 미국이 개입하면서 베트남전쟁이 일어났습니다. 미국은 냉전시대였던 그 당시 베트남이 공산화되면 주변 국가들도 도미노 현상처럼 공산화될 것을 우려했습니다.

그런데 자본주의 국가들은 자본주의 진영끼리, 공산주의 국가들은 공산주의 진영끼리 잘 지내면 평화로울 텐데 왜 미국은 전쟁을 하면서까지 공산주의가 확산되는 것을 막으려고 한 것일까요? 시장경제에서는 시장의 크기가 중요한데, 공산주의 국가가 많아진다는 것은 시장이 줄어든다는 것을 의미하기 때문입니다. 공산주의가 확산되면 자본주의 체제가 붕괴될지도 모른다는 불안감이 전쟁까지 불사하게 만든 것입니다.

전쟁을 하기 위해서는 많은 돈이 필요합니다. 미국 입장에서는 최대한 빨리 승리하는 것이 비용을 아끼는 방법이었습니다. 그러나 전쟁은 미국의 예상과 다르게 장기화되었습니다. 결국 미국은 장기전을 치르기 위해 많은 달러를 찍어낼 수밖에 없었죠.

그런데 달러를 금으로 바꿔주려면 달러가 많아지는 만큼 금도 많아져야 하는데 금은 달러처럼 찍어낼 수 없으므로 늘어나는 데 한계가 있습니다. 그로 인해 결국 금에 비해 달러가 많아지는 불균형 현상이 발생했습니다.

그러자 사람들은 더 이상 달러를 금으로 바꾸지 못할지도 모른다는 불안감에 가지고 있던 달러를 금으로 바꾸기 시작했습니다. 달러 투매 현상이 발생한 것입니다. 심지어 프랑스는 무려 35억 달러를 금으로 바꿔갔고, 영국은 30억 달러를 금으로 바꿔달라고 요구했습니다. 이대로 가다가는 그 많던 미국의 금이 남아나지 않을 것 같았습니다. 결국 닉슨 대통령은 달러를 더 이상 금으로 바꿔주지 않겠다는 금 태환 중지 선언을 해야 했습니다.

1차 오일쇼크 발생

엎친 데 덮친 격으로 1973년 1차 오일쇼크가 발생했습니다. 석유를 생산하는 중동 국가들의 모임인 OPEC(석유수출기구)가 갑자기 석유 가격을 네 배나 올린 것입니다. OPEC가 석유 가격을 올린 이유는 이스라엘과의 전쟁 때문이었습니다.

신생 국가인 이스라엘과 중동 국가들의 이권 다툼으로 벌어진 네 차례의 중동전쟁에서 이스라엘이 모두 승리하면서 중동 국가들은 많은 피해를 입었습니다. 당시 이스라엘을 적극적으로 지원한 나라가 미국이었는데, 이를 못마땅하게 여긴 OPEC는 석유 가격을 인상해 미국에 타격을 가하고 빼앗긴 이권을 되찾고자 했습니다. 석유를 '무기화'한 것입니다.

중동 국가들의 예상대로 미국은 석유 가격 인상에 취약했습니다. 에너지 수입국이면서 에너지를 많이 사용하는 소비국이었기 때문입니다. 결국 오일쇼크는 미국 경제를 물가가 상승하면서 동시에 경기가 침체하는 스태그플레이션에 빠뜨렸습니다.

브레튼우즈 체제에서 달러를 믿고 쓸 수 있었던 이유는 달러를 금으로 바꿔주었기 때문입니다. 그러나 1971년 닉슨 대통령이 더 이상 달러를 금으로 바꿔주지 않겠다고 선언하면서 달러에 대한 신뢰는 추락할 수밖에 없었습니다. 금으로 바꿀 수 없는 달러는 다른 통화와 다를 바 없었죠. 게다가 연이어 찾아온 오일쇼크로 미국 경제가 어려워지자 너도나도 달러를 팔아버리는 투매 현상이 벌어졌습니다. 그 당시 달러는 분명 위기였습니다.

위기를 딛고 부활한 달러

그럼에도 불구하고 아직까지 달러는 전 세계에서 가장 많이 사용되는 기축통화입니다. 달러는 어떻게 위기를 극복하고 기축통화의 지위를 굳건히 유지할 수 있었을까요?

1975년 사우디아라비아는 당시 미국의 국무장관이던 헨리 키신저와 사우디·키신저 밀약을 맺었습니다. 당시 이란에서는 왕조를 무너뜨리고 공화정 정부를 수립하려는 움직임이 일어났고, 이러한 움직임은 사우디아라비아를 포함한 이슬람 국가들로 확산될 조짐을 보였습니다. 이에 불안감을 느낀 사우디아라비아에 미국이 안보 우산을 제공해주기로 한 것이 사우디·키신저 밀약의 내용입니다. 이후 이란에서는 1979년 팔레비 왕조가 무너지고 공화정 정부가 수립되는 이란혁명이 일어났지만 사우디아라비아는 아직까지 왕정을 유지하고 있습니다.

그런데 미국이 일방적으로 사우디아라비아를 도와준 것은 아니었습니다. OPEC의 수장인 사우디아라비아 역시 미국에 큰 선물을 가져다주었습니다. OPEC의 석유 대금을 오직 달러로만 결제할 수 있도록 해준 것이죠. 이는 석유를 수입하는 대부분의 나라가 무조건 달러를 가지고 있어야 한다는 것을 의미했고, 이로써 달러는 다시 무조건 필요한 통화가 되었습니다.

달러를 금으로 바꿔주지 않으면서 금본위제는 사라졌지만 석유와 연결되면서 '석유본위제'가 탄생한 것입니다. 석유가 영어로 페트롤(petrol)이므로 이때부터의 달러를 페트로달러(petrodollar)라고 합니다.

위기에 빠졌던 달러는 이렇게 기축통화의 지위를 되찾고 달러패권을 공고히 할 수 있었습니다.

달러패권을 무너뜨리려면?

어떻게 하면 달러패권을 위협할 수 있을까요? 가장 좋은 방법은 석유 대금을 달러로 결제하지 않고 다른 통화로 결제하는 것입니다.

2000년 이라크의 지도자였던 후세인은 이라크에서 생산하는 석유 대금을 달러가 아닌 유로화로 결제하겠다고 선언했습니다. 그리고 실제로 유로화로 결제했죠. 미국은 가만히 있지 않았습니다. 2001년 9·11 테러 이후 조지 부시 대통령은 테러와의 전쟁을 선포하고 이라크를 공격했습니다. 이라크가 보유한 대량살상무기를 제거한다는 명분이었습니다. 거침없이 진격한 끝에 미군은 결국 후세인을 붙잡아 사형시켰습니다.

후세인은 1990년 이라크가 쿠웨이트를 침공한 걸프전을 일으킨 장본인입니다. 당시 미국이 참전하여 이라크와 싸웠고, 전쟁은 미국의 승리로 끝났습니다. 이때 전쟁에서 패했음에도 살아남았던 후세인이 석유 대금을 유로화로 결제한 이후 형장의 이슬로 사라진 것입니다. 그리고 미국의 전쟁 명분이었던 대량살상무기는 끝내 발견되지 않았습니다.

베네수엘라의 지도자였던 차베스도 석유 대금을 달러로 결제하지 않겠다고 선언했습니다. 베네수엘라는 석유 수출이 전체 수출의 약 80%를 차지하며, 미국도 상당한 양의 석유를 베네수엘라에서 수입하고 있습니다. 이에 미국은 베네수엘라 내 반차베스 세력을 지원해 끊임없이 차베스 흔들기를 시도했습니다. 실제로 베네수엘라에 쿠데타가 일어나 차베스가 잠시 정권을 빼앗긴 적도 있습니다.

이란 역시 석유 대금을 달러로 결제하지 않겠다고 주장했습니다. 이에 부시 대통령은 이란을 '악의 축'으로 규정하고 이란의 석유 수출을 제한하는 경제제재를 가했습니다.

이와 같이 미국은 석유본위제를 뒤흔들어 달러의 기축통화 지위를 위협하는 시도는 절대 용납하지 않았습니다.

이란의 석유 공급은 미국과의 관계에 달려 있다

2015년 7월, 당시 미국 대통령이던 버락 오바마는 '악의 축'으로 불리던 이란과의 핵 협정에 성공했습니다. 이란이 핵무기 개발을 중단하는 대신 10년 동안 이어오던 이란의 경제제재를 풀어주는 것이 그 내용이었습니다. 미국 내 반대 세력이 많았지만 오바마는 의회에서 반대해도 거부권을 행사하겠다며 강경하게 나갔습니다.

당시 오바마는 "이란의 경제제재를 풀어주면 달러의 기축통화 지위가 더 강해질 수 있다"라며 반대파들을 설득했습니다. 경제제재가 해제된 이란이 석유 수출을 보다 자유롭게 할 수 있게 된다면 달러로 결제할 가능성이 있으니 달러의 힘이 더 강해져 결국 미국에 유리하다는 속내를 알 수 있는 대목입니다.

그러나 이러한 기대가 무색하게 이란은 경제제재 해제 직후 이루어진 인도와의 석유 거래에서 원유 미지급액 및 석유 대금을 달러가 아닌 전액 루피로 지급하는 데 합의했습니다. 오바마의 임기가 며칠 남지 않은 상황에서 벌어진 일이었습니다.

미국 내 이란에 대한 반발은 더욱 거세졌고, 오바마의 뒤를 이어 대통령이 된 도널드 트럼프는 오바마가 체결한 이란과의 핵 협정을 미국 역사상 최악의 거래라고 비난했습니다. 그는 핵 협정을 곧바로 폐기하고 다시 경제제재를 가해야 한다고 주장했습니다.

이란 역시 미국이 핵 협정을 폐기한다면 미국도 큰 비용을 지불해야 할 것이라며 트럼프에 맞섰습니다. 두 나라 간 핵 협정의 결과는 곧바로 이란의 석유 공급량에 영향을 미치고, 공급이 늘어나느냐 줄어드느냐에 따라 석유 가격이 달라집니다. 이는 정치적·외교적 움직임이 특정 자산의 가격에 큰 영향을 미친 대표적인 사례입니다.

달러의 힘은 앞으로 더 강해질까?

달러의 경쟁자가 나타날까?

달러는 아직까지 전 세계에서 가장 강력한 기축통화입니다. 그렇다면 달러의 경쟁자로 불릴 만한 통화가 있을까요?

그나마 가장 강력한 경쟁자는 유로화였습니다. 이라크와 베네수엘라 등이 석유 대금을 유로화로 결제하겠다고 했을 정도로 달러의 대항마로 주목받았습니다. 지금도 유로화는 세계에서 달러 다음으로 가장 많이 사용되는 통화입니다. 그러나 유로화는 금융위기와 코로나19 이후 여러 가지 문제점을 드러내며 힘을 많이 잃었습니다.

사실 미국발 금융위기와 코로나19 팬데믹을 거치면서 달러의 힘이 약해진 것은 사실입니다. 엄청난 양의 달러 공급으로 달러가치가 하락하면서 달러의 신뢰도도 함께 하락했기 때문입니다. 이에 따라 전 세계 외환보유고 내 달러 비중도 지속적으로 감소했습니다. 20년 전 70%가 넘었던 달러 비중은 2022년 58%까지 하락했습니다.

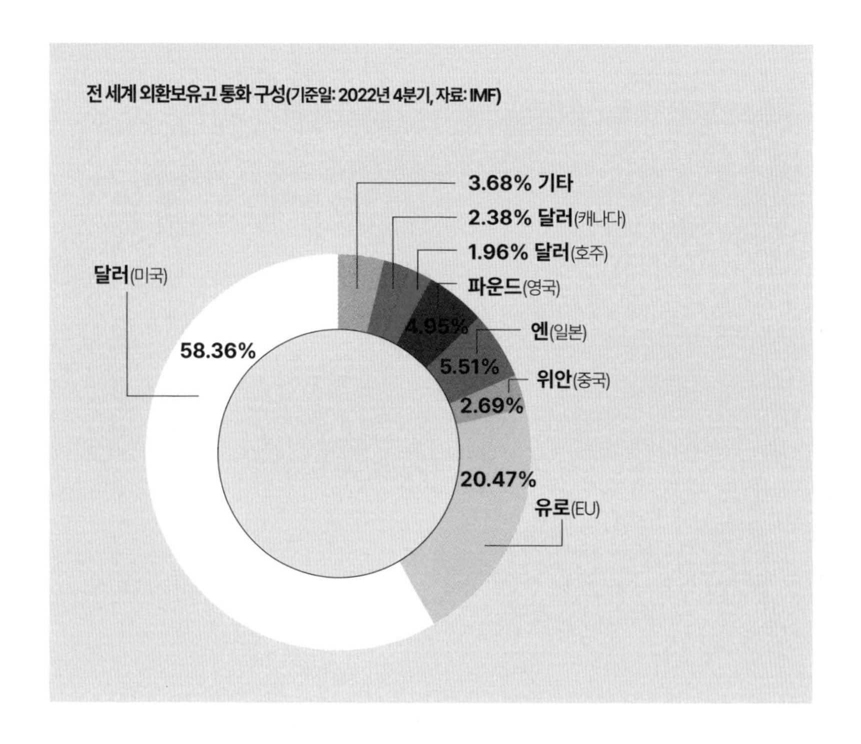

그러나 미국은 달러의 힘이 약해지면 금리인상을 통해 다시 힘을 회복하고자 했습니다. 2015~2018년 금리인상과 2022년 금리인상이 대표적입니다. 특히 2022년에는 한 해에만 금리를 4.25%포인트 올리면서 달러의 힘이 급격히 강해졌고, '킹 달러'라는 별명까지 얻었습니다.

반면 유럽과 일본은 아직까지도 침체의 늪에서 완전히 빠져나오지 못했습니다. 유로화가 힘을 잃는 동안 세력을 확장한 통화는 중국의 위안화입니다. 실물경제 부분에서 위안화는 이미 유로화를 제치고 세계에서 두 번째로 많이 사용되는 통화가 되었습니다. 중국 정부는 실물경제뿐 아니라 금융경제에서도 위안화 사용량을 늘리기 위해 안간힘을 쓰고 있습니다. 그러나 아직까지 세계에서 많이 사용되는 통화 1~4위는 달러, 유로화, 파운드화, 엔화입니다. 위안화가 달러의 경쟁자로 불리기에는 아직 갈 길이 멉니다.

그 외 세계 이곳저곳에서 달러에 대항하는 움직임이 나타나고 있습니다. 남미는 여러 나라가 힘을 합쳐 공동통화를 사용하려 하고 있으며, 남미판 IMF라 불리는 남미은행을 출범시켰습니다. 중동 지역도 달러에 대항하는 단일통화를 만들려 하고 있으며, 소위 BRICs라 불리는 브라질, 인도, 러시아, 중국은 IMF의 대체통화인 SDR(특별인출권) 사용을 늘리자고 주장하고 있습니다.

그러나 다양한 시도에도 불구하고 아직까지 달러를 위협할 수준의 경쟁자는 나타나지 않았습니다. 달러의 1강 독주 체제는 언제까지 이어질까요? 그 결과는 알 수 없지만 달러를 지키려는 미국과 다른 나라들 간에 소리 없는 치열한 통화전쟁이 벌어질 것은 분명해 보입니다.

미국은 무역적자 해소를 위해 어떤 방법을 사용했을까?

달러 수출국인 미국은 달러가치가 지속적으로 내려가는 것을 곤란해합니다. 사람들이 달러를 신뢰하지 않고 팔아치워 달러에 대한 신뢰도가 더욱 하락할 가능성이 크기 때문입니다. 그러면 달러 수출에 지장을 받아 기축통화의 지위가 약해질 수밖에 없습니다.

반대로 달러가치가 너무 강해도 문제입니다. 달러가 강하면 미국의 수출 상품의 가격이 상승해 무역적자가 심해질 수 있기 때문입니다. 그러므로 강달러가 지속되면 미국의 내수경제가 어려워질 수 있습니다. 그래서 미국은 무역적자를 해소하기 위해 상대 국가의 통화가치를 인위적으로 올리려는 시도를 해왔습니다.

대표적인 사례는 도널드 트럼프가 대통령 취임 후에 중국을 환율조작국으로 지정한 것입니다. 환율조작국이란 자기네 나라의 통화가치를 의도적으로 내려 미국에 무역적자를 가져다주는 나라를 말합니다. 환율조작국으로 지정되면 무역협정 협상에서의 압력 등 불리한 제재가 가해집니다.

사실 미국이 어떤 나라를 환율조작국으로 지정하려면 ① 대미(對美) 무역흑자 200억 달러 이상, ② GDP 대비 3% 이상의 경상수지 흑자, ③ GDP 대비 2% 이상의 외환 순매수 여부를 모두 충족해야 합니다. 하지만 중국은 이 조건 중 ①번만 충족했죠. 그런데 이 조건들이 절대적이지는 않기 때문에 트럼프는 강력한 의지로 중국을 환율조작국으로 지정했습니다.

트럼프가 중국을 환율조작국으로 지정한 이유는 위안화가치를 올려 중국을 압박하고 미국 제품의 가격 경쟁력을 높이기 위해서입니다. 위안화가치가 올라가면 상대적으로 달러가치는 하락하고 자연스럽게 미국 제품의 가격도 내려갑니다. 미국 제품이 저렴해져 많이 팔리면 무역적자가 개선되어 미국 경제도 좋아집니다.

얼핏 보면 손 안 대고 코를 푸는 것 같은 좋은 방법입니다. 그러나 상대 국가의 통화가치를 올려 달러가치를 떨어뜨리는 방법은 오히려 큰 문제를 불러일으킬 수도 있습니다.

대표적인 사례가 1985년 플라자합의입니다. 그 당시에는 중국이 아니라 일본이 미국에 가장 많은 무역적자를 가져다주는 나라였습니다. 미국은 무역적자로 인한 경상수지 적자를 해소하기 위해 뉴욕에 있는 플라자호텔에서 엔화가치를 일방적으로 올리는 플라자합의를 단행했습니다.

이후 엔화가치는 일주일 만에 8%가 치솟으며 3년 만에 두 배 가까이 상승했습니다. 일본은 급격하게 올라가는 제품 가격으로 인해 수출이 어려워져 경기 침체를 겪었습니다. 일본의 '잃어버린 30년'은 여기서부터 시작된 것입니다.

반면 달러가치가 크게 내려가면서 미국의 제품 가격도 내려갔습니다. 그러나 미국의 경상수지 적자는 기대만큼 줄어들지 않았습니다. 생각보다 미국 제품이 많이 팔리지 않았기 때문입니다.

당시 미국은 적자를 개선하려면 다른 나라들의 경제 성장이 뒷받침되어야 한다는 사실을 간과했습니다. 다른 나라들의 경기가 침체되면 소비가 위축되어 미국 제품도 많이 팔리기 어렵습니다. 미국 입장에서는 수출이 크게 늘지 않으므로 경상수지 적자를 개선하기 어려워집니다.

게다가 당시 미국은 달러가치 하락으로 인해 물가가 올라가기 시작했습니다. 자국의 통화가치가 싸지면 상대적으로 해외에서 들여오는 수입 원자재 가격이 상승하므로 물가가 올라갑니다. 달러가치가 더 하락한다면 물가는 더 올라갈 것이 뻔했습니다. 결국 미국은 1987년에 "더 이상의 달러가치 하락은 각국의 경제 성장을 저해한다"라고 선언하며 달러가치 하락을 막기 위한 루브르합의를 단행했습니다. 루브르합의는 플라자합의의 실패를 인정한 것이나 다름없었습니다.

중국의 환율조작국 지정으로 위안화가치가 올라간다면 플라자합의 때처럼 중국 경제가 침체될 것입니다. 하지만 그렇다고 미국의 무역적자가 해소되어 경상수지 적자가 개선될 것이라는 보장도 없습니다. 오히려 경상수지는 개선되지 않고 물가만 올라 미국 경제도 어려워질 수 있습니다. 미국이 원하는 바는 이루지 못한 채 다른 나라들의 경제만 희생되는 것입니다.

이러한 점은 재선을 앞둔 트럼프에게도 부담이었습니다. 중국과의 환율 전쟁이 미국 기업들의 실적 악화, 주가 하락으로 이어져 재선에 악영향을 미칠 수 있었기 때문입니다. 미국은 결국 2020년 1월, 5개월 만에 중국의 환율조작국 지정을 철회했습니다.

셰일가스는 미국 경제에 득이 될 수 있을까?

조지 미첼의 끈질긴 노력으로 빛을 본 셰일가스

2013년 미국의 경제 잡지 《포브스》는 미국 249위 억만장자로 조지 미첼을 선정했습니다. 그는 전 세계 에너지 산업을 바꿔놓은 장본인으로, 미국 텍사스에서 셰일가스 추출에 평생을 바쳤습니다.

셰일가스는 모래와 진흙이 단단하게 굳어 만들어진 셰일암석(shale rock)에 들어 있는 천연가스입니다. 매장량이 가장 많을 것으로 추정되는 나라는 중국이며, 우리나라와 북한에는 아쉽게도 매장량이 없는 것으로 추정됩니다. 셰일가스는 북미와 중국을 필두로 여러 지역에 전 세계 인구가 무려 60년간 사용할 수 있는 양이 매장되어 있습니다. 하지만 많은 천연가스 사업자들이 셰일가스 추출을 도중에 포기해야 했습니다. 가스를 추출하는 데 돈이 너무 많이 들어 사업성이 없었기 때문입니다.

조지 미첼(자료: 언론 보도)

그러나 미첼은 끝까지 포기하지 않았고, 결국 수압으로 바위를 깨뜨리는 프래킹(fracking) 기술과 수평시추법을 결합해 셰일가스를 적은 비용으로 추출하는 데 성공했습니다. 그가 없었다면 셰일가스는 아직까지 단단한 바위에 갇힌 채 세상 밖으로 나오지 못했을 것입니다.

오늘날 셰일가스는 재래식 천연가스보다 저렴합니다. 그리고 미국은 셰일가스 추출로 러시아와 함께 천연가스를 가장 많이 생산하는 나라가 되었습니다. 에너지를 수입하던 나라에서 생산하는 나라로 거듭난 것입니다.

미국의 문제를 해결해줄 수 있는 셰일가스

미국의 고민 중 하나는 석유 가격 인상에 취약하다는 것입니다. 석유 가격이 크게 오르면 미국 경제는 곧잘 스태그플레이션에 빠졌습니다. 스태그플레이션이란 물가가 상승하는 동시에 경기가 침체되는 현상입니다. 에너지를 수입해서 쓰는 나라는 석유 가격이 오르면 수입 원자재 가격이 상승해 물가가 올라갑니다. 하지만 사람들의 소득은 늘어나지 않고 물가만 오르기 때문에 소비가 위축되면서 경기가 침체해 스태그플레이션이 발생할 수 있습니다.

실제로 1970년대 오일쇼크로 석유 가격이 크게 오르자 미국 경제는 스태그플레이션에 빠졌습니다. 미국 정부는 치솟은 물가를 잡기 위해 금리를 크게 올렸습니다. 문제는 금리를 인상하면 경기가 침체하는 디플레이션이 발생해 많은 사람들이 어려움을 겪을 수 있다는 것입니다. 미국은 물가를 잡기 위해 억지로 허리띠를 졸라매야만 했습니다.

하지만 셰일가스로 인해 에너지 자립에 성공하면 석유 가격 상승이 예

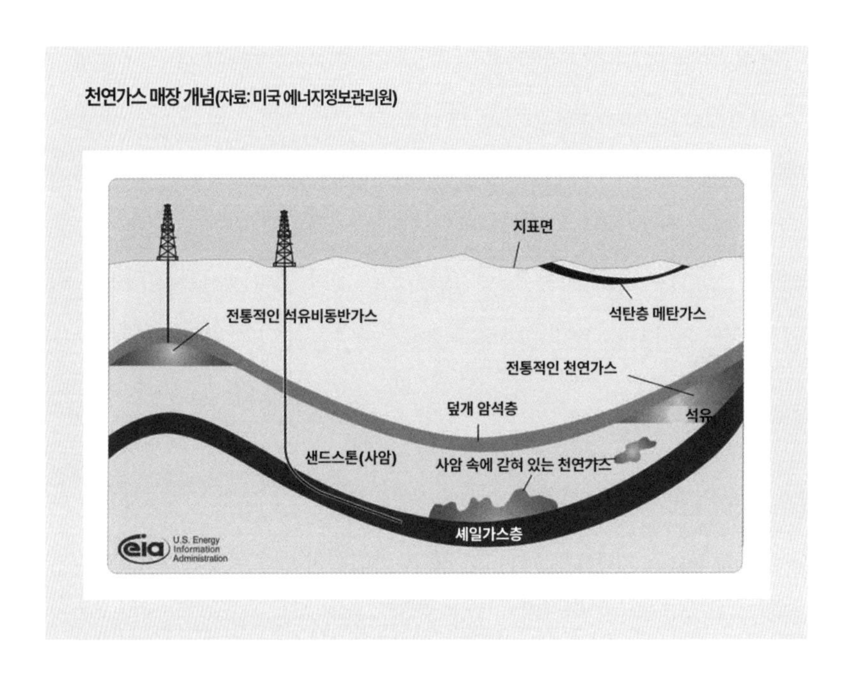

천연가스 매장 개념(자료: 미국 에너지정보관리원)

상될 때 석유나 천연가스의 공급량을 늘려 유가 상승을 막을 수 있습니다. 자연스럽게 스태그플레이션을 예방할 수 있는 것이죠. 석유 가격이 갑자기 크게 올랐다 하더라도 금리를 올리는 선택 대신 석유와 천연가스 생산을 늘려 석유 가격을 하락시킬 수 있습니다. 금리인상으로 인한 경기침체를 감수하지 않고 물가를 낮출 수 있게 되는 것입니다.

미국 경제의 또 다른 고민은 서비스업에 비해 제조업이 매우 취약하다는 것입니다. 미국은 이 문제를 해결하기 위해 달러를 풀어 달러가치를 낮추거나 인위적으로 다른 나라의 통화가치를 올려야 했습니다. 달러가치가 내려가거나 다른 나라 돈의 가치가 올라가면 미국 제품이 저렴해져 더 잘 팔릴 수 있기 때문입니다.

하지만 이제는 낮은 비용으로 생산되는 셰일가스를 이용해 제조업 상품의 단가를 낮출 수 있습니다. 통화가치를 조절하는 방법 외에 자국 상품의 가격을 낮출 수 있는 또 하나의 카드를 손에 쥐게 된 것입니다.

이처럼 셰일가스는 여러모로 미국 경제의 약점을 해결해줄 수 있는 좋은 처방전으로 기대를 모으고 있습니다.

Common Sense Dictionary of Global Economy

2 둘째 마당

중국 경제

중국 경제는 어떻게 비약적으로 성장했을까?

오늘날 중국은 미국과 더불어 G2로 불리며 압도적인 경제 규모를 자랑하고 있습니다. 그런데 예전부터 중국의 경제 규모가 컸던 것은 아닙니다. 1990년만 하더라도 중국의 경제 규모는 미국의 1/15에 불과했습니다. 그로부터 약 30년 뒤인 2024년 중국의 GDP는 무려 미국의 70%에 육박합니다. 우리나라의 인당 GDP가 30년 동안 약 5배 상승하는 동안 중국은 30배 넘게 상승했습니다. 그야말로 비약적인 경제 성장을 이룩한 것입니다. 그렇다면 중국은 어떻게 가파른 경제 성장을 이루어낼 수 있었을까요?

마오쩌둥의 실패

1945년 일본이 패망하고 제2차 세계대전이 끝나자 중국에서는 공산당과 국민당의 내전이 시작되었습니다. 내전에서 승리한 마오쩌둥은 1949년에 중화인민공화국을 세웠습니다. 마오쩌둥은 중국을 통일하고 주권을 회복한 영웅이었지만 잘사는 나라를 만들지는 못했죠.

마오쩌둥이 경제 성장에 관심이 없었던 것은 아닙니다. 그는 중공업 및 농업 생산성을 크게 끌어올리기 위해 '대약진 운동'을 야심차게 단행했습니다. 15년 안에 영국의 철강 생산량을 따라잡겠다는 목표를 세우고 지역마다 제철소를 세웠죠. 그러나 노동력만 있고 기술이 없는 것이 문제였습니다. 현대적 용광로가 없는 상태에서 주먹구구식으로 생산하는 바람에 사용할 수 없는 조악한 품질의 철이 생산되었습니다. 그마저도 목표한 생산량을 달성하지 못해 할당량을 줄이는 촌극까지 벌어졌습니다.

또한 사람들이 철을 만드는 데 시간을 빼앗겨 농사짓는 시간이 줄어들었고, 농기구들마저 용광로에 녹여버려 농업 생산성도 크게 감소했습니다. 엎친 데 덮친 격으로 자연재해까지 발생해 수백만 명의 중국인이 굶어 죽었습니다. 대약진 운동은 그야말로 처참한 실패였습니다. 이는 마오쩌둥이 생각하는 공산주의 경제의 실패이기도 했는데, 이후 중국이 시장경제를 받아들이는 원인이 되었습니다.

대약진 운동의 실패로 정치적 입지가 좁아진 마오쩌둥은 잠시 실각했지만 결국 문화혁명으로 복귀했습니다. 문화혁명은 마오쩌둥이 생각하는 공산당의 이데올로기에 반하는, 다른 '낡은 문화'를 색출해 제거하는 운동이었습니다. 이는 마오쩌둥이 교주인 종교 단체가 이단을 색출하는 과정과 같았습니다. 문화혁명은 현대판 '분서갱유'라 불릴 정도로 이념 투쟁의 결정판이었으며, 그 과정에서 공자의 무덤이 파헤쳐지기도 하고 불상들이 파손되기도 했습니다. 자본주의도 혁명 대상으로 배척당했죠.

그러나 문화혁명 역시 비극적인 결과를 초래했습니다. 이념 대립의 결과, 사회는 혼란스러워졌고 300만 명의 사람이 숙청되는 등 수많은 희생자가 발생했으며 경제는 더욱 어려워졌습니다. 훗날 공산당에서도 문화혁명이 마오쩌둥의 잘못이었음을 시인했습니다.

덩샤오핑, 중국을 살찌게 하다

마오쩌둥이 물러난 후 중국의 지도자가 된 덩샤오핑은 이념 논쟁에서 벗어나 경제 살리기에 주력했습니다. 대약진 운동과 문화혁명의 실패로 중국인들의 삶이 너무 가난해져 있었기 때문입니다. 덩샤오핑은 중국인들의 먹고사는 문제에 집중했고, 이념 투쟁이 밥 먹여주지 않는다고 생각했습니다. 그의 색깔을 잘 드러내는 표현이 '흑묘백묘(黑猫白猫)'입니다. 검은 고양이든 흰 고양이든 쥐만 잘 잡으면 된다는 것이죠.

덩샤오핑은 1978년에 개혁, 개방을 선언하고 마오쩌둥이 배척하던 시장경제를 받아들였습니다. 덩샤오핑이 생각하기에 쥐를 잘 잡는 고양이는 시장경제였던 것입니다. 자본주의라는 말보다 시장경제라는 말을 선호한 덩샤오핑은 이렇게 말했습니다.

"시장경제는 자본주의의 전유물이 아니며, 사회주의도 시장경제를 할 수 있다."

자본'주의(ism)'라는 단어로 인한 이념 논쟁을 피하면서 사회주의 시장경제라는 중국 경제의 모델을 제시한 것입니다.

덩샤오핑은 마오쩌둥 때 인정하지 않았던 개인의 사유재산을 인정해주었습니다. 자기 소유가 생기면 더 많은 재산을 가지고 싶기 마련입니다. 중국인들이 더 많은 재산을 가지려면 더 많이 생산해야 했고, 더 많이 생산하려면 기술개발에 매진해야 했습니다. 덩샤오핑 역시 정책적으로 기술개발을 장려했습니다.

사유재산을 인정하면 부자가 되기 위해 사업을 하는 사람들도 늘어나기 마련입니다. 덩샤오핑은 자영업자를 인정하고 다양한 형태의 기업을 만들 수 있도록 해주었습니다. 그리고 자기 혼자 쓰고도 남을 만큼 생산량이 많아지면 자연스럽게 거래가 이루어지는 시장이 형성되고 거기서 가격이 결정되는데, 이렇게 형성된 시장 가격을 인정했습니다. 가격이 일방적으로 정해졌던 기존의 계획경제 방식에서 탈피한 것입니다.

또한 선전, 샤먼 등에 경제특구를 만들고 열세 개 해안 도시를 개방해 해외 자본이 들어올 수 있는 길을 열었습니다. 미국, 일본 등 중국보다 먼저 자본주의를 시작한 나라들에게 중국은 매력적인 나라였습니다. 인건비가 저렴해 저임금 노동자를 고용하기가 유리하고, 세계에서 인구가 가장 많은 만큼 소비시장 개척의 활로로 삼을 수 있었기 때문이죠.

그렇다면 덩샤오핑은 정치 민주화도 받아들였을까요? 보통은 자본주의가 발전하면 민주주의도 함께 발전합니다. 우리나라 역시 경제가 발전하면서 민주주의도 함께 발전했죠. 중국에서도 덩샤오핑 집권 당시 민주화 운동이 크게 일어났습니다. 그러나 덩샤오핑은 계엄군을 동원해 베이징의 천안문에서 민주화 운동에 참여한 사람들을 무력으로 진압했고, 수많은 사람을 사살했습니다. 덩샤오핑이 생각하는 '사회주의 시장경제'에 민주주의의 자리는 없었던 것입니다.

마오쩌둥과 양탄일성

덩샤오핑은 마오쩌둥의 실패를 지켜보며 타산지석으로 삼았지만 마오쩌둥으로부터 물려받은 것도 있었습니다. 그것은 바로 두 개의 핵무기와 한 개의 인공위성, 즉 양탄일성(兩彈日星)입니다. 두 개의 핵무기란 원자폭탄과 수소폭탄이고, 인공위성이 있어야 폭탄을 미사일에 실어 원하는 지역에 날릴 수 있습니다.

중국이 핵무기를 개발한 것은 소련과의 관계가 틀어지면서부터였습니다. 사회주의혁명 동지였던 중국과 소련은 왜 사이가 멀어졌을까요? 그 이유를 알기 위해서는 우리나라의 6·25전쟁으로 거슬러 올라가야 합니다.

6·25전쟁 당시 소련의 스탈린은 미국과의 전면전을 우려해 전쟁에 직접 뛰어들지는 않았습니다. 대신 마오쩌둥에게 편지를 보내 출병을 독려하며 지원을 약속했죠. 그러나 중국도 군대를 보내기는 부담스러운 상황이었습니다. 통일된 지 얼마 되지 않았을 뿐만 아니라 경제적으로 윤택하지도 않았고 오랜 내전으로 지쳐 있었기 때문입니다. 중국 지도부에서도 6·25전쟁 참가에 찬성하는 사람은 거의 없었습니다. 당시 미국도 중국이 핵무기를 가지고 있는 미국에 대항해 전쟁에 전격 가담하리라고는 미처 예상하지 못했습니다.

중국의 참전은 순전히 마오쩌둥의 의지 때문이었습니다. 그가 주변의 반대와 위험 부담을 무릅쓰고 6·25전쟁에 참전한 것은 스탈린이 지원을 약속했기 때문이죠. 그러나 소련의 지원은 도움이 되지 않을 정도로 미미했고, 중국은 거의 자력으로 전쟁을 치러야만 했습니다. 6·25전쟁은 중국이 소련 대신 싸워준 부분도 있었기에 마오쩌둥은 소련에 상당한 섭섭함을 느꼈습니다.

6·25전쟁 이후 조금씩 금이 가기 시작한 중국과 소련은 차츰 더 멀어졌습니다. 중국은 내전에서 패해 대만으로 간 국민당 정부를 공격해 대만까지 영토를 넓히기를 원했습니다. 그러나 소련이 반대해 이마저도 무산되었습니다. 대약진 운동 때도 소련의 경제적인 지원을 바랐지만 지원은 거의 이루어지지 않았습니다.

마오쩌둥은 소련에게 완전히 버림받았다고 생각했습니다. 하지만 핵무기를 가지고 있는 소련에 대항하기는 어려웠습니다. 그랬다가는 소련으로부터 불시에 핵 공격을 당할지도 모르는 일이었습니다.

핵 위협에서도 벗어나고 소련에 기대지 않는 강한 중국을 만들 수 있는 방법은 핵무기를 보유하는 것이었습니다. 마오쩌둥은 1964년에 원자폭탄 실험에 성공했고, 3년 뒤인 1967년에 수소폭탄 실험에도 성공했습니다. 중국의 수소폭탄은 실전에서 바로 사용할 수 있는 것이었습니다. 3년 후인 1970년에는 인공위성을 발사해 약 6년 만에 양탄일성을 완성했습니다.

당시 중국의 핵무장을 다른 나라들이 지켜만 보지는 않았습니다. 미국은 중국이 핵실험을 중지하지 않으면 폭격하겠다고 했고, 소련은 중국을 비난하며 핵실험 중지를 요청했습니다. 그러나 이러한 비난에도 불구하고 중국은 빠른 시간 안에 양탄일성 체제를 구축해 세계에서 다섯 번째 핵무장 국가가 되었습니다.

양탄일성을 이어받은 덩샤오핑

마오쩌둥의 양탄일성은 덩샤오핑에게 이어졌습니다. 사실 핵무기가 무시무시한 무기인 것은 분명하지만 무적의 무기는 아닙니다. 핵을 가진 나라가 모든 전쟁에서 승리한 것은 아니기 때문입니다. 미국은 핵을 가졌음에도 1960년대 베트남전쟁에서 승리하지 못하고 쓸쓸히 물러나야 했고, 1979년에는 핵을 가진 소련이 아프가니스탄을 침공했으나 이슬람 전사 무자헤딘의 끈질긴 저항을 이기지 못하고 패퇴했습니다.

그러나 역사상 핵을 가진 나라가 먼저 공격당한 적은 없습니다. 핵을 가지고 있다고 해서 모든 전쟁에서 승리할 수 있는 것은 아니지만 적어도 선제공격은 당하지 않는 것입니다. 즉, 다음과 같이 말할 수 있습니다.

"내가 먼저 치지 않는 한, 누가 나를 건드리지 않는다."

따라서 마오쩌둥이 물려준 양탄일성은 덩샤오핑이 중국 경제를 발전시키는 데 큰 보탬이 되었습니다. 든든한 핵폭탄이 있어 재래식 군사 전력을 향상시키는 데 전력을 쏟을 필요가 없었기 때문이죠. 그 결과 군비가 절감되었고, 그 돈을 경제를 발전시키는 데 보탤 수 있었습니다.

미국과의 좋은 분위기를 이어받다

중국과 소련의 갈등은 1969년 영토 분쟁으로 절정에 달했습니다. 이때 영토 분쟁은 다소 엉뚱하게 시작되었는데, 중국과 소련의 국경지대 경비병들끼리 우수리강에 있는 전바오섬이 중국 땅인지 소련 땅인지를 놓고 말다툼을 벌인 것이 발단이었습니다. 이 말다툼은 주먹다짐으로 이어졌고, 주먹다짐은 총격전으로 번져 양국의 대군이 대치하는 일촉즉발의 상황에까지 이르렀습니다. 결국 소련이 전바오섬을 중국 땅으로 인정하고 평화협정을 체결하는 것으로 마무리되었지만, 중국과 소련의 관계는 사실상 끝난 것이나 마찬가지였습니다.

반면 중국과 미국의 관계는 이제부터 시작이었습니다. 당시는 미국과 소련이 대립한 냉전시대였기 때문에 미국은 소련과 등진 중국과 가까워질 필요가 있었습니다. 소련과 국경을 맞대고 있는 중국과 친해진다면 소련을 더욱 압박할 수 있기 때문이죠. 중국도 소련과의 관계가 끝난 시점에서 새로운 돌파구가 필요했습니다.

중국과 미국은 급격히 가까워졌고, 1971년에 미국의 탁구팀이 중국을 방문하기도 했습니다. 이러한 '핑퐁외교'로 조성된 화기애애한 분위기가 이어지면서 1972년에는 미국 대통령이던 리처드 닉슨이 북경을 방문해 중국과 좋은 관계를 유지하겠다는 성명을 발표했습니다.

덩샤오핑이 중국의 지도자가 된 후인 1979년 중국은 미국과 정식 수교를 체결했습니다. 이후 미국의 로널드 레이건 대통령은 중국을 방문해 중국에 대한 지지를 선언했습니다. 덩샤오핑의 개혁개방정책과 해외 시장 진출을 원했던 레이건 대통령의 신자유주의정책이 잘 맞아떨어졌던 것이죠.

미국과의 수교는 덩샤오핑이 주장했던 사회주의 시장경제로 나아가는 중요한 일보(一步)였습니다. 그러나 이것은 하루아침에 이루어진 것이 아니었습니다. 마오쩌둥 때 미국과 관계가 좋아지지 않았다면 덩샤오핑은 미국과의 수교를 한참 후로 미루어야 했을 것입니다.

중국, WTO에 가입하다

1980년대 미국에서는 레이건 대통령의 신자유주의로 인해 미국 기업들의 해외 진출이 장려되고 자유무역이 확산되어 미국 및 외국 기업이 중국으로 진출하기 좋은 분위기가 형성되었습니다. 결국 2001년 중국은 WTO(세계무역기구)에 가입해 세계무역질서 안에 완전히 편입되었고, '세계의 공장'이라 불리며 빠른 시간에 경제 성장을 할 수 있었습니다.

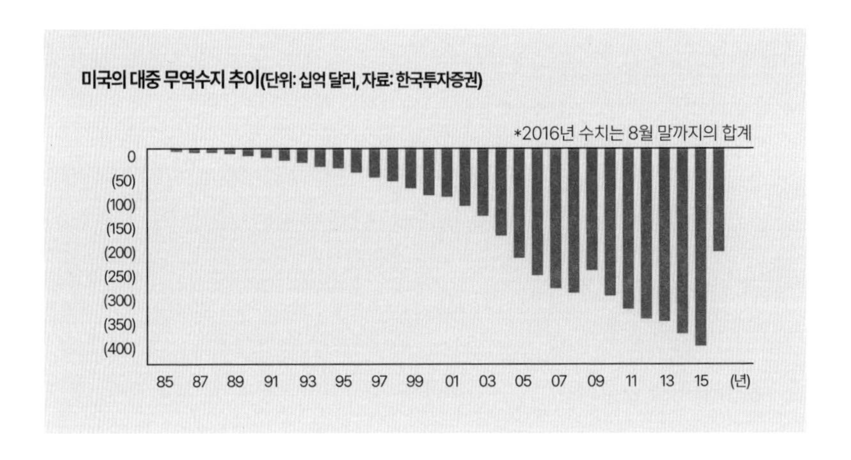

중국의 WTO 가입은 중국 경제에 날개를 달아주었습니다. 위 그래프는 미국의 대중 무역수지 추이를 나타낸 것입니다. 1980년대부터 무역수지 적자가 늘어나더니 2000년대부터 적자가 폭발적으로 증가했습니다. 중국이 WTO 가입 후 미국 수출을 본격적으로 늘려왔음을 알 수 있습니다. 중국 공장에서 상품을 만들면 미국인들이 사주는 구조가 만들어진 것입니다. 1979년 미국과의 수교와 더불어 WTO 가입은 중국 경제 성장의 중요한 밑거름이었습니다.

중국, 미국에 도전하다

소련의 붕괴와 중국의 '도광양회'

6·25전쟁이 끝났을 당시 중국은 경제적으로 어려웠습니다. 중화인민공화국을 세우기 위해 오랜 내전을 치른 데다 곧바로 이어진 6·25전쟁에 참전했기 때문이죠. 반면 소련은 제2차 세계대전 이후 별다른 피해가 없었습니다. 중국은 소련에 경제적으로 지원을 받아야 하는 입장이었습니다.

중국과 소련의 차이는 1970년대에 더욱 벌어졌습니다. 중국은 대약진 운동과 문화혁명의 실패로 어려움을 겪은 반면, 소련은 경제적으로 매우 윤택해졌습니다. 소련의 주요 수입은 석유와 천연가스 수출이었습니다. 소련은 오일쇼크로 석유 가격이 크게 오르자 더 비싸게 자원을 팔아 많은 돈을 벌었습니다. 100원짜리 펜을 100개 파는 사장님이 500원에 100개를 판 격이었죠.

그러나 1980년대에 접어들면서 상황은 완전히 달라졌습니다. 우선 석유 가격이 크게 하락해 소련의 석유와 천연가스 매출이 크게 줄었습니다. 그리고 1985년 미국이 플라자합의를 단행해 달러가치가 크게 하락한 것도 악재였습니다. 석유와 천연가스를 팔아서 받은 달러의 가치가 폭락해 남는 것이 없었기 때문이죠. 또한 소련은 대량의 미국 국채를 가지고 있었는데, 달러가치가 폭락하면서 이들의 가치도 폭락했습니다. 돈도 벌지 못하는데 가지고 있던 재산마저 반 토막이 난 것입니다.

설상가상으로 미국과 소련은 군비 및 우주개발에서 경쟁을 벌였습니다. 미국이 새로운 전투기를 만들어내자 소련도 이에 맞서기 위해 많은 돈을 들여 미사일을 개발했고, 우주개발에서 미국보다 앞서기 위해 많은 돈을 썼습니다.

게다가 아프가니스탄과의 지리멸렬한 전쟁에 돈을 쏟아부으면서 가뜩이나 어려웠던 소련 경제는 치명상을 입었습니다. 그 당시 미국은 아프가니스탄에 무기를 지원해 소련이 전쟁에서 승리하지 못하도록 막았습니다. 결국 소련은 더 이상 버티지 못하고 1990년대에 이르러 붕괴되고 말았습니다.

반면 중국은 덩샤오핑이 지도자가 된 후 본격적으로 시장경제를 받아들이고 개혁, 개방에 열을 올렸습니다. 오랫동안 등지고 살았던 미국과의 수교도 단행했습니다. 1980년대에 소련이 무너지는 동안 중국은 이처럼 가파른 경제 성장의 사다리를 탔습니다. 당시 양국의 달랐던 정치적 결정이 한 나라를 쇠퇴의 길로, 다른 한 나라를 번영의 길로 이끈 것입니다.

덩샤오핑은 소련이 무너지는 과정을 모두 지켜보면서 "100년간 도광양회(韜光養晦)의 기조를 유지하라"라는 당부의 말을 남겼습니다. 도광양회란 '칼집의 칼을 감추고 어둠 속에서 실력을 기른다'라는 뜻입니다. 즉, '국력이 막강해지기 전까지는 미국 및 서방 세계와 우호적인 관계를 유지하면서 스스로 힘을 기르자'라는 의미죠. 덩샤오핑은 충분한 힘을 기르기 전에 미국 및 서방 세계와 대립하면 중국도 소련처럼 순식간에 무너질 수 있다고 생각했던 것입니다. 이와 같은 도광양회는 덩샤오핑 이후 장쩌민과 후진타오까지 이어졌습니다.

시진핑의 야심, 미국과의 불편한 관계

시진핑은 2017년 당 대회 보고에서 "중국은 자신의 이익에 손해를 끼치는 쓴 열매를 삼키지 않을 것이다"라고 말하며 중국의 이익을 적극적으로 차지해 미국과의 패권 경쟁에서 승리하겠다는 속내를 내비쳤습니다. 그는 중국이 국제사회에 적극 나서서 성과를 내야 한다며 '분발유위(奮發有爲, 떨쳐 일어나 해야 할 일을 한다)'를 강조하고 있습니다. 덩샤오핑 이후로 이어졌던 도광양회와 작별을 고한 것이죠.

시진핑은 2050년 중국이 미국을 제치고 세계 제일의 국가로 우뚝 서겠다는 야심을 밝혔습니다. 지속적인 경제 발전뿐 아니라 군사력을 키워 2050년에는 세계 제일의 군대를 갖겠다는 목표를 세웠습니다. 그리고 우주개발 분야에서도 2030년에 러시아를 제치고 2045년에는 미국을 따라잡겠다는 포부를 밝혔습니다.

미국도 가만히 있지는 않았습니다. 미국은 중국과의 무역적자를 해소하겠다며 미중 무역전쟁을 벌였습니다. 중국에 통상 압력을 가하며 중국과의 무역전쟁에서 승리하고자 하는 의지를 드러내고 있습니다. 그리고 미국–일본–인도–호주로 이어지는 4개국 연합으로 중국을 견제하는 이른바 인도양–태평양 계획을 내세우고 있습니다.

미국은 1979년 중국과 수교를 맺을 때까지만 해도 중국이 미국을 압박할 정도로 성장하리라고는 예상하지 못했을 것입니다. 그러나 약 반세기가 지난 지금, 중국은 G2로서 미국이 무시할 수 없는 나라가 되었습니다. 결과적으로 시진핑의 분발유위는 미국의 심기를 건드리면서 미중 무역 전쟁의 원인이 되었습니다.

위안화, 달러패권에 도전장을 내밀다

SDR 통화바스켓에 들어간 위안화

전 세계에서 가장 많이 사용되는 통화는 단연 달러입니다. 그렇다면 미국에 이어 경제 규모 세계 2위인 중국의 위안화는 몇 번째로 많이 사용되고 있을까요? 위안화는 무역결제에서 달러에 이어 두 번째로 많이 사용되고 있습니다.

그러나 금융경제까지 포함한 총 사용량으로 따지면 세계에서 두 번째로 많이 사용되는 통화는 위안화가 아닌 유로화입니다. 그리고 세 번째와 네 번째는 엔화와 파운드화입니다. 위안화는 다섯 번째나 여섯 번째로 밀려나죠. 중국의 과제는 위안화의 사용량을 늘려 더욱 국제적인 통화로 만드는 것입니다.

이를 위한 회심의 한 수가 SDR(Special Drawing Right) 통화바스켓 가입이었습니다. SDR이란 IMF의 특별인출권으로, 달러나 금을 보완하는 역할을 하는 일종의 대체 통화입니다. IMF 회원국이 외환위기를 당하면 SDR을 긴급자금으로 빌려와 쓸 수 있습니다.

사실 SDR은 미국의 필요에 의해 생겼습니다. 미국이 달러를 엄청나게 많이 공급하려면 상대방의 상품이나 서비스를 사와야 하므로 막대한 경상수지 적자를 감수해야 합니다. 따라서 SDR로 달러를 보완해 미국의 막대한 경상수지 적자를 막고자 한 것입니다.

원래 SDR은 세계 4대 기축통화인 달러, 유로화, 파운드화, 엔화로 통화바스켓(통화들이 담긴 바구니)을 구성해 통화가치를 산출했습니다. 그런데 2016년 IMF는 중국의 위안화를 SDR의 통화바스켓에 공식적으로 편입시켰습니다.

위안화가 SDR에 편입되기 전에 중국은 금융시장을 깜짝 놀라게 했습니다. 2015년 8월, 위안화가치를 3일 동안 4.57%나 떨어뜨렸기 때문입니다. 중국은 관리변동환율제도라는 고정환율제도를 사용하고 있습니다. 중국의 중앙은행인 인민은행이 매일 아침 발표하는 위안화 기준환율 안에 중국 내 시장환율이 ±2%의 변동성 내에 묶여있는 것이죠. 그런데 인민은행이 3일 만에 기준환율을 무려 4.57%나 떨어뜨린 것입니다.

당시 위안화가치가 폭락한 이유 중 하나는 IMF가 SDR 통화바스켓의 편입 조건으로 통화의 변동성을 내걸었기 때문입니다. 이에 인민은행은 중국이 비록 고정환율을 쓰고 있지만 이렇게 큰 폭으로 변동할 수도 있다는 것을 IMF에 보여준 것입니다.

결국 위안화는 SDR 통화바스켓 편입에 성공했습니다. SDR은 달러를 보완하는 성격을 가지고 있는 만큼 외환보유고로 포함되어 있습니다. 따라서 위안화가 SDR의 통화바스켓에 포함되었다는 것은 여러 나라의 외환보유고에 위안화의 비중이 높아져 국제적으로 위안화의 사용량이 늘어날 수 있음을 의미합니다. 이것이 중국이 금융시장에 충격을 주면서까지 SDR에 가입하고자 한 이유입니다.

세계 인프라 투자의 중심지를 중국으로 옮기려 하는 일대일로와 AIIB

AIIB(아시아인프라투자은행)란 말 그대로 아시아 지역 인프라 구축에 투자하기 위해 설립된 은행입니다. 회원국은 57개국으로 시작해 2021년 기준 103개국으로 늘어났습니다. 우리나라 역시 AIIB 회원국으로 가입되어 있습니다. AIIB 설립을 주도한 나라는 중국입니다. 중국은 왜 AIIB 설립을 주도했을까요?

우선 아시아 인프라 투자에 대한 수요가 많습니다. 아시아에는 현대식 상하수도 시설을 이용하지 못하고 있는 지역, 전기 및 포장도로가 없는 지역이 많습니다. 이러한 인프라 건설에 약 8조 달러 이상의 자금이 필요할 것으로 예상됩니다. 중국은 남 주기 아까운 규모의 이러한 투자 수요로 여러 나라의 관심을 끌 수 있었습니다. 이와 같은 아시아 인프라 투자를 주도해 많은 이익을 얻겠다는 심산입니다.

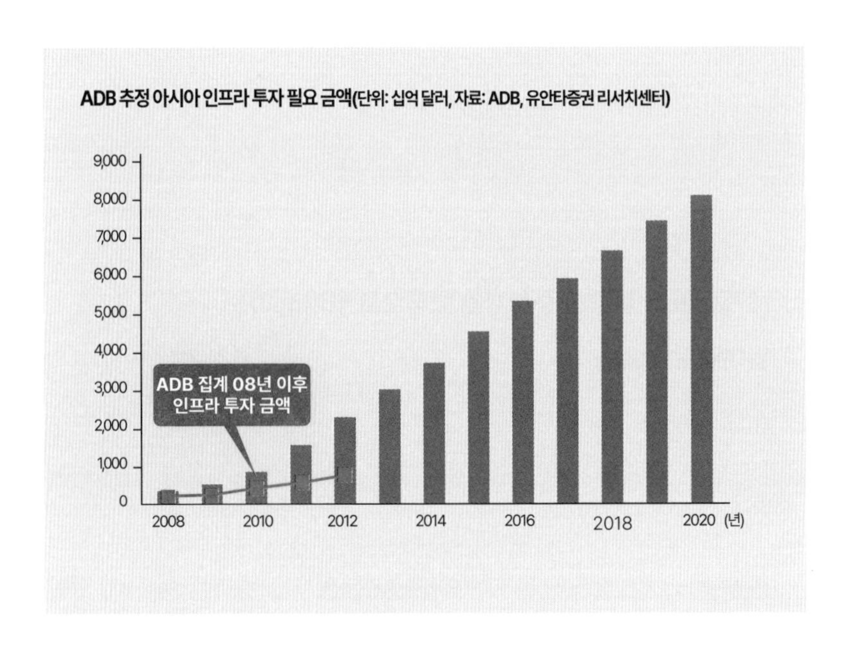

AIIB 외에 아시아 인프라에 투자할 수 있는 단체가 전혀 없는 것은 아닙니다. AIIB가 만들어지기 전부터 ADB(아시아개발은행)가 있었습니다. ADB는 말 그대로 아시아 지역의 개발을 위해 설립된 은행입니다. 일본이 첫 번째로, 미국이 두 번째로 많은 지분을 가지고 있습니다. 사실상 일본과 미국이 의사결정권을 쥐고 있는 구조입니다.

중국이 이를 달갑게 여길 리 없습니다. 중국의 의도는 AIIB를 통해 아시아 인프라 투자의 거점을 일본, 미국에서 중국으로 이동시키려는 것입니다. 이미 AIIB의 회원국 수는 ADB의 회원국 수를 훌쩍 넘어섰습니다.

일대일로(一帶一路) 정책도 중국이 AIIB를 설립하게 된 이유입니다. 일대(하나의 띠)는 중국의 내륙 도시들을 시작으로 중앙아시아, 터키를 거쳐 유럽까지 이르는 육상 실크로드입니다. 일로(하나의 길)는 중국 동부 해

안에서 동남아시아와 아프리카를 거쳐 유럽에 이르는 해상 실크로드입니다. 중국을 중심으로 아시아, 아프리카, 유럽까지 한데 아우르는 거대한 경제벨트를 만들겠다는 계획입니다.

또한 중국은 일대일로 계획과 더불어 AIIB가 위안화의 사용량을 늘려줄 것으로 기대하고 있습니다. 앞서 말했듯 위안화의 무역결제 비중은 달러에 이어 세계 2위입니다. 문제는 금융경제에서는 위안화가 많이 쓰이지 않는다는 것입니다. 중국의 고민은 금융 부분에서 위안화의 사용량을 늘리는 데 있습니다.

AIIB에서는 중국이 아시아 인프라 투자를 주도하게 되므로 투자자금을 모을 때 아무래도 위안화의 사용량을 늘릴 수 있습니다. 그리고 일대일

로 계획을 진행하면서 아시아, 아프리카, 유럽에서 위안화 사용량을 늘려나가겠다는 심산입니다.

중국은 온포사회, 소강사회를 거쳐 대동사회에 도달하려는 큰 그림을 그리고 있습니다. 일대일로 계획에는 그야말로 중국으로 하나 되는 대동사회로 나아가겠다는 의지가 담겨 있다고 볼 수 있습니다. 중국의 거센 추격을 받고 있는 미국에게 일대일로와 AIIB는 달러패권에 대한 도전이면서 미국 중심의 세계 질서를 뒤흔드는 것임이 틀림없습니다.

위안화는 달러를 따라잡을 수 있을까?

위안화의 최종 목표는 달러를 꺾고 세계 제일의 기축통화가 되는 것입니다. 그러나 현실적으로 달러를 따라잡기에는 역부족입니다.

미국은 대규모 적자가 발생하는 나라입니다. 그런데 그로 인해 달러가 전 세계에 뿌려지기도 합니다. 예를 들어 미국이 우리나라의 상품을 구입하면 달러가 미국에서 우리나라로 건너옵니다. 즉, 미국은 상품을 수입하고 달러를 수출한 셈이죠. 미국의 적자는 달러를 기축통화로 유지시키는 힘입니다.

그러나 중국은 미국과 반대로 대규모 흑자가 발생하는 나라입니다. 미국처럼 돈을 내보내기보다는 오히려 돈을 빨아들이고 있습니다. 위안화가 더 국제적인 통화가 되려면 대규모 적자를 감수하고서라도 다른 나라의 상품을 더 사주어야 합니다. 다행히 중국의 소비시장 규모는 급속도로 커지고 있습니다. 2010년 이후 매년 12% 이상의 성장률을 보이고 있으며, 매년 늘어나는 양은 우리나라의 총 소비 규모와 비슷한 수준입니다.

그럼에도 여전히 GDP에서 민간소비가 차지하는 비중은 우리나라나 선진국들에 비해 매우 낮습니다. 그리고 지금까지 상품을 수출해 경제를 성장시켜온 중국이 하루아침에 적자 국가로 탈바꿈하는 것도 불가능합니다. 위안화가 기축통화가 되는 길은 멀고도 험합니다. 따라서 당장 달러를 따라잡기보다는 세계 4위권에 진입하는 것이 보다 현실적인 목표일 것입니다.

당장 달러에 도전장을 내밀 수는 없지만 세계 경제에서 위안화의 사용 비중이 점점 커지고 있는 것은 사실입니다. 미국 입장에서 위안화의 성장은 분명 반가운 손님이 아닙니다. 시진핑의 분발유위와 일대일로, AIIB, 위안화의 성장은 결국 본격적인 미중 무역전쟁으로 이어지는 결과를 초래했습니다. 앞서 말했듯(첫째 마당 '미국 경제' 편) 미중 무역전쟁은 단순히 미국의 무역적자를 해소하기 위한 것이 아닌 미국과 중국의 패권전쟁입니다. 그리고 이러한 패권전쟁은 단기전이 아닌 장기전으로 이어지고 있습니다.

미중 무역전쟁이 장기전인 이유

무역전쟁을 빨리 끝내지 못하는 이유

전쟁을 오랫동안 하고 싶은 나라는 없습니다. 속전속결로 승리를 거두는 것이 가장 좋은 시나리오입니다. 무역전쟁도 마찬가지입니다. 미국은 최대한 빠른 시간에 중국과의 무역전쟁에서 승리를 거두고 싶을 것입니다.

총과 포가 오가지 않는 무역전쟁이라 할지라도 미국은 상대 국가를 단기간에 제압할 수 있는 방법을 가지고 있습니다. 예를 들어 세계 어딘가에 '안드로메다'라는 나라가 있다고 가정해보겠습니다. 이 나라는 미국에 상품을 수출해 엄청난 달러를 벌어들이고 있습니다. 세계 최대 소비시장인 미국이 상품을 많이 사줄수록 안드로메다는 점점 부유해집니다. 반면 미국은 안드로메다와의 거래에서 무역적자가 발생하지만 무조건 손해를 보는 것은 아닙니다. 적자가 발생하는 만큼 미국 최대 수출품인 달러를 수출하고 있기 때문이죠.

미국은 안드로메다와 윈윈(win-win) 관계이지만 여기서 만족하지 못합니다. 미국은 더 많은 이익을 내기 위해 월가를 중심으로 안드로메다의 우량한 기업들에 투자해 주식을 보유합니다. 미국이 외국인 투자자로서 안드로메다 기업들의 주주가 되는 것입니다. 안드로메다의 경제가 성장할수록 기업들의 이익이 늘어나고 주가가 오릅니다. 주주인 미국은 이익에서 배당을 받아갈 수 있고 주가가 올랐을 때 주식을 팔아 매매차익을 얻을 수 있습니다. 안드로메다와의 거래에서 달러를 수출할 뿐만 아니라, 자본시장에 투자해 추가적인 이익을 창출하는 것입니다. 안드로메다 입장에서도 나쁘지는 않습니다. 자신들의 기업에 투자해주는 외국인 투자자들이 있어 자본시장이 활성화되고 그 자금으로 투자와 고용을 할 수 있기 때문이죠.

그런데 어느 날부터 여러 가지 이유로 미국과 안드로메다의 갈등이 심해졌습니다. 빈번한 마찰을 참지 못한 미국은 결국 안드로메다와 무역전쟁을 시작했습니다. 미국은 속전속결로 승리를 거두기 위해 안드로메다에 투자했던 자금들을 모조리 회수했습니다. 안드로메다에서 외국인 자금이 썰물처럼 빠져나가면서 안드로메다 기업들의 주가와 채권 가격이 폭락했습니다. 환율이 폭등했고 유동성이 빠져나가면서 경기가 침체되었습니다. 안드로메다 정부는 치솟는 환율을 막기 위해 외환보유고의 달러를 풀어 환율 방어에 돌입했습니다. 그러나 환율 방어로도 자금 이탈을 막지 못해 결국 외환보유고가 고갈되었고 외환위기가 찾아와 IMF의 구제금융을 받기에 이르렀습니다.

이처럼 자금을 한꺼번에 회수해 그 나라에 유동성 위기가 찾아오게 만드는 것을 '양털깎이'라고 부릅니다. 양털깎이로 한 나라를 외환위기의 수렁에 빠뜨리는 데는 그리 오랜 시간이 필요하지 않습니다. 이처럼 미국은 무역전쟁에서 단시간에 승리할 수 있는 수단을 가지고 있습니다.

그러나 미국이 양털깎이를 하려면 반드시 충족해야 되는 전제 조건이 있습니다. 바로 해당 국가가 '자유로운 자본이동'이 가능해야 한다는 것입니다. 그래야만 미국이 원하는 시기에 돈을 집어넣을 수도, 뺄 수도 있습니다. 사례로 든 안드로메다는 자유로운 자본이동이 가능한 나라였습니다.

그러나 중국은 자유로운 자본이동이 불가능합니다. 정부가 자본이동을 통제하고 있기 때문입니다. 따라서 미국은 중국을 대상으로 안드로메다에게 했던 것과 같은 양털깎이를 할 수 없습니다. 미국이 속전속결로 무역전쟁을 끝내고 싶어도 그럴 수 없는 이유죠. 중국에게는 자유로운 자본이동이 불가능하다는 점이 미중 무역전쟁을 장기전으로 끌고갈 수 있는 중요한 무기입니다. 따라서 미중 무역전쟁이 끝나기 전까지 중국 정부가 자유로운 자본이동을 포기하는 일은 없을 것입니다.

중국 경제는 어떤 문제가 있을까?

중국 경제 성장의 씁쓸한 단면이 된 유령도시

중국은 현재 미국 다음으로 큰 경제 규모를 가진 나라입니다. GDP가 10조 달러가 넘는 나라는 전 세계에서 미국과 중국뿐인데, 이 두 나라는 이른바 G2로 불리고 있습니다. 중국의 GDP는 약 17조 달러로 3위인 일본보다는 약 네 배, 우리나라보다는 약 아홉 배 많습니다. 중국은 정말 빠른 속도로 성장했습니다. 하지만 중국 경제에는 많은 문제들이 있습니다. 지금부터 중국 경제의 문제들을 하나하나 짚어보겠습니다.

오른쪽 사진은 중국의 대표적인 유령도시 캉바시의 모습입니다. 건물은 잔뜩 들어서 있는데 사람들은 보이지 않습니다. 황량하다 못해 서늘할 정도로 텅 비어 있죠. 문제는 이러한 유령도시가

중국의 대표적인 유령도시 캉바시(자료: 언론 보도, 유안타증권 리서치센터)

중국 내에 최소 20개 이상 있다는 것입니다. 이러한 유령도시들은 중국 경제의 문제점들을 집약해서 보여주고 있습니다.

투자로 먹고사는 중국

다음은 중국의 연간 경제성장률을 나타낸 그래프입니다. 많은 나라가 힘들어했던 금융위기 이후에도 중국 경제는 꾸준히 성장해왔음을 알 수 있습니다. 그런데 흥미로운 점은 정부가 제시한 목표치를 거의 비슷하게 달성해왔다는 것입니다. 중앙정부가 해야 한다면 어떻게든 해내는 방식으로 이루어졌음을 유추할 수 있는 대목입니다.

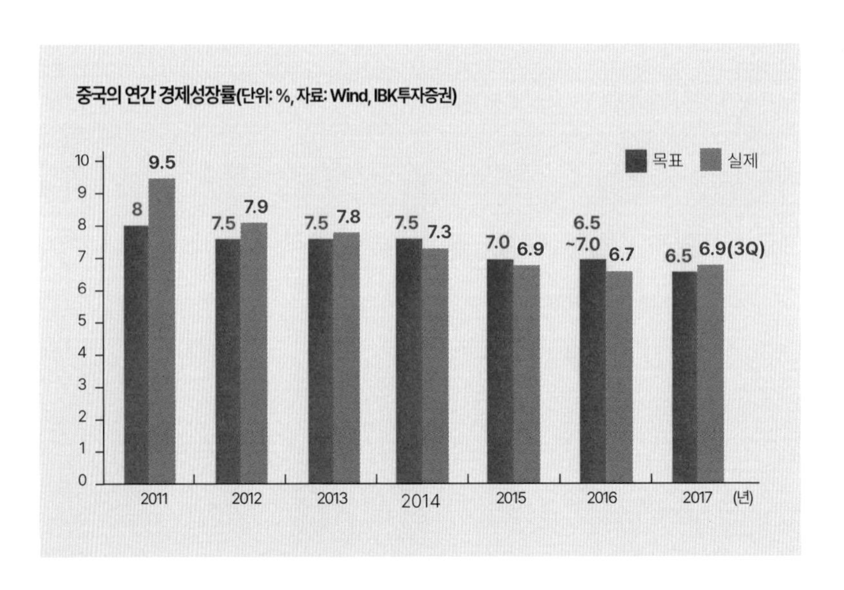

우리는 살면서 수많은 목표와 계획을 수립합니다. 그런데 인생이 늘 내 마음대로 되지 않아 목표를 달성하지 못하는 경우도 허다합니다. 그런데 중국은 어떻게 목표한 GDP를 꾸준히 달성할 수 있었을까요?

GDP는 민간소비수요, 민간투자수요, 정부수요, 순수출(수출-수입)의 합으로 이루어져 있습니다. 대다수의 선진국들은 GDP 내에서 투자보다 소비가 차지하는 비중이 큽니다. 특히 미국은 소비가 차지하는 비중이 투자의 세 배가 넘습니다(그림). 우리나라 역시 투자보다 소비가 차지하는 비중이 크죠.

그러나 중국은 GDP에서 소비가 차지하는 비중보다 투자가 차지하는 비중이 높습니다. 그리고 투자의 중심에는 부동산 투자가 있습니다. 중국에는 아직 개발되지 않은 땅이 많은데, 이를 개발해 GDP를 끌어올려왔던 것입니다. 정부의 도움 없이 이러한 개발은 불가능합니다. 중국 정부 역시 정책

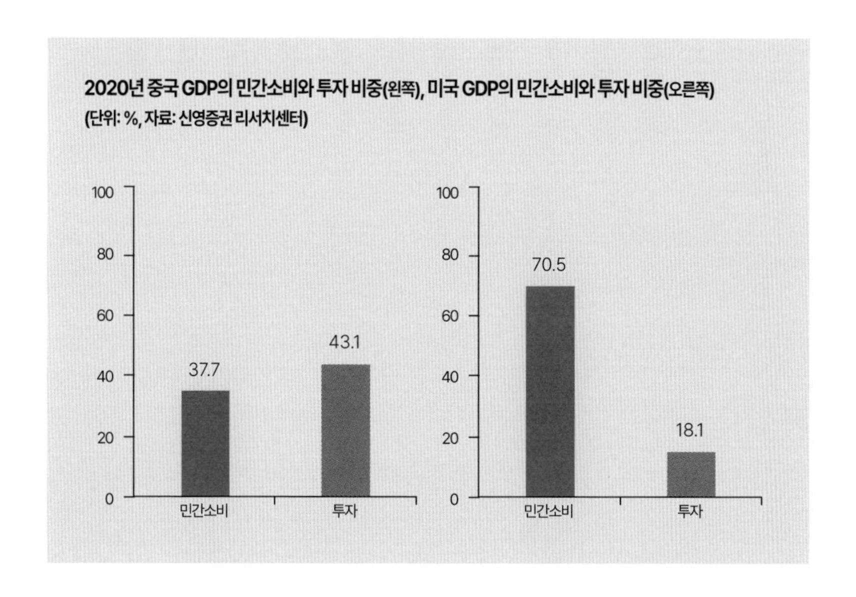

적으로 부동산 개발과 시장 활성화에 집중해왔습니다. 이처럼 인위적인 부동산 투자는 정부가 목표한 GDP 달성에 매우 중요한 역할을 해왔습니다.

인위적인 부동산 투자는 무리한 개발로 이어지기 쉽습니다. 수요가 충분히 검증되지 않은 상황에서 개발을 위한 부동산 투자가 이루어지는 것이죠. 그 결과, 새 건물은 즐비한데 사람이 다니지 않는 캉바시와 같은 유령도시들이 탄생하게 되었습니다.

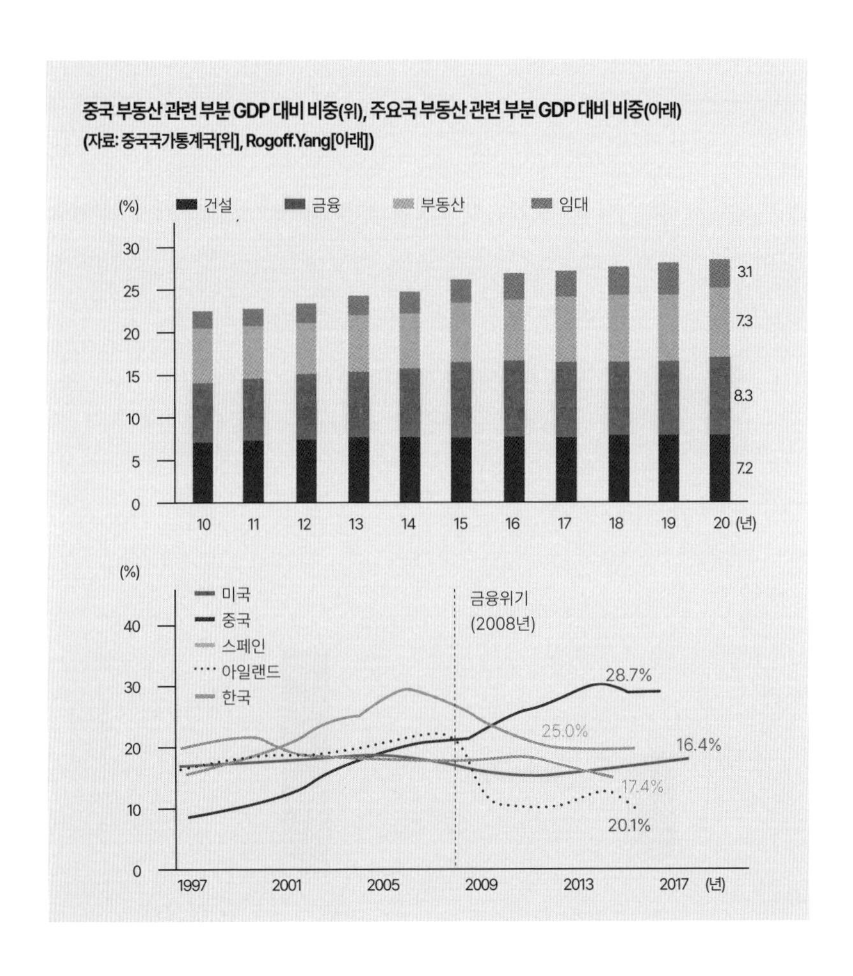

중국 GDP에서 부동산이 차지하는 비중은 대단히 큽니다. 부동산 관련 GDP 비중은 약 25%입니다. 관련 산업으로 범위를 넓히면 30%에 육박하죠. 20%를 넘기지 못하는 다른 선진국들에 비해 월등히 높습니다. 그렇다면 중국이 자랑하는 수출은 어떨까요? 수출이 GDP에서 차지하는 비중은 약 20%에 불과합니다. 중국을 먹여 살리는 첫 번째 주력 산업은 수출이 아니라 부동산이었던 것입니다.

중국의 부동산 버블은 어떻게 생겨났나?

집 한 채 사는 데 40년이 걸리는 중국

전 세계에서 자신이 번 돈으로 집을 사는 데 가장 오래 걸리는 도시는 어디일까요? 이를 알아보는 경제지표가 있습니다. 바로 PIR(Price to Income Ratio)로, 소득 대비 주택 가격 비율을 나타내는 지표입니다. 예를 들어 PIR이 10이면 소득을 하나도 쓰지 않고 세금도 내지 않으며 10년간 모았을 때 집을 살 수 있다는 의미입니다.

PIR이 가장 큰 도시는 중국 베이징입니다. 번 돈을 한 푼도 쓰지 않고 모아도 집을 사는 데 무려 42년이 걸립니다. 그런데 현실적으로 한 푼도 쓰지 않는 것은 불가능하니 세금을 포함하여 절반 정도 소비했다고 가정한다면 84년이 걸립니다. 스무 살 때부터 경제활동을 해도 104세가 되었을 때 집을 장만할 수 있습니다. 베이징의 뒤를 선전, 홍콩, 상하이가 따르고 있습니다. 1~4위 모두 중국의 도시들입니다.

중국의 PIR은 우리나라뿐 아니라 미국, 유럽, 아시아의 대도시들을 압도할 정도로 높습니다. 아무리 중국 경제가 가파르게 성장했다 해도 집값

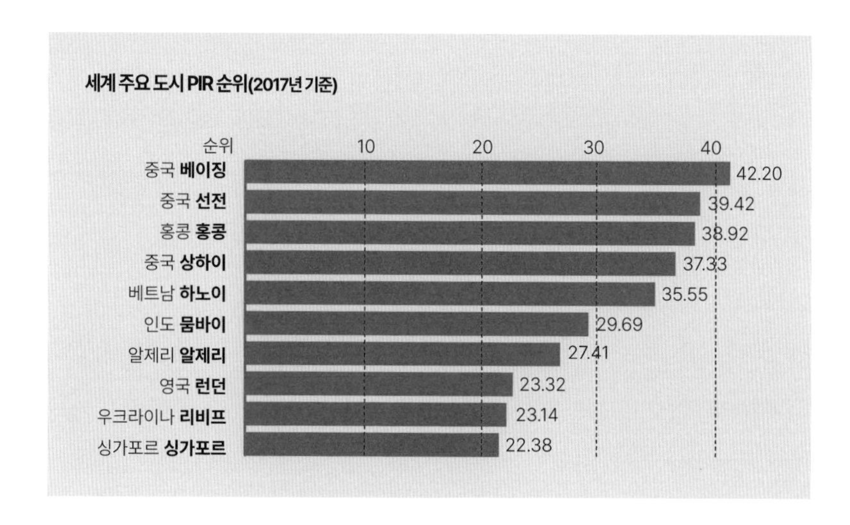

에 버블이 형성되어 있음을 부정하기 어렵습니다. 그렇다면 중국의 집값은 왜 이렇게 비싼 걸까요?

중국의 부동산 가격이 비싸진 이유

우리나라에서는 개인과 기업이 토지를 매매해 소유할 수 있습니다. 그러나 중국은 사회주의 국가여서 모든 토지소유권을 정부가 가지고 있습니다. 중앙정부 소유의 일부 토지를 제외하면 대부분이 지방정부 소유입니다. 그리고 토지소유권은 매매 대상이 아닙니다.

그렇다면 개인과 기업은 어떻게 부동산에 투자할까요? 토지소유권은 매매 대상이 아니지만 토지사용권은 매매할 수 있습니다. 민간 부동산 개발업자는 지방정부로부터 토지사용권을 매입해 부동산을 개발할 수 있습니다. 이 과정에서 부동산 개발업자들끼리 경쟁이 치열해지면 토지사용권 가격은 올라갈 수밖에 없습니다.

예를 들어 다음과 같이 비유할 수 있습니다. 법적으로 연애결혼이 금지되고 모든 남녀가 중매를 통해서만 결혼할 수 있다고 가정해보겠습니다. 상욱은 혜원이 마음에 들어 중매쟁이에게 중매를 부탁했습니다. 그러나 혜원을 마음에 들어 하는 남성이 50명 정도 줄 서 있으니 기다리라는 연락을 받았습니다. 상욱은 혜원을 너무 만나고 싶어 중매쟁이에게 거금을 지불하고 혜원을 먼저 만날 수 있는 권리를 샀습니다. 중매쟁이가 중매권을 독점하고 있었기에 여성을 만날 수 있는 권리의 가격이 치솟게 된 것입니다.

지방정부 역시 토지사용권을 비싸게 팔고 싶은 것은 마찬가지입니다. 지방정부가 돈을 구할 수 있는 방법은 중앙정부의 보조금, 토지사용권의 판매 수익 그리고 대출입니다. 그런데 중앙정부의 보조금이 충분하지 않아 그것만으로는 지방정부의 살림을 지탱할 수 없었습니다. 즉, 지방정부는 토지사용권을 비싸게 팔아야만 생존할 수 있었습니다. 부동산 가격이 올라야만 지방정부가 살아남는 아이러니한 상황이 벌어진 것이죠. 여기에 정부의 부동산 투자 활성화 정책으로 필요 이상의 부동산 개발이 이루어졌고, 집값 상승을 노린 투기 자본들까지 몰려들면서 부동산 가격에 버블이 생기게 되었습니다.

집값이 비싸다 보니 웬만한 사람들은 대출을 많이 받지 않고서는 집을 마련하기가 어려워 가계부채도 덩달아 늘어났습니다. 인민은행에 따르면 중국의 GDP에서 가계부채가 차지하는 비중은 2017년 기준 약 44.4%로, 2013년보다 14%나 증가했습니다.

문제는 부채의 양도 늘어났지만 증가하는 속도도 매우 빠르다는 것입니다. 따라서 집값이 폭락하거나 금리가 크게 오르면 빚을 내 집을 산 사람들의 삶이 순식간에 무너져 내릴 수도 있습니다.

부동산 개발이 불러일으킨 지방정부와 기업부채

부동산 산업은 특성상 타 업종에 비해 부채가 많은 산업입니다. 예를 들어 대로변에 신축 오피스텔을 짓는 사업을 한다고 가정해보겠습니다. 먼저 사업 계획을 세우고 기존의 땅들을 매입하고 철거한 뒤 다시 건축을 해야 합니다. 이때 자기자본만으로 사업을 진행하지는 않습니다. 토지 매입, 철거, 건축 시 필요한 자금들을 대거 대출받습니다.

중국 역시 부동산 개발 시 대규모의 대출을 받습니다. 그렇다면 누가 돈을 빌려야 할까요? 바로 지방정부와 민간 기업인 부동산 개발업체의 몫입니다.

지방정부의 부채가 늘어난 이유는 지방정부의 수입원이 매우 부실하기 때문입니다. 중앙정부의 보조금이 미미하다 보니 지방정부의 재정을 토지사용권 매매차익에 의존해야 했습니다. 그런데 중앙정부는 왜 지방정부에 보조금을 넉넉하게 지급하지 않았을까요? 가장 큰 이유는 GDP 대비 정부부채 비율을 관리하기 위해서였습니다.

중앙정부는 부동산 개발과 GDP 대비 정부부채 비율 관리라는 두 마리 토끼를 잡아야 했습니다. 그런데 지방정부 부채는 GDP 대비 정부부채 비율 산정 시 제외됩니다. 지방정부가 대출을 받아 부동산 개발의 자금을 마련하면 중앙정부가 아닌 지방정부의 부채로 잡히므로 부동산 개발과 정부부채 관리라는 두 마리 토끼를 모두 잡을 수 있었습니다. 이렇게 중앙정부가 지방정부에 부채를 떠넘기면서 지방정부의 부채는 계속 늘어났습니다. 지방정부의 부채 규모는 중앙정부보다 많으며, 금융위기 이후 세 배 이상 증가했습니다.

부동산 개발이 횡행하면서 부동산 개발업체들의 부채도 크게 증가했습니다. 그러나 무분별한 부동산 개발은 이들의 수익성을 악화시켰습니다. 특히 잔뜩 대출을 받아 사업을 진행했지만 유령도시가 만들어지면 이익은 발생하지 않는데, 엄청난 이자를 부담해야 하므로 큰 손실이 불가피합니다. 이러한 손실을 극복하기 위해서는 다른 부동산 개발 사업을 진행해 수익을 내서 만회하거나 대출을 받아 돌려막기를 해야 합니다.

이처럼 지방정부는 토지사용권을 꾸준히 매매해 자금을 마련해야 하고, 부동산 개발업체는 지속적인 개발 사업으로 자금을 돌려야 합니다. 즉, 이들이 망하지 않기 위해서는 부동산 개발이 끊임없이 이루어져야 합니다. 부동산 시장에 침체가 발생해 돈이 돌지 않고 빠져나간다면 지방정부와 부동산 개발업체가 무너질 수밖에 없는 구조입니다. 그러나 부동산 시장이 늘 호황일 수는 없습니다. 인생에 오르막이 있고 내리막이 있듯 부동산 시장도 호황이 있으면 침체도 찾아옵니다. 중국 지방정부와 민간 부동산 개발업체의 부채는 언젠가는 폭발할 시한폭탄이었던 것입니다.

중국 경제의 불안 요소, 그림자금융

중국의 지방정부와 기업들은 은행에서만 돈을 빌린 것이 아닙니다. 투자은행, 헤지펀드, 사모펀드 등 은행이 아닌 곳에서도 돈을 빌렸습니다. 이와 같은 것들을 '그림자금융'이라고 합니다. 중국의 그림자금융은 은행보다 대개 금리가 높지만 규제와 감독이 덜합니다.

고금리 그림자금융이 늘어나면 지방정부와 기업들의 채무 위험이 더욱 커집니다. 그리고 시중금리를 상승시켜 중국 경제를 디플레이션에 빠뜨릴 수도 있습니다. 그림자금융의 규모가 점점 늘어나자 중국은 대출금리 하한제와 예금금리 상한제를 폐지해 금리를 자유화했습니다.

대출금리 하한제란 은행이 일정 금리 미만으로 대출해줄 수 없도록 마지노선을 정해준 것입니다. 그리고 예금금리 상한제는 은행이 정해진 금리를 초과해 예금금리를 적용할 수 없는 제도입니다. 예를 들어 대출금리 하한이 5%이고 예금금리 상한이 3%라면 은행은 5%보다 낮은 금리로 대출해줄 수 없으며 3%보다 높은 금리로 예금금리를 줄 수 없습니다. 이 경우 대출금리와 예금금리의 차이(예대마진)로 수익을 내는 은행은 2% 이상의 수익이 보장됩니다.

문제는 은행의 수익이 보장되다 보니 은행이 고금리 대출을 해줄 필요가 없다는 것입니다. 예를 들어 한 스타트업 기업이 은행에 대출을 받으러 갔습니다. 은행에서는 창업한 지 얼마 안 되어 불안한 스타트업 기업에게 안정적인 국영기업과 같은 금리로 돈을 빌려줄 수 없습니다. 따라서 고금리 대출이 나가야 하는데, 은행 입장에서는 위험을 감수하면서까지 그럴 필요가 없습니다. 어차피 고금리 대출을 해주지 않아도 예대마진이 보장되기 때문이죠. 결국 은행에서 돈을 빌리지 못한 스타트업 기업은 다른 방법, 즉 그림자금융으로 돈을 구해야 했습니다.

그런데 대출금리 하한과 예금금리 상한이 사라져 금리가 자유화되면 은행들은 대출금리 하한보다 낮은 금리로 돈을 빌려주고, 예금금리 상한보다 높은 금리로 고객들에게 어필할 수 있습니다. 이렇게 금리 경쟁이 붙으면 은행들의 예대마진 수익이 줄어들게 됩니다. 따라서 과거의 수익을 회복하려면 이전에 돈을 빌려주지 않았던 스타트업 기업에도 고금리로 돈을 빌려주어야 하죠. 이처럼 스타트업 기업이 그림자금융이 아니라 은행대출을 이용해야 그림자금융의 규모를 줄일 수 있습니다.

부동산 버블을 키운 자산관리상품

사람들은 금리 자유화가 그림자금융의 규모를 줄여줄 것이라고 생각했습니다. 하지만 기대와 달리 그림자금융은 더욱 늘어났습니다. 그림자금융의 주범은 'WMP(Wealth Management Product, 자산관리상품)'라 불리는 금융상품이었습니다.

'내꺼인 듯 내꺼 아닌 내꺼 같은 너'라는 노래 가사가 있습니다. WMP는 이 노래 가사처럼 '대출인 듯 대출 아닌 대출 같은 상품'입니다. 은행이 대출채권을 신탁회사에 넘기면 신탁회사는 그 채권을 유동화해 기업이나 지방정부가 하는 사업에 투자하는 금융상품을 만듭니다. 신탁회사는 이 금융상품을 다시 은행에 넘기고 은행은 WMP라는 이름을 붙여 투자자에게 판매하는 것입니다.

이 상품은 은행이 지방정부나 기업에 돈을 빌려주는 것이나 마찬가지지만 장부상 대출로 잡히지는 않았습니다. 앞서 말했듯 은행이 금리 자유화 때문에 낮아진 수익을 높이려면 위험을 감수하면서 고금리 대출을 해주어야 했습니다. 그러나 그 대신 위험을 투자자에게 떠넘기고 수익을 낼 수 있는 그림자금융을 선택한 것입니다.

은행은 WMP가 연 10% 전후의 고수익을 낼 수 있다며 투자자들을 유혹해 판매했지만 실제로는 원금 보장이 되지 않고 정부나 은행이 책임져주는 상품도 아니었습니다. 투자자들은 안정적이고 믿을 수 있다고 생각한 은행에서 판매한다는 이유로 상품을 구매했습니다. WMP는 2008년 금융위기 당시 미국 투자은행의 파생상품을 연상케 했습니다. 정부의 규제를 덜 받는데다 은행의 적극적인 영업으로 인기몰이에 성공한 WMP는 날이 갈수록 규모가 커졌고, 이는 중국 부동산 버블의 규모를 키웠습니다.

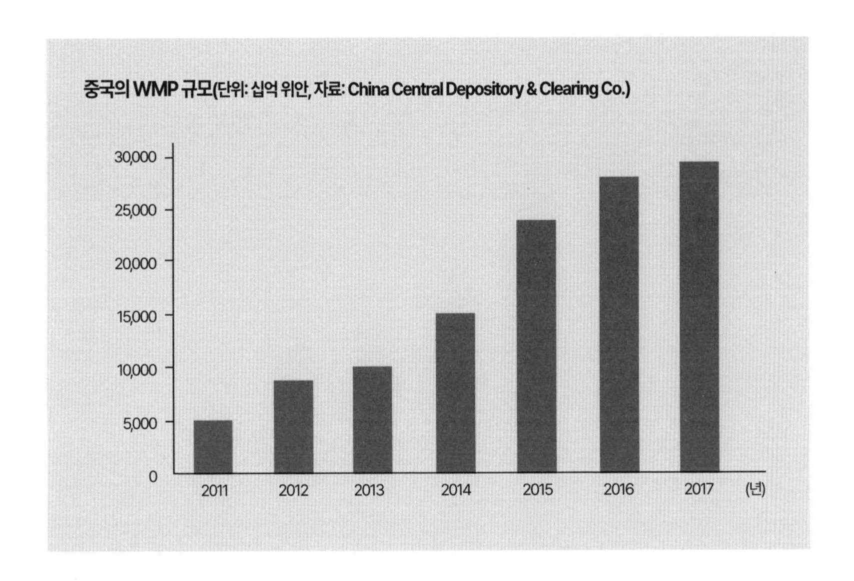

부동산 시장 침체와 공동부유

소강사회란 무엇일까?

중국의 국가 주석인 시진핑은 '소강사회(小康社會)'를 실현하겠다고 말했습니다. 그렇다면 시진핑이 이루어내겠다는 소강(샤오캉)사회란 과연 무엇일까요?

소강사회는 중국인들이 기본적인 복지를 누리는 사회입니다. 중국은 1980년대 개방 이후 고도의 경제 성장을 이루었지만 빈부격차도 심해졌습니다. 잘사는 사람은 매우 잘살지만 못사는 사람은 여전히 매우 못사는 상황입니다. 시진핑은 인당 국민소득을 1만 달러로 높이고 중산층을 두텁게 해 다수가 잘사는 사회를 만들겠다는 것입니다.

그런데 소강사회는 시진핑의 발명품이 아닙니다. 사실 소강사회의 로드맵을 처음 제시한 사람은 1980년대에 중국을 이끌었던 덩샤오핑입니다. 덩샤오핑은 중국을 더 잘사는 나라로 만들기 위해 온포사회, 소강사회, 대동사회라는 3단계 발전론을 제시했습니다.

1단계인 온포사회(溫飽社會)는 따뜻하고(溫) 배부른(飽) 사회입니다. 쉽게 말해 배부르고 등 따신, 즉 먹고사는 문제가 해결되는 사회를 말합니다. 덩샤오핑 집권 당시 중국은 끼니를 때우기 어려운 사람이 많을 정도로 매우 가난했습니다. 그래서 일단 먹고사는 문제가 해결되는 온포사회를 만드는 것이 급선무였습니다.

2단계인 소강사회는 앞서 말했듯 많은 사람들이 잘 먹고 잘살게 되는 사회입니다. 이제 먹고사는 문제가 해결되었으니 삶의 질을 높이고 골고루 잘사는 사회를 만들자는 것이죠. 덩샤오핑 이후 주석이 된 장쩌민, 후진타오 그리고 오늘날의 시진핑까지 소강사회 건설이라는 목표를 일관성 있게 추진하고 있습니다.

3단계인 대동사회(大同社會)는 중국이 최종적으로 지향하는 사회입니다. 사실 대동사회는 유교에서 이야기하는 이상사회로, 사회와 국가를 구성하는 사람들이 하나로 어우러지는 사회를 말합니다. 오늘날의 정치적 의미로 해석하면 '중국으로 하나가 된 세계' 정도일 것입니다. 시진핑은 2050년에는 미국을 넘어 세계 유일의 초강대국이 되겠다는 목표를 밝혔습니다. G2를 넘어 G1이 되고자 하는 중국의 포부를 엿볼 수 있는 대목입니다.

1990년대 중국 국가 주석이었던 장쩌민은 온포사회를 지나 소강사회에 진입했음을 알렸습니다. 그리고 시진핑의 역할은 소강사회를 완성해 대동사회로 가는 밑거름을 만드는 것입니다.

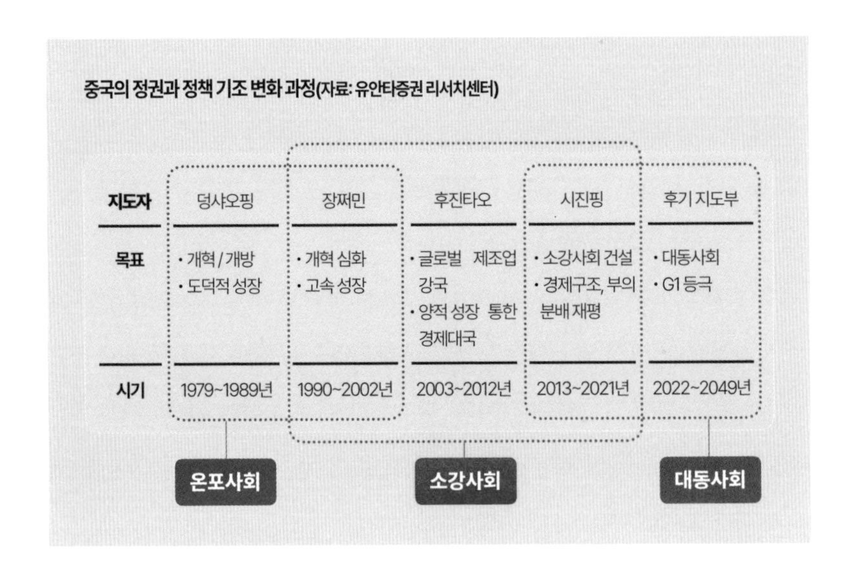
중국의 정권과 정책 기조 변화 과정(자료: 유안타증권 리서치센터)

지도자	덩샤오핑	장쩌민	후진타오	시진핑	후기 지도부
목표	• 개혁/개방 • 도덕적 성장	• 개혁 심화 • 고속 성장	• 글로벌 제조업 강국 • 양적 성장 통한 경제대국	• 소강사회 건설 • 경제구조, 부의 분배 재평	• 대동사회 • G1 등극
시기	1979~1989년	1990~2002년	2003~2012년	2013~2021년	2022~2049년

공동부유, 두 마리 토끼를 잡아라

시진핑이 말하는 소강사회 건설은 결코 쉬운 과제가 아닙니다. 성장과 분배라는 두 마리 토끼를 모두 잡아야 하기 때문이죠.

그러나 중국은 부의 분배가 제대로 이루어지지 않아 빈부격차가 매우 심합니다. 사회의 불평등 정도를 알 수 있는 대표적인 지표로 지니계수라는 것이 있습니다. 지니계수가 높을수록 불평등이 심하다는 것을 의미합니다. 0에 가까울수록 평등한 사회이고 1에 가까울수록 불평등한 사회인데, 0.4가 넘으면 불평등 정도가 매우 심하다고 할 수 있습니다. 중국의 지니계수는 무려 0.46 정도로, 다른 선진국들에 비해 높은 수준이며 아직까지 크게 개선될 기미가 보이지 않습니다.

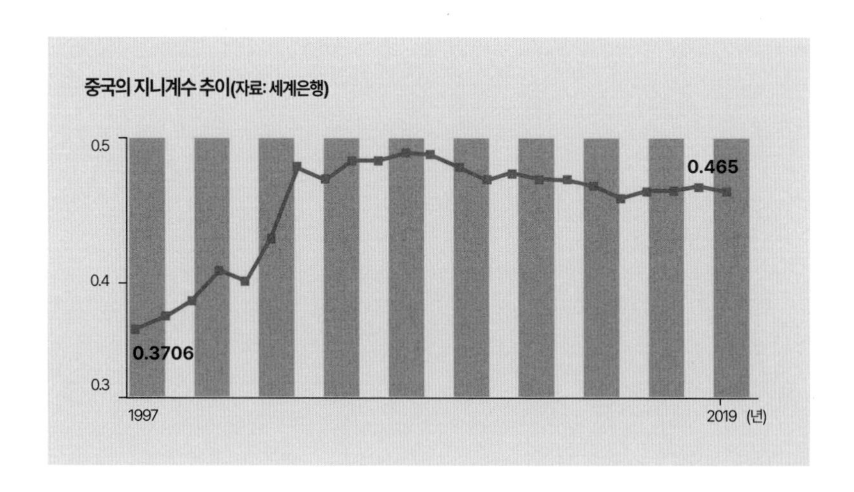

이와 같은 불평등을 해소하기 위해 시진핑이 제시한 중국의 비전이 '공동부유(共同富裕)'입니다. 공동부유란 말 그대로 소수의 사람만 잘사는 사회가 아닌 다 함께 잘사는 사회를 의미합니다. 시진핑은 2021년 공동부유가 중국 정부의 정책 방향임을 이야기했고, 2022년 20차 당 대회를 앞두고 공동부유를 정책 전면에 내세웠습니다. 공동부유를 통해 소강사회를 공고히 하겠다는 것입니다.

시진핑의 공동부유정책에는 경제 성장과 공정한 분배라는 두 마리 토끼를 모두 잡겠다는 의지가 담겨 있습니다. 그와 동시에 정치적 의도도 엿볼 수 있죠. 중국은 본질적으로 사회주의 국가입니다. 모두가 잘사는 사회를 지향하는 사회주의의 이념에 공동부유는 매우 잘 어울립니다. 만약 시진핑의 공동부유가 성공을 거둔다면 자본주의를 지향하는 미국과의 체제 경쟁에서 우위를 점해 장기 집권을 공고히 할 수 있습니다.

미중 무역전쟁과 코로나19로 인한 도시 봉쇄로 중국 경제의 대외 여건이 나빠진 것도 공동부유에 영향을 미쳤습니다. 중국은 '세계의 공장'이라 불리며 세계 최대 소비시장인 미국을 포함해 전 세계에 상품을 수출하여 경제를 성장시켰습니다. 그런데 미중 무역전쟁으로 이전보다 미국에 수출하기가 까다로워지고 코로나19로 주요 도시들이 봉쇄되자 중국의 수출 증가율도 둔화되었습니다(그림).

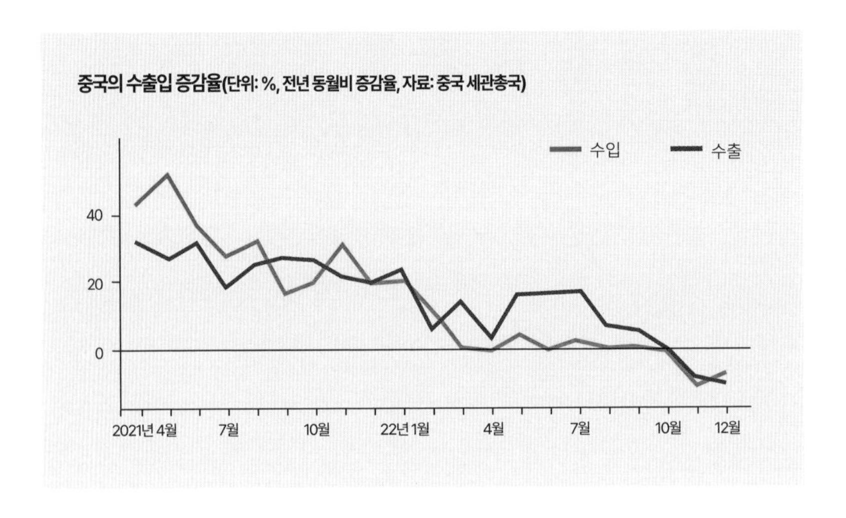

이를 만회하기 위해서는 내수경제를 활성화시켜야 합니다. 그리고 내수경제를 활성화시키기 위해서는 중국인들의 소비가 활발히 이루어져야 합니다. 그런데 양극화가 심하면 부자가 아닌 사람들이 소비를 하기가 어려워 내수경제가 활성화되기 어렵습니다. 따라서 공동부유를 주장해 양극화를 해소하여 중국인들의 소비 여력을 늘리겠다는 심산이었습니다. 그러나 공동부유정책으로 타격을 받은 시장도 존재했습니다.

중국 부동산, 침체가 시작되다

공동부유는 특히 부동산 시장에 타격을 주었습니다. 부의 양극화를 심화시키고 중국인들의 소비를 위축시키는 가장 큰 원인은 부동산이었습니다. 중국인들은 집값이 너무 비싸다 보니 집을 마련하는 데 거의 모든 자금을 사용해 다른 데에 소비할 여력이 없었습니다. 힘들게 집을 장만했다 해도 집을 사기 위해 받은 대출 원리금을 상환하느라 다른 곳에 소비할 여력이 줄었습니다.

결국 2021년, 중국 정부는 부동산 시장에 칼을 빼들었습니다. '주택은 투기가 아닌 거주를 위한 것'이라는 슬로건을 내걸며 부동산 대출금리를 대폭 인상했고, 시중은행이 일정 수준 이상 부동산 대출을 해주지 못하도록 막았습니다. 정부의 강력한 규제로 인해 부동산 시장은 빠르게 식기 시작했고, 가격 하락을 피하지 못했습니다.

부동산 시장이 얼어붙자 부동산 개발의 양대산맥이었던 지방정부와 부동산 개발업체들에도 위기가 찾아왔습니다. 앞서 말했듯 부동산 개발업체가 망하지 않고 사업을 계속하기 위해서는 부동산 개발이 끊임없이 이루어져 자금을 돌려막아야 합니다. 그런데 부동산 시장 침체로 개발이 뚝 끊기자 막대한 부채를 가지고 있었던 부동산 개발업체들은 더 이상 버티지 못하고 쓰러졌습니다.

대표적인 기업이 헝다그룹입니다. 헝다그룹은 2020년 기준 중국 건설사 중 자산 규모 1위 기업이었습니다. 2021년 미국 경제 전문지 《포춘》이 선정한 글로벌 500대 기업 중 122위를 차지하기도 했죠. 그러나 부동산 침체에 결국 무릎을 꿇고 말았습니다. 다른 부동산 개발업체들도 멀쩡

할 리 없었습니다. 헝다그룹에 이어 자자오예그룹, 양광100, 룽촹중궈, 스마오 등이 연쇄 부도를 일으켰습니다. 2022년에도 부동산 개발업체들의 실적은 대폭 하락했습니다. 중국 내 100대 부동산 기업의 신규 주택 판매액은 2021년 대비 절반 정도에 불과했습니다.

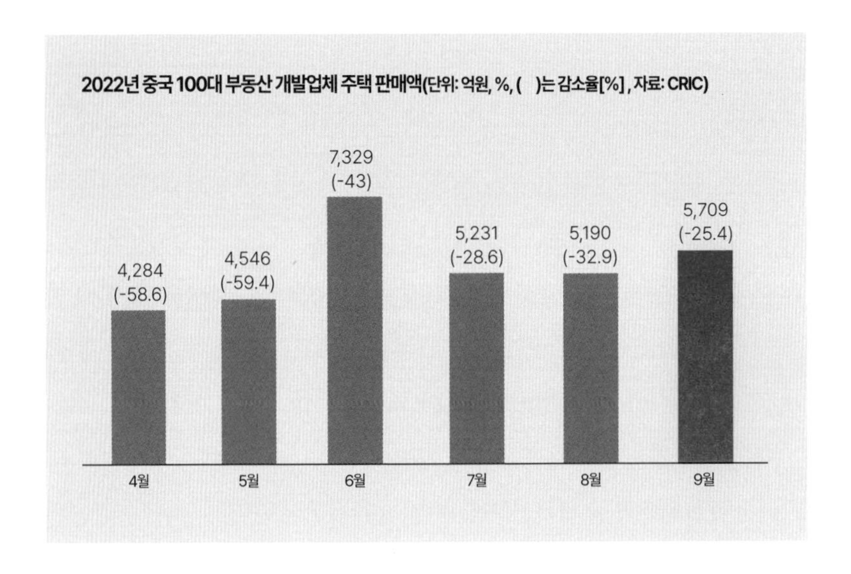

지방정부도 부동산 개발업체와 마찬가지로 부동산 침체의 직격탄을 맞았습니다. 지방정부는 부동산 개발로 부채가 걷잡을 수 없을 정도로 늘어나자 부동산 개발을 지속하면서도 지방정부 부채를 늘리지 않는 방법을 생각해냈습니다. 특수목적기구인 지방정부융자기구(LGFV)를 설립해 지방정부 부채를 LGFV로 떠넘기는 것이었습니다. LGFV는 지방정부의 부동산 자산을 담보로 돈을 빌려 부동산 개발 사업에 투자하는 지방정부 산하의 법인입니다. LGFV의 부채는 지방정부 부채에서 제외되기 때문에 부동산 개발을 지속하면서도 지방정부 부채가 증가하지 않습니다. 지방정부는 LGFV를 활용해 부동산 개발을 위한 대출 한도를 대폭 늘렸습니다.

대출이 많아도 부동산 시장이 호황이면 신규 사업에서 대출을 받아 기존 채무를 상환하는 돌려막기가 가능합니다. 그러나 이러한 구조는 부동산 경기가 침체되어 자금이 돌지 않으면 지방정부와 LGFV 모두 과도한 부채로 쓰러지기 쉽습니다. 결국, 2021년 중국 부동산 시장의 침체로 LGFV와 지방정부 모두 유동성 위기를 맞게 되었습니다.

앞서 살펴봤듯 지방정부의 주요 수입원은 토지사용권 매각입니다. 그런데 부동산 경기 침체로 토지사용권이 팔리지 않아 수익이 크게 줄었습니다. 대출은 잔뜩 받았는데 수익이 크게 줄자 신규 대출을 통해 기존 대출을 갚는 돌려막기에 의존해야 했습니다. 그러면서 지방정부 부채는 더욱 늘어났습니다.

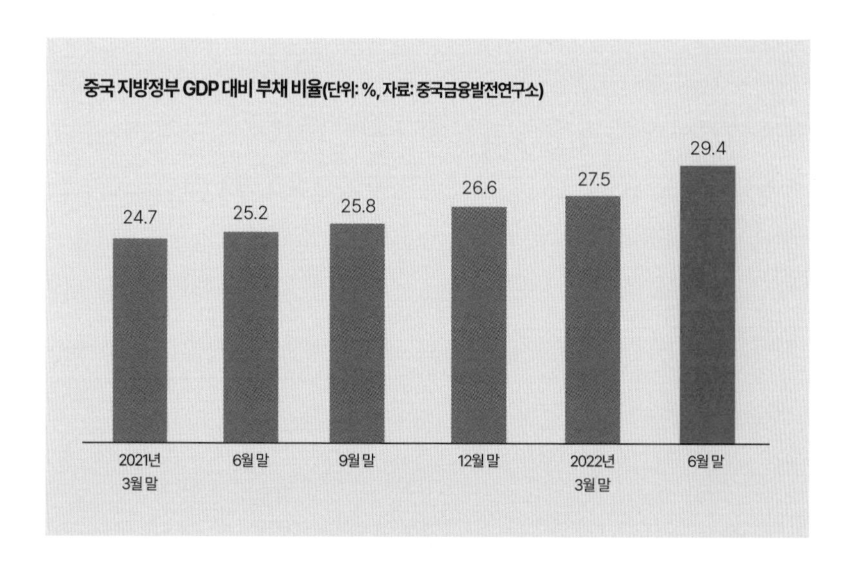

민간 부동산 개발업체들이 토지사용권을 사가지 않자 지방정부는 LGFV에 토지사용권을 매각하기 시작했습니다. 지방정부 부채를 늘리지 않고 자금을 마련하기 위한 꼼수였습니다. LGFV는 이를 위한 자금을 마련하기 위해 채권을 발행해 또다시 돈을 빌려야 했습니다. LGFV의 부채 규모는 지방정부의 부채 규모를 훌쩍 뛰어넘었습니다. 2019년 LGFV의 부채 규모는 지방정부의 무려 2.3배였습니다. 오늘날 LGFV의 부채 규모가 어느 정도인지는 가늠하기 어려운 정도입니다. 이는 부동산 경기 침체가 장기간 지속될 경우, 지방정부와 LGFV의 연쇄 파산이 불가피하다는 것을 말해줍니다.

중국의 부동산 산업과 수출이 GDP에서 차지하는 비중은 무려 50%입니다. 그런데 미중 무역전쟁과 코로나19를 거치면서 중국의 부동산 산업과 수출이 흔들리고 있습니다. 중국 경제의 양대산맥이었던 부동산과 수출이 모두 부진하다면 중국의 경제 성장도 타격을 받을 수밖에 없습니다. 2022년 중국의 경제성장률은 3%였습니다. 코로나19가 발생하기 이전인 2019년의 6%와 비교하면 절반에 불과한 수치입니다. 강력하게 부동산 시장을 규제했던 중국 정부는 결국 성장성 악화에 대한 우려로 규제 완화에 나섰습니다. 얼마나 효과가 있을지는 좀 더 지켜볼 필요가 있습니다.

중국은 20년간 높은 경제성장률을 기록하며 미국을 맹추격해왔습니다. 그러나 우리 인생에도 희로애락이 있듯 중국의 성장성도 주춤해진 것이 사실입니다. 중국이 위기를 극복하고 다시 비상해 미국의 GDP를 뛰어넘을 수 있을지, 아니면 저성장의 터널에 진입할지 전 세계가 주목하고 있습니다.

중국이 기침을 하면 우리나라는 어떻게 될까?

중국은 우리나라 경제에 매우 많은 영향을 미치고 있습니다. 수출 중심 경제인 우리나라가 가장 많이 수출하는 나라가 바로 중국이기 때문입니다. 중국에 대한 수출 의존도는 한때 25%에 달했습니다. '중국이 기침을 하면 우리나라는 독감에 걸린다'라는 말이 있을 정도였습니다.

그런데 미중 무역전쟁과 코로나19로 중국의 성장성이 낮아지면서 우리나라의 중국 수출에도 빨간불이 켜졌습니다. 우리나라의 중국 수출은 2022년부터 역성장을 하고 있습니다. 그로 인해 우리나라 무역흑자의 텃밭이던 중국과의 거래에서 오히려 적자가 발생하는 일이 빈번해지고 있습니다. 향후 수출 상품의 경쟁력을 강화시키면서 중국 수출 의존도를 점차 줄여나가는 것이 우리나라의 과제입니다.

중국 주식시장은 어떻게 이루어져 있을까?

세 개의 주식시장

중국 경제가 빠르게 성장하면서 중국 주식에 대한 관심도 점점 커지고 있습니다. 그렇다면 중국의 주식시장은 어떻게 이루어져 있을까요? 중국 주식은 상하이 증권거래소, 선전 증권거래소, 홍콩 증권거래소에서 거래됩니다. 이 중 가장 먼저 생긴 것은 홍콩 증권거래소입니다. 뒤이어 상하이 증권거래소, 선전 증권거래소가 생겼죠.

중국 본토의 거래소는 상하이 증권거래소와 선전 증권거래소입니다. 상하이 증권거래소에서 보다 큰 대기업의 주식이 거래된다면, 선전 증권거래소에는 IT 및 하이테크 기술을 가진 회사들의 주식이 많이 포진되어 있습니다. 우리나라의 코스닥 시장과 비슷하다고 생각하면 됩니다.

그렇다고 홍콩 증권거래소에 중국 기업이 상장되어 있지 않은 것은 아닙니다. 대표적으로 우리나라에도 잘 알려진 맥주인 칭다오는 홍콩증권거래소에 가장 먼저 상장된 중국 기업으로, 상하이 증권거래소에도 상장되어 있습니다.

상하이 증권거래소와 선전 증권거래소의 주식은 A주식과 B주식으로 나뉩니다. A주식은 내국인들에게 개방된 시장으로 외국인들의 투자가 어려운 반면, B주식은 외국인도 투자할 수 있습니다. 그간 외국인 투자자들은 B주식 투자를 강요당해왔습니다.

외국인 투자의 문, 선강퉁과 후강퉁

그런데 2016년 외국인 투자자들에게도 상하이 증권거래소의 A주식에 투자할 수 있는 기회의 문이 열렸습니다. 홍콩 증권거래소를 통해 상하이 증권거래소의 A주식에 투자할 수 있게 된 것이죠. 이를 '후강퉁'이라고 합니다. 후는 상하이 증권거래소를, 강은 홍콩 증권거래소를 말하며, 퉁은 통한다는 뜻입니다.

2017년에는 후강퉁에 이어 '선강퉁'이 시작되었습니다. 선강퉁이란 선전 증권거래소의 A주식을 홍콩 증권거래소에서 투자할 수 있도록 한 것입니다. 선강퉁의 선은 선전 증권거래소를 말합니다.

중국이 외국인들에게 주식시장을 개방한 것은 여러 가지 이득이 있기 때문입니다. 우선 외국인들의 중국 기업 투자가 전보다 활발해질 수 있습니다. 그리고 위안화 거래량을 늘릴 수 있는 것도 장점입니다. 상하이나 선전 증권거래소의 A주식은 모두 위안화로 거래되기 때문입니다.

후강퉁과 선강퉁은 중국의 이익을 위해 시작되었지만 외국인 투자자들에게도 많은 기회를 제공하고 있습니다. 우리나라에도 저평가된 중국의 A주식을 찾아내 투자 수익을 얻으려는 투자자가 점점 늘어나고 있습니다.

Common Sense Dictionary of Global Economy

3

셋째 마당

유럽 경제

통합과 분열의 갈림길에 선 유럽

유럽통합의 장점은 무엇일까?

유럽연합(EU) 상징기

유럽연합(EU)을 상징하는 깃발에는 열두 개의 별이 원을 이루고 있습니다. '12'라는 수는 '완벽함'을, 원은 '통합'을 상징합니다. 이 깃발의 상징처럼 현재 유럽연합은 무려 27개국이 통합되어 있는 지역공동체입니다. 원래는 28개국이었으나 2016년에 영국이 탈퇴하면서(브렉시트) 27개국이 되었습니다.

과거 유럽연합은 지금과 같은 모습이 아니었습니다. 유럽 최초의 통합 기구는 1951년 프랑스, 독일 등 5개국으로 시작한 유럽석탄철강공동체입니다. 이후 유럽 경제공동체, 유럽원자력공동체가 차례로 생겨났습니다. 세 개의 통합기구는 약 10년간 지속되다 유럽공동체(EC)로 통합되었습니다. 유럽공동체는 6개국으로 시작했지만 회원국이 점차 늘어나면서 오늘날의 유럽연합이 탄생했죠. 시작은 미약했지만 끝은 창대했다고 할 수 있습니다.

유럽 국가들이 이와 같이 통합한 이유는 많은 경제적 이점이 있기 때문입니다. 우선 자본시장과 노동시장이 개방되어 자본과 노동의 이동이 자유롭습니다. 자본시장이 개방되었다는 것은 기업 입장에서 주식과 채권을 통해 자금을 조달하기가 쉬워졌다는 뜻입니다. 그리고 노동시장이 개방되면서 유럽 어딘가에 있는 저임금 노동자를 고용해 생산 비용을 줄일 수 있게 되었습니다. 기업들이 생산에 박차를 가할 수 있는 환경이 주어진 것입니다.

또 다른 장점은 강력한 협상력을 가진다는 점입니다. 곰 인형을 만들어 판매하는 사장님이 있습니다. 인형 한 개 가격은 5만원인데, 어느 날 한 손님이 방문해 인형 1만 개를 살 테니 10%를 할인해달라고 합니다. 인형 한 개를 구입하는 손님이었다면 사장님은 절대 할인해주지 않겠지만 1만 개를 사겠다는 손님에게는 흔쾌히 할인을 해줍니다. 손님이 사장님과의 협상에서 유리한 고지를 선점한 것입니다. 여러 국가들의 통합으로 세계 경제의 '큰손'이 된 유럽 역시 비유럽과의 협상에서 전보다 유리한 위치를 차지할 수 있습니다.

또한 유럽연합은 회원국 간 무역장벽과 관세가 철폐된 공동시장입니다. 따라서 역외국에 관세를 비롯한 많은 비용을 지불하면서 상품을 수입하기보다는 역내국에서 수입하죠. 수출하는 기업 입장에서도 역내국이라는 큼직하면서 믿을 만한 시장이 있으니 안심하고 상품을 만들어낼 수 있습니다.

자국 내에서 물건을 사고파는 시장을 내수시장이라고 합니다. 수출을 주로 하는 나라들의 고민은 수출이 어려워졌을 때 버텨줄 수 있는 내수시장을 키우는 것입니다. 우리나라도 수출에만 매달리지 말고 내수시장을 활성화해야 한다는 목소리가 늘 나오는 이유입니다. 하지만 유럽은 통합으로 인해 별도의 노력을 기울이지 않아도 자연스럽게 내수시장이 커지는 효과를 거두었습니다.

저성장에 시달리는 유로존

그러나 유럽통합이 장점만 가지고 있는 것은 아닙니다. 다음은 유로 출범 이후 유로존과 주요 국가들의 GDP 추이를 나타낸 그래프입니다. 유로존은 유럽연합 내에서도 유로를 사용하는 나라들이 모여 있는 지역을 가리킵니다. 2008년 금융위기 이전과 2021년을 비교했을 때 GDP 추이가 큰 차이가 없습니다. 15년이 지났음에도 뚜렷한 성장을 하지 못한 것입니다. 우리나라를 포함해 많은 선진국들이 저성장 국면에 접어들었지만, 유로존은 저성장을 넘어 '초저성장'에 가깝습니다.

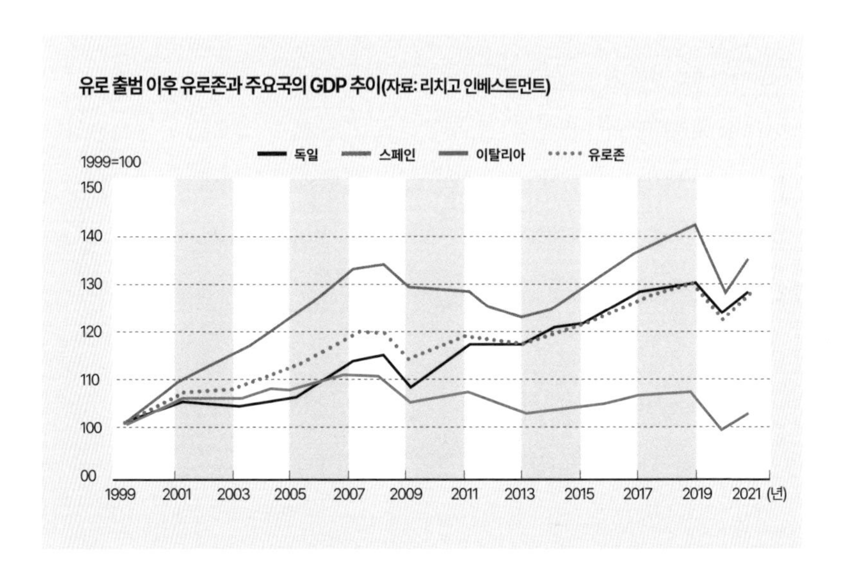

장기간 유로존의 성장성이 낮은 이유는 무엇일까요? 이를 이해하기 위해서는 유로라는 통화와 그 통화를 사용하는 나라들이 모여 있는 유로존의 구조적인 문제를 파악해야 합니다. 유로존이라는 거대한 시스템에는 어떤 문제가 있을까요?

유로존이 만들어낸 양극화

독일이 유럽통합을 원하는 이유는?

현재 유로존의 맹주는 독일입니다. 독일은 한결같이 유럽통합을 외치며 '더 강한 유럽'을 만들어야 한다고 주장하고 있습니다. 여당뿐 아니라 야당도 유럽통합을 지지하고 있죠. 다른 유럽 여러 나라에서 유로존 및 유럽연합을 탈퇴해야 한다는 여론이 형성되는 것과는 대조적입니다. 그렇다면 독일은 왜 유럽통합을 강조하는 것일까요?

그 이유는 유로존이 만들어지고 유로화를 사용하면서 가장 큰 이득을 본 나라가 독일이기 때문입니다. 유로화는 1999년에 탄생해 2002년부터 본격적으로 사용되었습니다. 그렇다면 이제 막 탄생한 유로화의 가치는 어떻게 결정했을까요? 여러 나라가 함께 사용해야 하기 때문에 납득할 만한 해답을 찾아야 했고, 결국 각국이 기존에 사용하던 통화들의 가중평균으로 유로화의 가치를 결정했습니다.

학교에서는 학급마다 반 평균 점수가 있습니다. 학생들보다는 주로 담임선생님이 신경 쓰는 점수입니다. 반에서 1등이나 2등을 하는 학생의 점수는 반 평균보다 월등히 높습니다. 그러나 모든 학생들이 공부를 잘하는 것은 아닙니다. 1등이 있으면 꼴찌도 있기 마련이죠. 꼴찌인 학생은 담임선생님이 반 평균을 이야기할 때마다 미안한 마음이 듭니다. 본인의 점수가 반 평균에 훨씬 미치지 못하기 때문입니다.

유로화를 사용하기 전 독일의 통화였던 마르크화는 다른 나라의 통화보다 상대적으로 비쌌습니다. 따라서 독일은 유로화를 사용하면서 통화가치가 자연스럽게 하락했습니다. 반 평균이 1등 학생의 점수보다 낮은 것처럼 평균을 내서 구한 유로화를 사용하면서 통화가치가 내려간 것입니다. 통화가치가 하락했다는 것은 수출 시 독일 제품의 가격도 자연스럽게 내려갔다는 것을 의미합니다.

독일은 전체 산업에서 제조업이 약 25%를 차지할 정도로 제조업 강국입니다. 그런 독일의 상품 가격이 내려갔다는 것은 수출에 날개를 달아주는 것과 같았습니다. 게다가 유로존 내에서는 관세나 무역장벽이 없어 상품이 더욱 잘 팔렸습니다. 독일에게 유로존은 수출 텃밭이었던 것입니다.

또한 유로존 내에서는 자본과 노동의 이동이 자유롭기 때문에 기업이 자금을 조달하고 저임금 노동자를 고용하기가 수월합니다. 생산 비용을 아끼고 상품을 생산하기 유리한 환경이 조성된 것입니다.

유로존 외 지역에서도 독일 제품이 많이 팔리긴 마찬가지였습니다. 물론 유로존처럼 관세나 무역장벽이 전혀 없지는 않았지만, 유로화 사용으로 품질 좋은 독일 제품의 가격이 하락한 것은 마찬가지였기 때문입니다. 신자유주의로 인해 전 세계적으로 자유무역이 확산된 것도 독일에는 유리하게 작용했습니다. 그리고 2000년대 초·중반은 전 세계적으로 돈이 많았던 유동성 과잉 시대였기 때문에 독일 제품을 사줄 충분한 구매력도 있었습니다.

오늘날 우리나라 도로에서도 벤츠, BMW, 폭스바겐 등 독일 자동차를 발견하는 것이 그리 어렵지 않습니다. 나름 호황이었던 1980~1990년대(IMF 이전까지)에는 오히려 지금보다 독일 자동차를 보는 것이 더 어려웠죠. 우리나라에서 독일 자동차의 판매가 크게 늘어나기 시작한 것은 2000년대 초반부터입니다. 유로화가 본격적으로 사용된 시기와 맞아떨어집니다.

이처럼 독일은 유로화를 사용하면서 엄청나게 많은 돈을 벌어들였습니다. 유로화와 유로존은 독일 경제의 변곡점이었습니다. 독일에 늘 경상수지 흑자가 발생하는 구조를 가져다주었기 때문입니다.

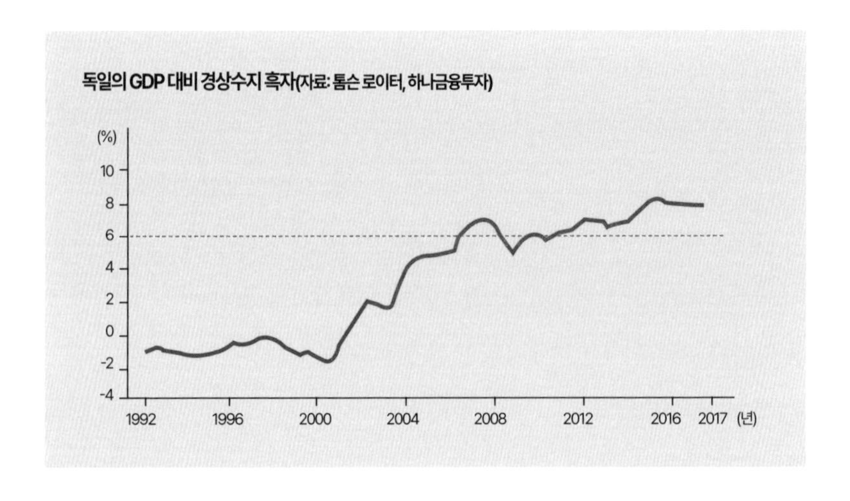

누군가에게는 과분한 유로화

유로화 사용으로 독일의 통화가치가 내려갔다면 반대로 통화가치가 올라간 나라들도 있습니다. 반에서 꼴찌인 학생의 성적보다 반 평균이 높기 때문입니다. 이 나라들에게 유로화는 분수에 맞지 않는 비싼 통화였습니다. 결국 독일은 늘 흑자가 발생하지만 어떤 나라들은 적자가 고착화되는 '양극화 구조'가 형성되었습니다.

대표적인 나라가 그리스입니다. 그리스에 대해 자세히 살펴보면서 유로존의 문제점들을 알아보도록 하겠습니다.

그리스의 비극은 어디서 시작되었을까?

그리스가 무리해서 유로존에 가입한 이유는?

그리스가 사용하던 통화는 '드라크마'였습니다. 드라크마라는 통화가 생소할 수 있지만 사실 굉장히 오래전부터 사용된 전통 있고 유서 깊은 통화입니다. 심지어 신약성서의 《누가복음》에 예수가 "어느 여자가 열 드라크마가 있는데 하나를 잃으면 등불을 켜고 집을 쓸며 찾도록 부지런히 찾지 아니하겠느냐"라고 말하는 장면이 나옵니다.

유로화를 사용하기 전부터 그리스 경제는 어려웠기 때문에 드라크마는 싼 통화였습니다. 그런데 유로존에 가입하면서 유로화를 사용하게 되니 갑자기 통화가치가 올라갔습니다. 그로 인해 그리스의 상품 가격이 비싸지면서 경상수지 흑자를 내기가 더욱 어려워졌습니다.

그리스의 비극은 유로존에 가입할 당시부터 예고되어 있었습니다. 사실 아무 나라나 유로화를 사용할 유로존 회원국이 될 수 있는 것이 아니었습니다. 회원국들 간 경제 수준 차이가 크면 같은 통화를 사용하기 어렵기 때문입니다. 우리나라와 북한이 같은 통화를 사용한다고 상상하면 이해하기 쉬울 것입니다. 따라서 유로존은 GDP 대비 정부부채 비율이 60% 이

내이고 GDP 대비 재정적자 비율이 3% 이내인 나라에만 회원국 자격을 부여했습니다. 이를 성장·안정협약(Stability and Growth Pact)이라고 합니다.

그러나 그리스는 이미 다섯 번의 디폴트를 경험했으며, 1999년 국채금리가 8%가 넘는 불량 국가였습니다. 보통 국채금리가 7%가 넘으면 빌린 돈의 이자를 갚지 못한다고 보기 때문에 국가부도 위험에 직면했다고 할 수 있습니다. 당연히 성장·안정협약 조건도 충족시키지 못했습니다. 그런데 그리스는 불과 1년 만인 2000년에 협약 조건을 충족시키고 2001년에 유로존에 가입했습니다.

그리스는 어떻게 조건을 달성했을까요? 당시 그리스는 미국의 투자은행 골드만삭스로부터 무려 28억 유로를 빌렸습니다. 그런데 정부가 돈을 빌리면 당연히 국가부채가 늘어나야 하는데 오히려 국가부채가 줄어들었습니다. 장부에 부채가 아닌 금융자산으로 기록했기 때문입니다. 그리스는 이와 같이 장부를 조작해 성장·안정협약 조건을 충족시켰습니다.

그리스가 이렇게 무리하면서까지 유로존에 가입한 이유는 돈이 필요했기 때문입니다. 그리스 정부는 경제를 살리기 위해 재정지출을 해야 했고, 2004년 아테네 올림픽을 치르기 위해서도 돈이 필요했습니다. 그런데 내수경제가 어려워 세금을 더 걷기도 힘들 뿐만 아니라 돈을 빌리기도 어려웠습니다. 망할 수도 있는 나라에 누가 돈을 빌려주겠습니까?

하지만 유로존에 가입하면 돈을 빌리기가 수월해집니다. 그리스가 아니라 유로존 전체의 신용을 보고 돈을 빌려주기 때문입니다. 유로존은 한 식구나 마찬가지라고 하니 그리스가 돈을 갚지 못하면 유로존이 어떻게든 해결해줄 것이라는 믿음이 있었죠. 유로존은 그리스의 든든한 신용 우산이 되어주었습니다. 실제로 유로존 가입 후 돈을 빌리는 것이 수월해진 그리스는 많은 돈을 빌렸고, 8%가 넘어가던 국채금리도 3%대까지 하락했습니다.

그리스는 빌린 돈으로 아테네 올림픽을 치르고 관광 산업에도 투자했습니다. 관광 산업이 잘되면 적자도 메꾸고 빌린 돈도 갚을 수 있기 때문이죠. 그러나 2008년 금융위기로 경기가 급격히 침체되면서 그리스의 계획은 모두 수포로 돌아갔습니다. 그리스에 남은 것은 빚뿐이었습니다. 결국 디폴트 위기에 직면한 그리스는 2015년 구제금융 '트로이카'라 불리는 IMF와 EU, ECB에 구제금융을 받았습니다.

왜 그렉시트를 하지 않았을까?

당시 그리스가 구제금융을 받지 않았다면 남은 선택지는 디폴트를 선언하고 유로존을 탈퇴하는 것뿐이었습니다. 그리스의 유로존 탈퇴를 '그렉시트'라고 합니다. 그리스 입장에서 그렉시트는 여러 가지 장점이 있습니다. 일단 그렉시트는 디폴트를 전제로 하기 때문에 채무의 부담감에서 벗어날 수 있습니다. 그리고 독자적인 통화정책이 가능해져 자국의 사정에 맞게 기준금리를 변동시킬 수도 있습니다.

유로화를 쓰지 못하게 된다 하더라도 원래 통화였던 드라크마를 사용하면 됩니다. 그리스가 드라크마를 사용한다면 통화가치가 폭락해 그리스의 상품 및 여행 가격이 매우 저렴해질 것입니다. 그러면 상품 수출을 활성화하고 더 많은 관광객을 유치해 경상수지 적자를 개선할 수 있을지도 모릅니다. 어두운 과거를 잊고 새롭게 출발하는 것입니다. 그렇다면 그리스는 굴욕적인 구제금융으로 연명하기보다 과감하게 디폴트를 선언하고 그렉시트를 하는 것이 더 낫지 않았을까요?

그러나 현실적으로 그리스의 유로존 탈퇴는 어려웠습니다. 그렉시트의 단점이 장점보다 훨씬 많았기 때문이죠. 우선 금융위기로 세계 경제가 전반적으로 침체되어 있었기 때문에 통화가치가 내려가 그리스 상품이 싸진다고 해도 많이 팔릴 것이라는 보장이 없었습니다. 사람들의 주머니 사정이 좋지 않은데 그리스 상품만 잘 팔릴 것을 기대하기는 어렵습니다.

인플레이션도 그리스를 괴롭힐 수 있었습니다. 통화가치가 하락하면 자국의 수출 상품은 싸지지만 수입해오는 상품은 비싸집니다. 따라서 제조업 상품을 수입에 의존하고 있는 그리스 사람들은 갑자기 물가가 올라 살림살이가 더 어려워질 수 있습니다. 눈에 띄는 소득 증가 없이는 비용 인플레이션이 발생해 오히려 내수경제가 침체될 수 있는 것입니다. 그렇다고 물가를 잡기 위해 금리를 올리기도 어렵습니다. 섣불리 금리를 올리면 통화량이 급격히 줄어들어 경기가 더 침체될 수 있기 때문입니다.

또한 유로존을 탈퇴한다고 해서 갑자기 그리스의 경제 사정이 좋아지는 것도 아니었습니다. 그리스 정부에 재정정책으로 경기를 부양할 만한 돈이 없었기 때문이죠. 당시 그리스 정부는 어딘가에서 돈을 빌려야 했지만, 디폴트를 선언해 신뢰를 잃어버린 나라에 흔쾌히 돈을 빌려줄 곳은 없었습니다.

채무 관계로 얽혀 있는 유로존

그리스가 파산하면 그리스만 유로존에서 내보내고 남은 나라들끼리 잘 지내면 되지 않을까요? 그렇지 않습니다. 그리스의 위기는 곧 유로존과 EU의 위기입니다. 이미 유로존의 여러 나라가 그리스에 돈을 빌려주었기 때문이죠. 만약 그리스가 채무를 불이행(디폴트)하고 유로존을 탈퇴한다면 채권은 휴지 조각이 되므로 그리스에 돈을 빌려준 나라들은 더 이상 돈을 받을 수 없습니다.

그런데 유로존 국가들 중에는 그리스 말고도 빚이 많은 나라들이 있습니다. 그 나라들은 그리스에 빌려준 돈을 받아야 자기들이 빌린 돈을 갚을 수 있습니다. 그리스에 돈을 받지 못하면 '돌려막기'가 불가능하죠. 따라서 재정 상태가 좋지 않은 나라부터 디폴트를 선언할 확률이 높습니다. 파이프의 가장 약한 곳이 먼저 터지는 것과 같은 원리입니다.

그리스에 이어 또 다른 나라가 디폴트를 선언한다면 두 군데에서 돈을 받을 수 없기 때문에 사태는 걷잡을 수 없게 될 것입니다. 도미노가 무너져 내리듯 유로존 국가들이 연쇄적으로 디폴트를 선언할 것이고, 유로존은 붕괴 수순을 밟을 것입니다.

이처럼 그렉시트는 유로존의 존폐 문제로 이어집니다. 유로존 국가가 아닌 영국이 유럽연합을 탈퇴하는 것과는 차원이 다른 이야기입니다. IMF뿐 아니라 유럽연합과 유럽중앙은행이 두 팔을 걷어붙이고 그리스에 구제금융을 한 이유가 여기에 있습니다.

그리스는 구제금융 트로이카(IMF, EU, ECB)의 요구에 따라 강도 높은 긴축정책을 펼쳤습니다. 열심히 허리띠를 졸라맨 그리스는 2018년이 되어서야 구제금융 졸업에 성공했습니다. 이제 그리스의 과제는 홀로서기에 성공하는 것이었습니다.

그러나 세상일이 내 마음대로 되지 않듯 그리스의 홀로서기는 결코 쉽지 않았습니다. 불과 2년 후인 2020년 코로나19가 전 세계를 강타하면서 엄청난 경기침체가 찾아왔기 때문입니다. 코로나19로 국가 간 이동이 거의 봉쇄되자 관광 산업 중심인 그리스 경제는 다시 초토화되었습니다. 2020년 그리스의 경제성장률은 무려 -9%였습니다. 우리나라(-0.7%)나 미국(-3.4%)과 비교하면 상황이 얼마나 좋지 않은지 알 수 있습니다. 결국 그리스는 2020년에 또다시 EU로부터 자금 지원을 받았습니다.

골칫덩이가 된 유로존, 어떤 문제가 있을까?

유럽 돼지들의 위기로 시작된 유럽 문제

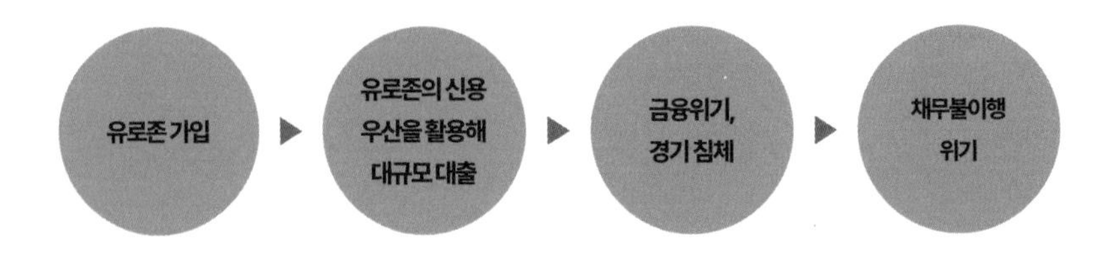

그리스가 유로존 가입 후 겪었던 일입니다. 그런데 그리스 외에도 이와 비슷한 경험을 한 나라들이 있습니다. 그 나라들을 '유럽의 돼지들(PIGS)'이라고 부릅니다. PIGS는 포르투갈(P), 이탈리아(I), 그리스(G), 스페인(S)을 지칭합니다. 그렇다면 PIGS는 왜 어려워진 것일까요? PIGS를 통해 유로존 시스템의 문제점을 이해해보도록 하겠습니다.

먼저 이들 모두 유로를 사용하면서 통화가치가 상승한 나라들입니다. 수출 상품과 서비스 가격이 비싸지면서 경상수지 적자가 발생할 가능성이 더욱 커졌습니다. 그리고 이 나라들은 제조업이 부실하다는 공통점을 가지고 있습니다. 우리가 사용하는 물건들 중에서 메이드 인 포르투갈, 메이드 인 그리스, 메이드 인 스페인을 찾기는 쉽지 않습니다. 이탈리아도 예전에는 제조업이 괜찮았지만 오늘날에는 많이 쇠퇴했습니다.

경상수지는 상품수지, 서비스수지, 소득수지, 이전수지로 이루어지는데, 이 중에서 상품수지 흑자는 상품, 즉 제조업의 수출이 수입보다 많을 때 주로 발생합니다. 제조업이 부실한 PIGS는 대체로 상품수지가 적자입니다.

반면 서비스수지 흑자는 교육이나 관광 같은 서비스업의 수출이 수입보다 많을 때 발생합니다. 쉽게 말해 더 많은 관광객이 찾아올수록 흑자가 발생합니다. PIGS가 믿는 구석은 서비스수지입니다. 관광 산업의 비중이 높기 때문이죠. 우리나라에서도 포르투갈이나 스페인, 이탈리아 등으로 관광을 가는 사람들을 쉽게 찾아볼 수 있습니다.

그런데 금융위기와 코로나19라는 원투펀치로 PIGS의 관광 산업이 많이 어려워졌습니다. 경기가 침체하면 제조업도 힘들어지지만 관광 산업은 더 큰 타격을 받습니다. 호주머니 사정이 나빠져도 휴대폰, 옷, 식료품 등 일상생활에 꼭 필요한 물건들은 사야 합니다. 제조업은 '기본 수요'가 있는 것입니다.

그러나 살림살이가 넉넉하지 않은데 유럽 여행을 가는 사람은 많지 않습니다. 지금 가진 돈으로 생활에 꼭 필요한 물건들을 사고, 유럽여행은 여유가 있을 때 가면 됩니다. 결국 관광 산업의 침체는 PIGS의 서비스수지가 나빠지는 결과를 초래했고, 상품수지 적자에 서비스수지마저 악화되면서 경상수지 적자가 늘어났습니다.

PIGS의 또 다른 공통점은 재정적자입니다. 재정위기라는 말도 여기에서 비롯된 것입니다. 재정적자는 정부에 들어오는 돈보다 나가는 돈이 많을 때 발생합니다. PIGS는 유로존에 가입한 이후 관광 산업에 대대적으로 투자했습니다. 그러자 각국 정부가 많은 돈을 쓰면서 재정적자가 늘어났고, 부족한 돈을 빌려오면서 국가부채도 많아졌습니다. 관광 산업으로 돈을 많이 벌면 부족한 재정도 채우고 빌린 돈도 갚겠다는 심산이었으나, 금융위기로 인해 관광 산업이 침체되면서 그러한 계획은 허무하게도 물거품이 되고 말았습니다.

게다가 관광 산업의 침체로 실업자가 크게 증가하면서 재정적자는 더욱 늘어났습니다. 세금을 걷는 것은 더 어려워졌는데, 복지가 비교적 잘되어 있는 나라들이다 보니 실업수당 등의 정부지출이 늘어났기 때문입니다.

금리를 마음대로 내릴 수 없다고?

PIGS는 독자적인 통화정책이 불가능하다는 공통점도 가지고 있습니다. 이것은 PIGS만이 아닌 유로존 전체의 문제입니다. 통화정책은 중앙은행이 기준금리를 올리거나 내리는 등의 방법으로 통화량을 조절하는 정책입니다. 우리나라에서는 한국은행이 독자적으로 통화정책을 담당하고 있습니다.

그렇다면 그리스는 기준금리를 올리거나 내릴 수 있을까요? 대답은 '아니오'입니다. 우리나라와 달리 독자적인 통화정책이 불가능하기 때문입니다. 스페인, 이탈리아, 포르투갈 등 유로존 국가들 모두 마찬가지입니다. 유로존의 통화정책은 각국의 중앙은행이 아닌 유럽중앙은행에서 담당하고 있습니다. 그리스가 기준금리를 더 내리고 싶어도 유럽중앙은행이 내려주지 않으면 어쩔 수 없는 것입니다.

독자적인 통화정책이 불가능하면 위기 상황에 대한 대처능력도 떨어질 수밖에 없습니다. 우리나라의 중앙은행인 한국은행은 경기침체가 예상되면 신속히 기준금리를 내릴 수 있습니다. 그러나 유로존 국가들은 경기 침체가 예상되어 기준금리를 낮추고 싶어도 마음대로 할 수 없습니다. 유럽중앙은행이 자신들이 원하는 만큼 기준금리를 내려주길 기다려야 합니다. 통화정책을 마음대로 할 수 없으니 결국 정부의 재정정책에 의존할 수밖에 없습니다. 위기 상황에서 사용할 수 있는 히든카드 한 장이 사라져버리는 셈입니다.

유로존 국가들의 경제 상황이 각기 다르다는 점도 문제입니다. 예를 들어 독일은 경기가 과열되어 금리인상으로 인플레이션을 억제하고자 합니다. 그런데 이탈리아는 경기가 침체되어 금리인하로 인플레이션을 유발하길 원한다면 유럽중앙은행은 어떻게 해야 할까요? 기준금리를 올리면 이탈리아 경제가 더 어려워질 것이고, 기준금리를 내리면 독일이 난처해질 것입니다.

이처럼 개별 국가들의 경제 상황을 모두 반영하는 것은 사실상 불가능합니다. 그런데도 유로존 국가들은 유럽중앙은행의 통화정책을 일방적으로 수용할 수밖에 없습니다. 이는 증상이 다른 환자에게 같은 약을 처방하는 것과 다를 바 없습니다.

미국과 유로존은 어떤 차이가 있을까?

경상수지 적자와 재정적자를 합쳐서 '쌍둥이 적자'라고 합니다. PIGS도 쌍둥이 적자가 심하지만 미국의 쌍둥이 적자는 더욱 심합니다.

미국은 금융위기와 코로나19 위기 때 '침체된 경기가 살아날 때까지' 달러를 풀겠다며 무제한적 양적완화를 추진했습니다. 대규모로 돈을 풀어 통화량이 많아지면 현금가치가 폭락하고 물가가 크게 올라야 합니다. 심할 경우 엄청나게 물가가 상승하는 하이퍼인플레이션이 발생할 수도 있습니다. 그러나 미국은 코로나19 이전까지 하이퍼인플레이션은커녕 물가상승률 2%를 달성하기도 어려워 쩔쩔맸습니다. 코로나19 이후에도 강력한 인플레이션이 발생했지만 하이퍼인플레이션까지 발생하지는 않았습니다.

그 이유는 무엇일까요? 앞서 말했듯 달러는 전 세계에서 가장 많이 사용되는 기축통화이므로 아무리 많이 풀어도 전 세계 곳곳으로 다 빠져나가기 때문입니다. 따라서 미국에 하이퍼인플레이션이 발생할 가능성은 희박합니다.

그러나 유로화는 달러와 달리 '경기가 살아날 때까지' 풀 수 없습니다. 유로화를 무제한적으로 풀었다가는 유로화가 폭락하고 물가가 크게 올라 잘못하면 하이퍼인플레이션이 발생할 수도 있습니다. 뱁새가 황새 따라가다 가랑이 찢어지는 격이죠. 따라서 하이퍼인플레이션에 대한 큰 걱정 없이 돈을 풀 수 있는 미국중앙은행에 비해 유럽중앙은행은 높은 인플레이션을 유발시키지 않을 정도로만 돈을 풀 수 있습니다. 애초부터 미국과 유로존은 돈을 풀 수 있는 능력이 다른 것입니다.

독자적인 통화정책이 가능하다는 점도 미국과 유로존의 다른 점입니다. 미국은 중앙은행인 연준이 통화정책을 담당하기 때문에 미국의 사정에 맞게 신속하게 통화정책을 사용할 수 있습니다. 독자적인 통화정책이 불가능한 유로존보다 위기 상황에서 대처능력이 뛰어납니다.

유로존은 자본과 노동의 이동이 자유롭고 모두 유로화를 사용합니다. 또한 유럽중앙은행으로 통화정책이 통합되어 있습니다. 그러나 유로존을 완전한 통합 상태라고 보기는 어렵습니다. 재정통합을 이루지는 못했기 때문이죠. 유로존은 독자적으로 재정정책을 사용하고 있으며 재정수입과 지출을 관리하는 것은 각국 정부의 몫입니다. 따라서 완전한 통합 상태로 나아가려면 재정통합을 이루어내야만 합니다.

반면 미국은 50개 주가 있고 각 주마다 법률도 다르지만 자본과 노동의 이동이 자유롭고 달러를 사용합니다. 또한 각 주의 은행들이 아닌 연준이 통화정책을 담당하고 있으며 연방정부가 재정정책을 담당합니다. 미국이야말로 자본시장, 노동시장, 통화정책뿐 아니라 재정정책까지 통합된 '완전체'인 것입니다.

유로존과 돼지들 문제의 해결 방법은?

지금까지 살펴본 PIGS의 문제점을 정리해보면 다음과 같습니다.

1. 통화가치 상승과 제조업 부실로 인한 경상수지 적자
2. 과도한 재정적자와 국가부채
3. 독자적인 통화정책 불가능

그럼 이와 같은 문제들을 어떻게 해결해야 할까요? 먼저 경상수지 적자를 해결하는 가장 좋은 방법은 제조업의 경쟁력을 높이는 것입니다. 그러나 지금껏 힘들었던 제조업이 하루아침에 좋아지기는 어렵습니다.

또 다른 방법은 인위적으로 통화가치를 낮추는 것입니다. 금리를 낮추거나 돈을 풀어 통화가치가 내려가면 수출 시 상품 가격이 내려가 경상수

지 적자를 해소하는 데 도움이 됩니다. 그러나 유로존은 독자적인 통화정책을 쓸 수 없으므로 자기네 나라 마음대로 통화가치를 내릴 수 없습니다.

과도한 재정적자를 해결하려면 세금을 더 걷어 재정을 늘리거나 긴축재정으로 지출을 줄여야 합니다. 그러나 두 가지 방법 모두 자국민의 희생을 담보로 합니다. 세금을 더 걷는다면 개인이나 기업의 소득이 줄어들어 소비가 위축될 수 있고, 긴축정책으로 자국민들이 허리띠를 졸라매면 내수경제가 침체될 수 있습니다.

독자적인 통화정책이 불가능하다는 점도 유로존 전체의 문제여서 해결하기가 까다롭습니다. 노벨경제학상을 수상한 로버트 먼델 교수는 자유로운 자본이동, 고정환율, 독자적인 통화정책을 모두 달성하는 것은 불가능하다는 '불가능한 삼위일체'를 주장했습니다. 세 마리 토끼를 잡는 것은 불가능하므로 셋 중 한 가지를 포기해야 한다는 것입니다.

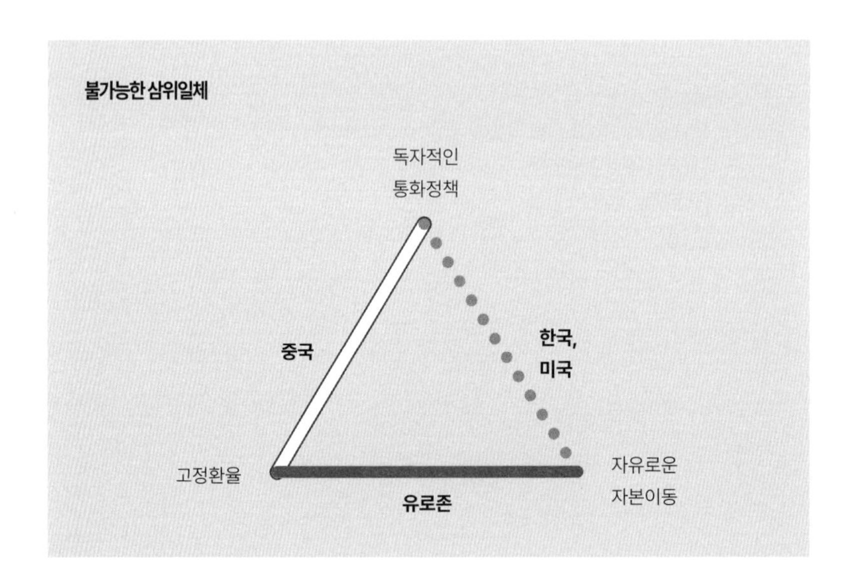

우리나라는 자본이동이 자유롭고 한국은행이 독자적인 통화정책을 사용합니다. 대신 고정환율을 포기하고 변동환율을 취하므로 점선에 해당합니다. 미국 역시 우리나라와 마찬가지로 자본이동이 자유롭고 변동환율을 사용하며 연준이 독자적인 통화정책을 실시하므로 점선에 해당합니다.

중국은 중앙은행인 인민은행이 독자적으로 통화정책을 실시하며 관리변동환율제도를 사용하고 있습니다. 대신 자본이동이 자유롭지 않습니다. 정부가 자본이동을 통제하고 있기 때문이죠. 예를 들어 우리나라 사람들도 많이 가입하는 중국펀드도 중국 정부가 허가한 업체(QFII)만 허가받은 양만큼 모집할 수 있습니다. 따라서 독자적인 통화정책과 고정환율이 가능하지만 자유로운 자본이동이 불가능하므로 흰색 선에 해당합니다.

유로존은 자유로운 자본이동이 가능하며 모두 유로화를 사용하기 때문에 고정환율입니다. 하지만 독자적인 통화정책이 불가능하므로 주황색 선에 해당합니다. 만약 유로존이 독자적인 통화정책을 사용하려면 고정환율이나 자유로운 자본이동 중 한 가지를 포기해야 합니다.

그런데 고정환율을 포기한다는 것은 더 이상 유로화를 사용하지 않고 유로화 이전에 사용했던 자국 통화로 돌아가는 것을 의미합니다. 자유로운 자본이동을 포기하는 것도 자본이동을 통제하겠다는 것이기 때문에 유로화를 더 이상 사용하지 않겠다는 것과 마찬가지입니다. 여러 나라가 같은 통화를 사용하는데 어느 한 나라만 자본이동을 통제할 수는 없기 때문입니다. 결국 둘 중 한 가지를 포기한다는 것은 곧 유로화를 포기한다는 것이고, 더 이상 유로존에 남아 있을 이유가 없다는 뜻입니다.

유로존 국가들도 유로존이 지금의 형태를 계속 유지하기 어렵다는 사실을 이미 잘 알고 있습니다. 따라서 유로존은 두 개의 갈림길에 서 있습니다. 유로화를 포기하고 유로존을 탈퇴하는 '독자생존의 길'과 재정통합을 이루어내 '더욱 강하게 통합하는 길'이 바로 그것이죠. 두 길 모두 쉬운 길이 아니며 여태껏 가보지 않은 길입니다. 유로존 국가들은 국가의 생존이 달린 중대한 기로에서 어떤 선택을 할까요? '양자택일'의 순간이 점점 다가오고 있습니다.

코로나19 위기가 유럽통합을 앞당길까?

서로의 발목을 잡고 있는 독일과 PIGS

위태위태했던 유로존, 특히 PIGS에 치명적인 타격을 가한 사건이 벌어졌습니다. 바로 2020년에 발생한 코로나19 팬데믹입니다. 바이러스 확산을 막기 위한 지역 봉쇄로 경제활동이 마비되었고, 여행객들의 발길이 뚝 끊겼습니다. 이탈리아, 그리스, 포르투갈, 스페인과 같이 관광 산업의 비중이 큰 남유럽 국가들에는 상당히 치명적이었습니다. 2020년 그리스와 이탈리아는 -9%, 포르투갈은 -8.4%, 스페인은 무려 -10.8%의 경제성장률을 기록했습니다. 모두 유로존의 수장 격인 독일의 경제성장률(-4.6%)보다 두 배가 넘는 수치였죠.

코로나19가 길어지면서 긴급히 자금이 수혈되지 않으면 파산할지도 모른다는 불안감이 커졌습니다. 특히 코로나19 이전에도 다른 나라들보다 경제 상황이 좋지 않았던 이탈리아는 신용등급이 강등되어 유로존을 긴장하게 했습니다.

EU는 대책을 마련했습니다. 처음에는 경기가 어려운 나라들에 돈을 빌려주는 긴급대출 프로그램을 논의했습니다. 그러나 코로나19 장기화로 상황이 악화되면서 이탈리아 등의 나라들이 대출이 아닌 지원금을 원했습니다. 지원금은 갚지 않아도 되는 자금입니다. 결국 EU는 2020년 7월, 7,500억 유로(약 1,000조원)의 자금을 공급하기로 했습니다. 이 중 갚지 않아도 되는 지원금은 3,900억 유로로, 절반 이상을 차지합니다. 만약 이 자금이 없었다면 이탈리아는 파산하고 유로존을 탈퇴했을지도 모릅니다.

받지도 못할 돈을 다른 나라에 퍼주는 것은 옳지 않다며 반발하는 유럽 국가들도 있었습니다. 그들을 적극적으로 설득한 사람은 당시 독일의 총리였던 앙겔라 메르켈이었습니다. 그녀는 "유럽의 미래가 위기에 처했다. 남유럽 회원국들이 파산한다면 우리도 결국 파산한다"라고 말하며 지원금 지급에 반대한 EU 국가들을 설득했습니다. 왜 독일은 받지도 못할 돈을 퍼주기 위해 애를 쓴 것일까요?

그 이유는 독일은 유로존이 더욱 통합하기를 강력히 원하기 때문입니다. 앞서 말했듯 유로존 최대 수혜국은 독일입니다. 그래서 독일은 PIGS가 유로존을 탈퇴해 유로존이 붕괴되는 것을 원하지 않습니다. 유로존이 재정통합까지 이루어내 '완전체'가 되기를 내심 바라고 있죠.

그런데 코로나19로 재정이 악화된 남유럽 국가들이 파산해 유로존을 탈퇴하면 유로존 붕괴가 가속화될 것은 불 보듯 뻔한 일이었습니다. 그래서 독일은 돈을 퍼주어서라도 유로존 붕괴를 막고자 한 것입니다. 당시 메르켈은 지원금 합의에 안도하며 "통합국가로 가는 큰 이정표를 세운 날"이라고 표현했습니다.

앞서 말했듯 유로존은 독일처럼 잘사는 나라와 PIGS처럼 경제위기를 겪는 나라들로 양극화되어 있습니다. 독일은 유로존 붕괴를 막기 위해 벌어들인 돈의 일부를 PIGS에 쏟아부어야 합니다. 이러한 점은 독일의 성장성을 저해하고 있습니다. 만약 그 돈을 다른 나라가 아닌, 자국 경제를 위해 투자한다면 보다 높은 경제성장률을 기록할 수 있을 것이기 때문입니다.

PIGS 역시 유로존에 가입하면서 흑자를 기록하기 어려운 구조가 만들어졌습니다. 시간이 흐를수록 성장성이 악화되어 독일을 중심으로 한 유로존이나 EU로부터 자금을 수혈받으며 버티고 있습니다. 독일과 PIGS가 서로의 발목을 잡아 유로존의 초저성장이 장기화되고 있는 것입니다.

러시아-우크라이나 전쟁이 가져온 유럽의 에너지 위기

코로나19에 이어 유럽 경제에 심각한 타격을 가한 것은 러시아-우크라이나 전쟁이었습니다. 코로나19 이전 천연가스 수출 1위 국가는 러시아였습니다. 그리고 유럽이 러시아에서 수입하는 천연가스는 전체의 40%에 육박했습니다(그림). 석유 역시 약 25%를 러시아에 의존하고 있죠.

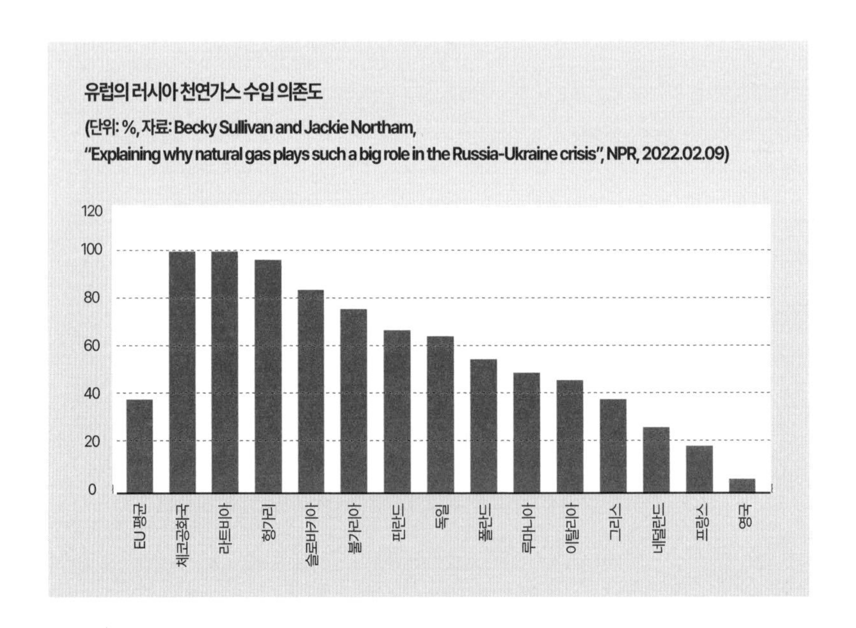

그런데 전쟁 발발 이후 미국의 주도로 러시아에 경제제재가 가해지면서 러시아산 천연가스와 석유의 공급이 어려워졌습니다. 사실 미국은 유럽에 비하면 러시아의 경제제재로 인한 타격이 미미합니다. 미국은 러시아 다음으로 천연가스를 많이 수출하는 나라이며, 수입 원유 중 러시아산이 차지하는 비중도 3%에 불과하기 때문입니다.

그러나 미국과 달리 러시아산 에너지 의존도가 높은 유럽은 타격이 불가피했습니다. 전쟁이 길어지면서 유럽의 '에너지 위기'도 함께 찾아왔습니다. 특히 독일은 러시아산 천연가스 의존도가 60%가 넘을 정도로 높았습니다. 그런데 러시아산 천연가스 공급이 2022년 8월부터 완전히 끊겼고, 결국 에너지 위기가 발생했습니다. 에너지 위기는 독일 경제의 성장성을 저해할 가능성이 충분했습니다. 삐거덕거리는 유로존 내에서도 남유럽 국가들을 지원하며 유로존을 지탱한 독일 경제가 어려워진다면 자연스럽게 유로존의 응집력이 약해져 유로존의 균열이 더욱 심해질 수 있습니다.

독일은 부랴부랴 에너지 공급망을 찾아다녔습니다. 2022년 11월에는 카타르와 대규모 LNG 공급 계약을 체결하기도 했죠. 그러나 그동안 러시아에서 가져다 쓰던 에너지보다는 비용이 높습니다. 이미 북아프리카 나라들로부터 러시아보다 훨씬 비싼 가격에 천연가스를 들여와 여러 가스 배급 회사가 파산했습니다.

전쟁으로 인한 에너지 위기는 코로나19로 인한 경제위기가 완전히 회복되지 않은 상태에서 찾아왔습니다. 이는 가뜩이나 저성장에 시달리는 유로존의 성장성을 더욱 악화시킬 것입니다. 코로나19와 전쟁이라는 원투펀치로 유로존의 초저성장이 가까운 미래까지 이어질 가능성이 커졌습니다.

유로존은 왜 금리를 많이 올릴 수 없을까?

물가를 잡아야 하는 유로존

2022년 강력한 인플레이션이 세계 경제를 강타하면서 물가를 잡기 위해 여러 나라들이 금리를 올렸습니다. 유럽중앙은행 역시 인플레이션을 억제하기 위해 0%였던 금리를 무려 4.5%나 올렸습니다. 특히 한꺼번에 0.75%포인트 금리를 인상하는 이른바 '자이언트 스텝'을 단행했는데, 이는 1999년 유로가 탄생한 이래 처음 있는 일이었습니다.

그런데 유럽중앙은행의 금리인상은 1년 만에 4.25%포인트의 금리인상을 단행한 미국의 중앙은행인 연준에 비하면 미미한 수준이었습니다. 유럽중앙은행의 기준금리는 미국이나 영국보다도 낮습니다(2024년 4월 기준).

큰 폭의 금리인상이 부담스러운 유로존

유로존이 미국만큼 금리를 크게 올리지 못하는 이유는 두 가지입니다. 첫 번째는 유로존의 성장성이 매우 낮기 때문입니다. 앞서 살펴봤듯 유로존은 오랜 기간 초저성장에 시달렸고, 최근에는 코로나19와 전쟁으로 인해 초저성장이 이어질 가능성이 큽니다. 그런데 이때 금리가 대폭 오른다면 성장성에 악영향을 미칠 수밖에 없습니다.

두 번째는 국가부채입니다. 다음은 OECD 국가들의 GDP 대비 부채 비율을 정리한 그래프입니다. GDP 대비 부채 비율은 60%가 넘으면 위험합니다. 압도적 1위는 일본입니다. 그런데 그 뒤를 그리스, 이탈리아, 포르투갈이 따르고 있습니다. 새삼 PIGS의 위엄을 느낄 수 있습니다.

이러한 상황에서 금리가 오른다면 유로존 국가들이 지불해야 하는 이자 부담도 같이 늘어납니다. 부채 규모가 어마어마해 금리가 단지 0.1%만 늘어나도 이자가 눈덩이처럼 커지기 때문이죠.

세계 경제에서 자본은 금리가 낮은 곳에서 높은 곳으로, 성장성이 낮은 곳에서 높은 곳으로 이동합니다. 인플레이션이 잡히고 본격적인 자본이동이 발생할 때 유로존의 금리가 미국, 영국, 우리나라 등 선진국보다 낮고 초저성장이 지속된다면 유로존에서 대규모 자본 유출이 발생할지도 모릅니다.

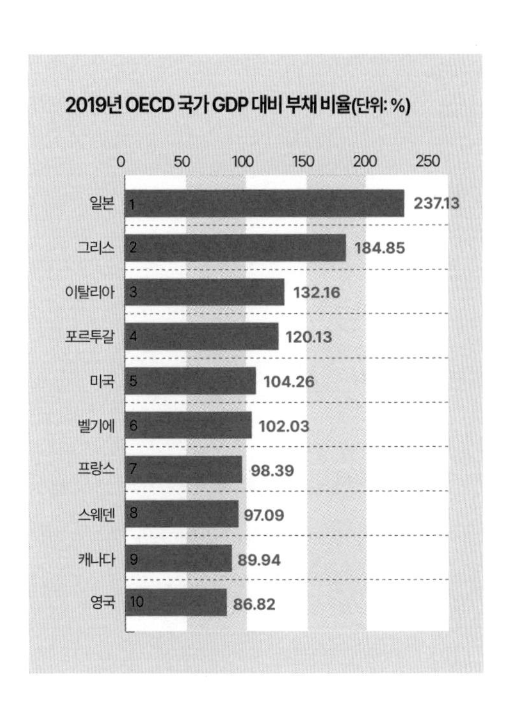

유로캐리트레이드와 우리나라 주가는 어떤 관계가 있을까?

금리를 따라가는 돈의 흐름

세계 경제에서 돈은 금리가 낮은 곳에서 높은 곳으로 이동합니다. 2008년 금융위기 직후 우리나라의 기준금리가 2%이고 유로존의 기준금리가 0%일 때, 유로캐리트레이드가 활발하게 발생했습니다. 유로캐리트레이드란 금리가 낮은 유로존에서 유로를 빌려 금리가 높은 곳에 투자하는 것을 말합니다. 당시 한국은행도 경기를 살리기 위해 금리를 역대 최저인 2%로 내렸지만 0%인 유럽에 비하면 고금리였습니다.

보통 경기침체나 경제위기가 발생하면 우리나라에서도 돈이 빠져나가 환율이 상승합니다. 우리나라에서 돈이 빠져나갔다는 것은 많은 사람들이 원화를 팔고 다른 나라 돈으로 바꾸었다는 것을 의미합니다. 무엇인가를 파는 사람이 많을수록 그 자산의 가치는 하락합니다. 따라서 원화가치가 하락하고 상대적으로 달러가치, 즉 환율이 상승합니다.

금융위기 당시 우리나라에서도 돈이 빠져나가면서 환율이 한때 1,500원을 넘어섰습니다. 그런데 당시 우리나라의 금리가 높아 대규모 달러캐리트레이드와 유로캐리트레이드가 발생하면서 환율 상승을 억제시켜주었습니다.

2022년에는 인플레이션을 억제시키기 위해 여러 나라가 금리를 인상했습니다. 유로존도 0%였던 기준금리를 많이 올렸습니다. 그럼에도 유로존의 금리는 미국이나 영국보다도 여전히 낮습니다. 만약 유로존의 금리가 다른 나라들에 비해 낮은 상태가 지속되거나 더 벌어진다면 시장에서 유로캐리트레이드가 활발히 발생할 수 있습니다.

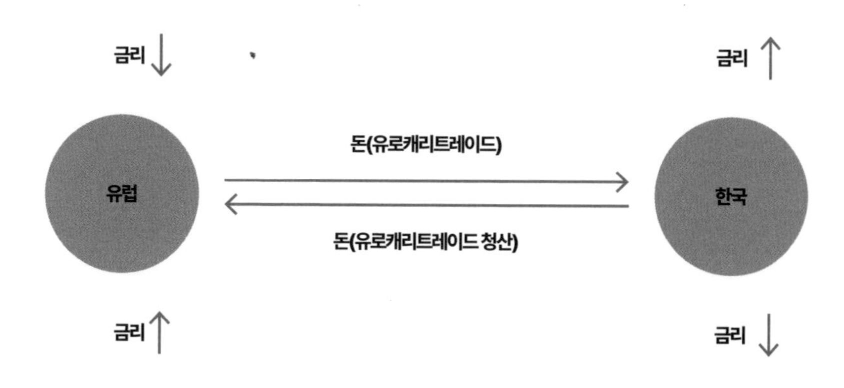

유로캐리트레이드가 대규모로 발생하면 유로화의 가치는 더욱 하락할 것입니다. 유로캐리트레이드를 하기 위해 유로화를 팔고 달러와 같은 다른 나라의 통화를 사야 하기 때문입니다. 유로화를 파는 사람들이 많아질수록 유로화 공급이 늘어나 통화가치가 하락합니다.

만약 유로캐리트레이드 자금이 우리나라에 대규모로 들어온다면 우리나라의 자산가격이 상승할 수 있습니다. 예를 들어 유로캐리트레이드 자금이 국내에 들어와 주식을 대거 매입한다면 주식 가격이 오릅니다. 앞서 말했듯 가까운 미래에 유로존이 큰 폭으로 금리를 인상하는 것은 어렵습니다. 유로존의 기준금리에 관심을 기울이고 유로존의 자금이 어디로 이동할지 예상해보는 것도 흥미진진할 것입니다.

극우 정치인들의 인기가 유로존 탈퇴로 이어질까?

프랑스는 통합의 길을 걸어가고 있을까?

프랑스는 유로존에서 독일 다음으로 경제 규모가 큰 나라입니다. 넘버 2인 프랑스는 탈퇴와 통합 중 어느 길을 가고 있을까요?

현재 프랑스 대통령은 에마뉘엘 마크롱입니다. 그는 2022년 대선에서 승리해 연임에 성공했습니다. 1977년생의 매우 젊은 정치인인 마크롱은 유로존 잔류와 통합을 주장하고 있습니다. 마크롱의 당선을 가장 반기는 나라는 역시 유럽통합을 주장하는 독일입니다. 올라프 숄츠 독일 총리는 마크롱의 당선이 확정된 이후 외국 정상 중 가장 먼저 축하 전화를 했습니다. 그는 마크롱의 당선을 "유럽의 승리"라고 표현했습니다.

그러나 프랑스에서 마크롱의 인기는 예전 같지 않습니다. 그의 가장 강력한 경쟁 상대인 마린 르펜의 지지율이 약진했기 때문입니다. 르펜은 2017년 대선에서 33% 득표율에 머무르며 마크롱에게 패했습니다. 그러나 2022년에는 41%의 득표율을 기록하며 상승세임을 증명했습니다.

르펜은 프랑스가 유로존을 탈퇴하고 프랑화로 복귀해야 한다고 주장했습니다. 그리고 유럽 국가들의 집단방위조약인 나토(NATO, 북대서양조약기구)에서도 탈퇴해야 한다고 말했습니다.

르펜이 유로존 탈퇴, 즉 프렉시트를 주장한 가장 큰 이유는 유로화 때문입니다. 프랑스는 유로화를 사용하면서 프랑화를 사용하던 시절보다 통화가치가 올라갔습니다. 독일이 유로화를 사용하면서 통화가치가 하락해 득을 본 것과 달리 프랑스는 수출을 할 때 상품 가격이 비싸져 손해를 본 것입니다.

이 문제를 해결하려면 중앙은행이 금리를 내리거나 돈을 찍어 통화가치를 내려야 하지만 앞서 말했듯 프랑스는 독자적인 통화정책을 쓸 수 없습니다. 따라서 르펜은 유로존을 탈퇴하고 다시 프랑화로 돌아가 통화가치를 내리자고 주장한 것입니다.

역사에 가정은 무의미하다고 하지만 만약 르펜이 대선에서 승리했다면 어떤 일이 벌어졌을까요? 르펜은 영국이 브렉시트를 결정했을 때처럼 프렉시트 여부를 국민투표를 통해 결정하겠다고 했습니다.

유로존 국가들에게 프렉시트는 브렉시트보다 훨씬 충격적인 사건입니다. 영국은 유로존에 가입하지 않았고 유로화도 사용하지 않기 때문에 유로존과 직접적인 이해관계가 있다고 보기 어렵습니다. 반면 유로화를 사용하는 프랑스는 유로존에서 독일 다음으로 경제 규모가 큰 나라입니다. 만약 프렉시트가 결정된다면 전 세계 금융시장과 세계 경제는 혼돈과 불확실성에 빠져들 가능성이 큽니다. 프렉시트가 유로존 붕괴로 직결될 수 있기 때문입니다.

르펜은 심기일전해서 2027년 대선을 준비하고 있습니다. 르펜은 상승세를 이어가 삼세번의 도전 끝에 대권을 잡을 수 있을까요? 다음 대선에서 프랑스 사람들이 어떤 선택을 하느냐에 따라 프랑스와 유로존의 운명이 달라질 것입니다.

총체적 난국의 이탈리아

이탈리아는 유로존에서 독일, 프랑스에 이어 세 번째로 경제 규모가 큰 나라입니다. 그러나 경제 규모만 가지고 이탈리아를 판단해서는 안 됩니다. 이탈리아 경제가 많은 어려움을 겪고 있기 때문입니다. 코로나19 이전에도 이탈리아의 국가부채는 GDP의 130%를 훌쩍 넘어갔고, 경제성장률이 마이너스에서 1%대를 전전했습니다. 저성장을 거듭하면서 인당 GDP도 20년 동안 정체되어 있었습니다. 겉모습은 화려해 보이지만 속은 상할 대로 상해 있었죠.

가뜩이나 어려웠던 이탈리아 경제에 2020년 코로나19는 치명상을 가했습니다. 특히 이탈리아는 전 세계에서 코로나19 바이러스 확산세가 가장 빨랐습니다. 2020년 이탈리아의 경제성장률은 −9%였고, 실업률은 10%를 돌파했으며, GDP 대비 국가부채 비율도 150%를 넘었습니다.

그렇다면 이탈리아 경제는 처음부터 어려웠을까요? 그렇지 않습니다. 그간 이탈리아는 의류, 가죽 등 경공업 위주의 제조업이 발달하며 높은 경제 성장을 이루었습니다. 많은 사람들이 이탈리아에서 만든 옷과 신발, 가방을 구입했죠.

그런데 1980년대에 중국이 자본주의를 받아들이고 시장을 개방하면서 저렴한 경공업 제품을 만들기 시작했습니다. 그리고 1990년대에 소련 붕괴 후 자본주의를 받아들인 동유럽 국가들도 값싼 노동력을 이용해 경공업을 발전시켰습니다. 반면 이탈리아의 인건비는 상대적으로 비싸 가격 경쟁력을 잃었고, 경공업이 점차 쇠퇴했습니다. 믿었던 경공업의 쇠퇴는 이탈리아에 저성장의 시련을 안겨주었습니다.

보통 주력 산업이 쇠퇴하면 다른 산업에 눈을 돌려 새로운 부가가치를 찾아야 합니다. 그러려면 어떻게 해야 할까요? 새로운 산업과 기술에 대한 연구, 즉 R&D 투자가 반드시 필요합니다. 그러나 이탈리아는 이러한 노력을 게을리했습니다. 대부분의 이탈리아 기업이 과감한 R&D 투자를 하기 어려운 중소기업이었기 때문입니다. 기업 내에 돈이 없으면 해외에서 투자를 받아 R&D 비용을 충당해야 하는데, 중소기업의 특성상 가족 중심 경영으로 인해 지배구조가 폐쇄적이고 투명하지 않은 경우가 많아 이마저도 쉽지 않았습니다.

북부 공업 지역과 남부 지역의 소득 격차가 큰 것도 문제입니다. 북부 지역은 잘사는 사람들이 많아 세금도 많이 걷히고 풍족하지만 남부 지역은 세수도 부족하고 열악합니다. 따라서 중앙정부는 남부 지역의 경제를 살리기 위해 지속적으로 재정을 투입해야 했습니다.

또한 경공업이 쇠퇴하고 금융위기로 세계 경제가 침체한 점도 더 많은 돈이 필요하게 된 원인이 되었습니다. 결국 정부는 국채를 발행해 필요한 돈을 마련해야 했고, 그 결과 이탈리아의 GDP 대비 정부부채 비율은 일본, 그리스에 이어 전 세계에서 세 번째로 많아졌습니다.

먹고살기 힘들수록 현재 속해 있는 집단에 불만이 많아지는 법입니다. 특히 같은 집단 내에서 누구는 점점 부자가 되는데 자신은 점점 가난해진다면 그 불만은 더욱 커질 수밖에 없습니다. 이탈리아에서도 유로존과 EU에 대한 불만이 점점 커졌습니다.

현재 이탈리아의 총리는 '여자 무솔리니', '유럽에서 가장 위험한 여인'

이라 불리는 조르자 멜로니입니다. 그녀는 10여 년간 "지금 시대는 이탈리아가 유로존을 떠나야 한다고 말하고 있다" 등의 발언을 하며 이탈리아는 유로존을 떠나야 한다고 주장했습니다.

2021년에는 "이탈리아가 유로존을 떠날 필요는 없다"라고 말하며 다소 누그러진 입장을 밝혔지만 그동안 줄기차게 유로존 탈퇴를 주장해온 만큼 진정성을 의심하는 사람들도 많습니다.

유로존 탈퇴의 현실적인 어려움은?

프랑스의 르펜과 이탈리아의 멜로니는 다소 극단적인 주장을 하는 극우 정치인입니다. 이들은 모두 유로존과 EU에 부정적인 시각을 가지고 있습니다. 이들의 인기가 높다는 것은 유로존 내에서 유로존과 EU에 불만을 가진 사람들이 많다는 것을 말해줍니다.

그러나 현실적으로 유로존과 EU 탈퇴가 쉽게 이루어지기는 어렵습니다. 코로나19 이후 EU로부터 재정 지원을 받고 있기 때문이죠. 특히 이탈리아는 EU로부터 2026년까지 1,915억 유로를 지원받기로 했습니다. 그러한 지원이 끊긴다면 이탈리아 경제는 더욱 힘들어질 가능성이 큽니다.

먼저 EU를 탈퇴한 영국이 정치적 혼란을 겪었던 것도 유로존과 EU 탈퇴를 어렵게 만드는 점입니다. 영국은 브렉시트 이후 총리가 무려 네 번이나 바뀌었습니다(테레사 메이, 모리스 존슨, 리즈 트러스, 리시 수낙 등). 이 중 4년을 넘긴 총리는 아무도 없으며, 리즈 트러스는 재임 기간이 49일에 불과했습니다. 과거 데이비드 캐머런(6년)과 토니 블레어(10년)와 비교하면 영국의 정치 상황이 얼마나 혼란스러웠는지 알 수 있습니다.

유로존 국가들 역시 유로존과 EU를 탈퇴하면 영국과 같은 정치적 혼란이 찾아오지 말라는 법이 없습니다. 정권을 안정시키고 유지시키고 싶은 정치인들에게 이러한 혼란은 반갑지 않을 것입니다.

유로화는 어떻게 탄생했을까?

브레튼우즈 체제에서 킹스턴 체제까지

유럽의 가장 큰 골칫덩이인 PIGS는 모두 유로화를 사용하는 유로존 국가입니다. 앞서 이 나라들이 유로화를 사용하게 되면서 독자적인 통화정책을 포기해야 했다는 것을 배웠습니다. 그렇다면 유로존 국가들은 왜 통화주권을 포기하면서까지 유로화를 사용하는 것일까요? 유로화가 만들어진 경로를 살펴보도록 하겠습니다.

유로화의 생일은 1999년 1월 1일입니다. 갓 태어난 유로화는 문서로만 존재하는 통화였습니다. 이후 유로화는 지폐와 동전으로 발행되었고, 2002년부터는 유로존의 단일통화로 본격적으로 사용되기 시작했습니다. 역사가 그리 오래되지는 않았죠.

유로화가 나오기 전 유럽 각국은 독일의 마르크, 프랑스의 프랑 등 자국의 통화를 사용했습니다. 그런데 왜 유로존은 단일통화인 유로화를 사용하게 된 것일까요? 그 이유를 알기 위해서는 달러와의 환율이 고정환율에서 변동환율로 변해가는 과정을 이해해야 합니다.

1944년 미국의 브레튼우즈에 모인 서방 44개국 지도자들은 ① 달러를 전 세계 기축통화로 사용하고, ② 달러 발권국은 미국으로 하며, ③ 금 1온스를 35달러로 바꿔주고, ④ 각국 통화를 달러와 고정환율로 묶는 결정을 했습니다. '브레튼우즈 체제'가 시작된 것입니다.

그런데 1971년 미국의 리처드 닉슨 대통령이 달러를 금으로 바꿔주는 것을 중지하면서 브레튼우즈 체제가 붕괴되었습니다. 사실 달러를 믿고 사용한 이유는 금으로 바꿔주기 때문이었습니다. 더 이상 금으로 바꿔주지 않는 달러는 다른 통화와 다를 것이 없었습니다. 따라서 고정환율을 해야 하는 명분도 사라지게 되었죠. 고정환율에서 변동환율로 갈 수 있는 길이 열린 것입니다.

갑작스러운 금 태환 중지로 인한 혼란을 최소화하기 위해 10개국 재무 담당자가 미국의 스미소니언 박물관에 모여 금 1온스를 38달러로 바꿔주기로 합의했습니다. 궁여지책으로 달러가치를 떨어뜨린 것입니다. 이후 달러가치는 금 1온스에 42달러까지 하락했습니다. 이것을 '스미소니언 체제'라고 합니다.

그러나 스미소니언 체제는 임시방편에 불과했습니다. 이러한 합의가 무색하게 1973년 즈음 많은 나라가 이미 변동환율로 이행한 상태였습니다. 결국 1976년에 열린 IMF위원회에서 각국 중앙은행의 개입을 강화하고 변동환율제를 유지하기로 합의했습니다. '변동환율을 하고 싶으면 눈치 보지 말고 마음껏 하라'라는 것이었죠. 당시 IMF위원회가 자메이카의 수도 킹스턴에서 열렸다고 해서 이를 '킹스턴 체제'라고 부릅니다.

유럽통화협정에서 유럽통화시스템까지

이와 같이 브레튼우즈 체제에서 스미소니언 체제를 거쳐 킹스턴 체제에 이르면서 고정환율에서 변동환율로 이행하게 되자, 이러한 흐름에 발맞춰 유럽의 환율 메커니즘도 변화해나갔습니다.

1958년 유럽은 유럽통화협정(EMA, European Monetary Agreement)을 발족했습니다. EMA 내 역내국들끼리 고정환율을 사용하고 달러와 역내국들의 통화도 고정환율로 묶는 내용이었습니다. 이와 같이 유럽이 고정환율을 사용한 것은 브레튼우즈 체제의 영향 때문이었습니다.

유럽통화협정은 1973년 공동변동환율시스템(JFS, Joint Floating System)으로 바뀌었습니다. 역내국들은 유럽통화협정처럼 고정환율을 사용하지만 이전과 가장 다른 점은 역내국들의 통화와 달러가 변동환율을 사용한다는 것이었습니다. 역내국들이 고정환율로 똘똘 뭉쳐 있는 상태에서 달러와 변동환율을 사용한다고 해서 '공동변동환율시스템'이라고 합니다. 이처럼 고정환율에서 변동환율로 한 걸음 더 나아가게 된 것은 닉슨의 금 태환 중지로 만들어진 스미소니언 체제의 영향 때문이었습니다.

1979년 공동변동환율시스템은 유럽통화시스템(EMS, European Monetary System)으로 변경되면서 변동환율의 성격이 더욱 강해졌습니다. 달러와는 변동환율을 사용하고 역내국들끼리 고정환율을 유지한 점은 이전의 공동변동환율시스템과 같았습니다. 그러나 역내국 간 ±2.25%였던 고정환율의 오차 범위가 최대 ±6%까지로 커지면서 이전보다 환율 변동성이 커졌습니다. 그로 인해 달러와 공동으로 변동환율을 사용하던 전과 달리, 각국의 통화가 각각 변동환율을 사용할 수 있게 되었습니다. 이러한 유럽통화시스템에는 킹스턴 체제가 영향을 미쳤습니다.

고정환율의 문제점은 무엇이었을까?

유럽통화시스템에 이르는 동안 환율 변동성이 커지긴 했지만 역내국끼리 고정환율을 사용한다는 사실은 변함이 없었습니다. 고정환율을 사용하면 환율 차이로 인한 이익(환차익)이나 손실(환차손)이 발생하지 않으므로 보다 안정적인 거래가 가능합니다. 따라서 고정환율을 사용하는 역내국들끼리의 거래가 활성화될 수 있습니다. 그러나 고정환율은 치명적인 문제점도 가지고 있습니다.

대개 사람들은 잘나가는 나라의 통화를 가지고 싶어 합니다. 따라서 경기가 침체되거나 경제 상황이 좋지 않은 나라의 통화는 인기가 없어 통화가치가 하락합니다. 그런데 인생을 살다 보면 행복한 일도 있지만 어려움도 닥치듯 국가 경제도 늘 좋을 수만은 없습니다. 어려움이 빨리 오느냐 늦게 오느냐의 차이일 뿐, 언젠가는 통화가치가 하락하는 날이 오게 되어 있습니다.

그런데 여러 나라가 고정환율을 사용한다는 것은 어느 한 나라의 통화가치만 하락할 수 없다는 것을 의미합니다. 만약 어느 나라의 통화가치가 하락한다면 고정환율을 유지해야 하므로 인위적으로 통화가치를 올려주어야만 합니다.

인위적으로 자국의 통화가치를 올리는 방법은 크게 두 가지입니다. 첫 번째 방법은 금리를 올리는 것입니다. 금리를 올리면 통화량이 줄어들면서 자국의 통화가치가 상승합니다. 두 번째 방법은 외환보유고의 달러를 외환시장에 풀어 자국 통화를 매입하는 것입니다. 이 경우, 달러 공급량이 많아지고 자국 통화 수요가 많아지면서 자국의 통화가치가 상승합니다.

금리를 올리면 경기가 침체되는 디플레이션이 발생할 수 있습니다. 통화가치를 상승시키기 위해 허리띠를 졸라 매야 하는 것입니다. 외환보유고의 달러를 풀어 자국 통화를 매입하는 방법 역시 외환보유고가 고갈될 수 있는 위험을 안고 있습니다. 이 경우 잘못하면 외환위기로 이어져 구제금융을 받아야 하는 처지에 놓일 수도 있습니다. 우리나라도 1997년에 외환보유고가 바닥나 IMF의 구제금융을 받은 경험이 있습니다. 결국 역내국들은 어느 시점에서 자국의 통화가치를 올리기 위해 경기침체나 외환위기라는 반갑지 않은 선택지를 강요받는 것입니다.

자국의 통화가치를 올리는 방법
1. 금리인상 → 경기침체
2. 달러를 풀어 자국 통화 매입 → 외환보유고 고갈 → 외환위기

영국은 왜 유로화를 사용하지 않을까?

가장 대표적인 사례가 영국입니다. 영국은 1990년 유럽환율 메커니즘인 유럽통화시스템(EMS)에 가입했습니다. EMS에 가입했으니 달러와는 변동환율을 사용할 수 있지만 역내국과는 고정환율을 유지해야 했습니다.

그런데 같은 해에 독일이 통일하면서 기준금리를 대폭 인상했습니다. 독일은 왜 금리를 올렸을까요? 독일은 통일 후 두 가지 공약을 내걸었습니다. 동독의 복지 수준을 5년 이내에 서독과 동일하게 맞추는 것과 동독 돈을 가지고 오면 서독 돈과 일대일로 교환해주는 것이 그 내용이었습니다. 두 가지 공약의 공통점은 많은 돈이 필요하다는 것입니다. 결국 독일은 이 돈을 마련하기 위해 마르크화를 엄청나게 찍어내야 했습니다.

그런데 마르크화가 많아지면 현금가치가 크게 하락해 물가가 미친 듯이 치솟는 하이퍼인플레이션이 발생할 수 있습니다. 독일은 이미 하이퍼인플레이션을 몸소 체험한 경험이 있어 어떻게 해서든 인플레이션을 억제시키려 했습니다. 그러려면 자국의 통화가치를 상승시켜야 했고, 결국 금리를 인상한 것입니다.

그런데 독일이 통화가치를 상승시키면 영국도 통화가치를 올려야 했습니다. EMS 회원국으로 고정환율을 유지해야 했기 때문이죠. 그러려면 독일처럼 금리를 올리거나 외환보유고를 풀어 자국 통화를 매입해야 했습니다. 당시 오랫동안 고금리를 유지해왔던 영국은 전자가 아닌 후자를 선택했습니다. 이때부터 영국의 비극이 시작되었습니다.

헤지펀드 매니저의 대부 조지 소로스는 영국이 외환보유고를 풀 것을 예상해 미리 파운드화를 모았습니다. 영국은 외환시장에서 달러를 팔고 파운드화를 샀습니다. 그런데 소로스는 파운드화를 팔고 달러를 사들였습니다. 영국을 대상으로 싸움을 건 것이죠. 영국 입장에서는 달러를 팔고 파운드화를 사야 파운드화가치가 올라가는데, 그는 파운드화를 팔고 달러를 사들이니 답답하고 기가 막힐 노릇이었습니다.

총알이 더 많은 쪽이 이기는 이 싸움의 승자는 과연 누구였을까요? 바로 소로스였습니다. 그는 1992년 9월 15일과 16일 이틀 동안의 전투에서 약 10억 달러의 수익을 챙겼습니다. 일당 5억 달러의 초단기 계약직이었던 셈입니다.

반면 영국은 외환보유고의 달러를 쏟아부었으나 파운드화의 가치 방어에 실패했습니다. 소로스로 인해 오히려 파운드화가 폭락하자 영국은 고정환율을 유지하기 위해 9월 16일 기준금리를 두 차례나 인상해야 했습니다. 그럼에도 영국은 결국 버티지 못하고 1992년 9월 16일 EMS를 탈퇴해야 했습니다. 그날이 수요일이었기 때문에 이 사건을 '검은 수요일'이라 부릅니다.

영국은 '검은 수요일'이 트라우마로 남아 그 후로 독자생존의 길을 걸었습니다. 고정환율 체제인 유로존에도 가입하지 않았습니다. 영국이 지금까지도 유로화가 아닌 파운드화를 쓰는 이유입니다.

유로화와 유로존이 탄생하다

영국의 '검은 수요일'은 EMS 내 다른 역내국들에게도 큰 영향을 미쳤습니다. 언젠가는 영국처럼 통화가치를 올리기 위해 외환보유고를 건드려야 하는 날이 올 것이기 때문입니다. 빨리 오느냐 늦게 오느냐의 차이일 뿐, 외환위기가 찾아오는 것은 시간문제였습니다. 그렇다고 주구장창 금리만 계속 올리면 내수경제가 박살나니 그럴 수도 없는 노릇이었습니다.

그렇다면 이를 모두 피해갈 수 있는 방법은 없을까요? 가장 깔끔한 방법은 고정환율을 포기하는 것입니다. 이럴 경우 달러와 개별 변동하고 역내국들끼리도 변동환율을 사용하게 되니 역내국으로 뭉쳐 있어야 할 이유가 없죠. 각자도생의 길을 가는 것입니다.

그런데 유럽 국가들은 고정환율을 포기하고 싶지는 않았습니다. 역내국에 속해 있음으로써 얻을 수 있는 이익이 많았기 때문이죠. 그렇다면 고정환율을 유지하면서도 경기침체와 외환위기를 피해 가려면 어떻게 해야 할까요? 이때 떠오르는 방법은 한 가지입니다. 더 이상 각국의 통화를 사용할 것이 아니라 한 개의 통화, 즉 단일통화를 사용하는 것입니다. 이럴 경우 고정환율을 유지할 수 있고, 통화가치가 하락해도 개별 국가가 금리를 올리거나 외환보유고를 풀지 않아도 됩니다. 단일통화에 대한 공감대는 시간이 지나면서 점점 커졌고, 그 결과물로 유로화가 만들어졌습니다. 그리고 유로화를 사용하는 유로존이 형성되었죠.

이렇게 유로화는 역내국들이 당면한 문제를 해결하기 위해 만들어졌습니다. 그러나 유로화는 만병통치약이 아니었기에 점차 부작용이 나타났습니다. 그때까지는 유로화 때문에 유럽 전체가 흔들릴 새로운 문제가 생겨날 것이라고는 미처 생각하지 못했을 것입니다.

영국은 왜 브렉시트를 선택했을까?

판을 뒤엎은 영국의 국민투표

2016년 6월, 유럽은 충격적인 소식을 접해야 했습니다. 영국이 국민투표에서 유럽연합 탈퇴, 즉 브렉시트를 결정한 것입니다. 영국의 데이비드 캐머런 총리가 처음 국민투표를 제안했을 때만 하더라도 유럽연합에 잔류하자는 의견이 훨씬 많았습니다. 그러나 이후 탈퇴하자는 여론이 커졌고, 결국 브렉시트가 결정되었습니다.

영국인들은 왜 브렉시트를 선택했을까요? 가장 큰 이유는 유로존의 재정위기입니다. 유로존이란 유럽연합 내에서 유로화를 국가통화로 쓰는 나라들을 말합니다. 유럽연합 내에서도 유로화를 사용하지 않는 나라들이 있는데, 대표적인 국가가 영국입니다. 영국은 자국의 통화인 파운드화를 사용합니다. 따라서 유로화를 사용하는 유로존 국가들보다는 유대관계가 느슨할 수밖에 없죠.

그런데 금융위기 이후 유로존에 재정위기가 발생하면서 유럽연합은 그리스, 이탈리아 등의 나라들을 도와주기 위해 분담금을 걷었습니다. GDP가 세계 5위인 영국은 경제 규모가 큰 만큼 독일 다음으로 많은 분담금을 냈지만 그에 비해 돌려받는 혜택은 적었습니다. '유로존 문제는 유로존이 해결하고 분담금은 영국인들을 위해 쓰자'라는 여론이 커진 이유입니다. 명절 때만 가끔 보는 먼 친척을 도와주기보다 그 돈을 우리 집 아이를 위해 쓰자는 것이죠.

이민자와 난민 문제도 브렉시트를 부추겼습니다. 먹고살기 어려운 유럽연합 회원국 사람들이 지속적으로 영국으로 들어와 저임금 일자리를 차지했습니다. 영국인들이 이들과의 일자리 경쟁에서 이기려면 더 낮은 임금을 감수해야 합니다. 이러한 이민자들의 수는 이미 300만 명이 넘으며, 영국 인구의 5% 정도를 차지합니다. 강원도의 인구가 우리나라 전체 인구의 약 3%를 차지하니 5%가 결코 적은 인구는 아닙니다.

게다가 유럽연합이 시리아전쟁으로 발생한 대규모 난민들을 수용하기로 결정하면서 영국에도 난민들이 들어왔습니다. '난민들이 많아질수록 일자리 경쟁은 더욱 치열해질 것이다', '난민들의 정착을 돕는 데 우리의 세금이 사용될 것이다'라는 여론이 형성되었습니다.

이러한 영국인들의 고립주의 성향과 반(反)이민주의는 자유무역과 기존 체제에 대한 반발에서 비롯되었습니다. 자유무역이 확산되고 2008년 금융위기를 거치는 동안 양극화가 심해지면서 중·하층 시민들의 살림살이는 크게 나아지지 않았습니다. 그리고 이민자들이 영국에 쉽게 들어올 수 있었던 이유도 자유무역으로 인해 노동이동이 활발해졌기 때문입니다.

결국 브렉시트는 당장 살림살이가 어려워진 중·하층 시민들이 기존 체제와 자유무역에 대한 불만을 투표로 폭발시킨 사건입니다. 그리고 브렉시트가 촉발시킨 불만의 도화선은 여러 나라로 퍼져나가 유럽의 정치 지형을 바꿔놓았을 뿐만 아니라 미국에서 자유무역을 반대하고 기존 정치 세력을 비난하던 도널드 트럼프의 대통령 당선으로까지 이어졌습니다.

브렉시트 이후의 영국

브렉시트가 결정되면서 영국의 미래가 불확실해지자 영국의 통화인 파운드화의 가치도 크게 하락했습니다. 사람들은 불안한 나라의 통화보다는 안정적이고 잘나가는 나라의 통화를 가지고 싶어 합니다. 따라서 불확실성이 커진 영국의 파운드화를 파는 사람들이 많아졌고, 파운드화의 가치는 점점 내려갔습니다.

파운드화가 하락하면 영국 경제에 좋은 점도 있습니다. 수출 시 영국 제품의 가격이 내려가 더 많이 팔릴 수 있다는 점입니다. 영국 여행 비용도 저렴해져 더 많은 관광객이 영국을 찾아올 수도 있습니다.

그러나 파운드화가치가 하락하면 영국의 금융 산업에는 큰 타격을 줄 수 있습니다. 영국 금융 산업의 근간은 파운드화의 수출입니다. 파운드화는 달러, 유로, 엔화와 더불어 세계 4대 기축통화라 불리는 국제적인 통화입니다.

사람들이 물건을 살 때는 저렴한 것을 찾습니다. 그러나 제조업 상품과 달리 통화는 가치가 높아야 많이 팔립니다. 싸구려 통화보다 비싼 통화를 선호하기 때문이죠. 비싼 통화를 가지고 있어야 자국의 통화나 다른 나라의 통화로 교환할 때 더 많은 돈을 받을 수 있습니다.

따라서 파운드화의 가치 하락이 지속된다면 파운드화의 수출에 차질이 생기게 되고 영국의 금융 산업도 타격이 불가피합니다. 영국의 GDP에서 금융 산업이 차지하는 비중은 무려 10%에 달합니다. 영국 정부가 파운드화의 가치 하락을 좌시할 수 없는 이유입니다.

게다가 영국의 런던은 브렉시트 이전 유럽의 금융허브로서 유로화 금융 거래의 대부분을 담당했던 곳입니다. 그런데 브렉시트로 인해 유럽연합에서 제공하던 혜택이 사라지면서 런던에 본사를 둔 금융기관들이 대거 빠져나갈 가능성이 커졌습니다. 영국 금융 산업의 미래가 긍정적이지 않은 것입니다.

따라서 영국은 파운드화의 가치를 인위적으로 끌어올려야 하는 상황에 처할 수도 있습니다. 파운드화의 가치를 올리는 방법은 두 가지입니다. 첫 번째 방법은 금리를 올리는 것입니다. 금리를 올리면 통화량이 줄어들면서 통화가치가 상승합니다. 두 번째 방법은 외환보유고의 달러를 풀어 파운드화를 매입하는 것입니다. 외환시장에 달러가 많아지니 달러가치는 하락하고, 파운드화를 사들이니 파운드화 수요가 많아져 파운드화가치가 상승합니다.

그런데 두 가지 방법 모두 부작용을 감수해야 합니다. 금리를 올리면 현금가치는 상승하지만 물가가 하락해 경기가 침체하는 디플레이션이 발생할 수 있습니다. 그리고 외환보유고의 달러를 풀면 외환보유고가 바닥나 외환위기로 이어질 위험이 있습니다. 우리나라도 1997년에 외환보유고가 고갈되어 IMF라는 혹독한 대가를 치른 적이 있습니다. 어차피 둘 중 한 가지 부작용을 감수해야 한다면 외환보유고가 바닥나는 것보다는 허리띠를 졸라 매는 편이 낫습니다.

영국은 브렉시트로 EU와의 관계를 재설정하는 작업을 해야 했습니다. 수출입 절차에서 무관세는 유지되었지만 기존에 없었던 각종 통관 절차가 생겨났습니다. 그리고 EU 탈퇴 전에는 영국의 금융사가 다른 나라의 인허가 없이도 유럽 전역에 금융상품을 판매할 수 있었습니다. 영국의 런던이 '유럽의 입구'라 불리며 금융의 허브 역할을 했던 것도 이 때문입니다. 그러나 브렉시트 이후 이러한 패스포팅도 불확실해졌습니다.

불확실성이 커지면서 브렉시트 이후 영국의 성장성은 더욱 낮아졌습니다. 브렉시트가 결정된 2016년 영국의 경제성장률은 2.3%였습니다. 이후 2017년 2.1% 2018~2019년 1.7%로 하락을 거듭했습니다. 브렉시트 이후 영국의 경제 상황이 녹록지 않았음을 알 수 있습니다.

2022년 강력한 인플레이션이 발생하면서 세계 주요 국가들이 금리를 인상했습니다. 영국 역시 기준금리 인상을 단행했고, 유로존과 일본보다 높은 기준금리를 유지하고 있습니다. 그런데 경기가 상승하지 못하는 상황에서 금리를 올리면 내수경제가 더욱 침체될 수 있습니다. 그래서 일본은 금리를 올리지 못하고 있고, 유로존 역시 금리 인상 폭이 제한적입니다. 그런데 영국은 일본과 유로존처럼 초저성장임에도 불구하고 이들보다 높은 금리를 유지하고 있습니다(표). 영국이 경제성장률이 비슷한 다른 나라들에 비해 금리가 높은 이유는 영국의 주력 산업인 파운드화의 수출을 위해 파운드화의 가치를 인위적으로 끌어올려야 하기 때문입니다.

세계 각국 중앙은행의 기준금리(2022년 12월 기준)

미국	4.5%
유로존	2.5%
영국	3.5%
일본	-0.1%

Common Sense Dictionary of Global Economy

4

넷째 마당

일본 경제

일본의 경제위기, 어디서 시작됐을까?

비극의 시작, 플라자합의

일본은 한때 GDP 2위 국가로서 미국에 도전할 수 있는 유일한 나라였습니다. 그러나 1990년대에 경기침체로 '잃어버린 30년'이 시작되면서 중국에 그 자리를 내주었죠. 당시 일본 경제의 붕괴는 세계적인 이슈였습니다. 1990년대에는 대지진이나 원전 사고가 아닌 일본의 경제침체가 메인 뉴스로 다루어질 정도였습니다. 잘나가던 일본 경제는 어떻게 하다 장기 침체의 길을 걷게 된 것일까요?

'잃어버린 30년'의 시작은 1985년 플라자합의였습니다. 현재 미국에 가장 많은 무역적자를 가져다주는 나라는 중국이지만 1985년까지만 해도 그 자리는 일본의 차지였습니다. 일본 제품의 미국 수출이 호조를 보인 것입니다. 특히 일본 자동차가 큰 인기를 끌었습니다. 1970년대에 두 차례의 오일쇼크로 물가가 오르는 동시에 경기가 침체하는 스태그플레이션에 빠지면서 미국인들은 크고 비싸며 기름을 많이 먹는 미국 자동차보다 작고 싸며 연비가 좋은 일본 자동차를 선호하게 되었죠.

미국이 무역적자를 해소하는 가장 좋은 방법은 제조업의 경쟁력을 향상시키는 것입니다. 그러나 하루아침에 기업들의 경쟁력이 좋아지기는 어렵습니다. 그런데 상대국의 통화가치를 인위적으로 올리면 미국 제품의 가격이 내려가 문제를 보다 쉽게 해결할 수 있습니다. 결국 미국은 뉴욕의 플라자호텔에서 일본의 엔화와 독일의 마르크화가치를 올려버리는 플라자합의를 단행했습니다. 이때부터 일본 경제의 비극이 시작되었습니다.

1985년 미국의 국가별 무역수지
(자료: IMF IFS)

국가	금액(백만 달러)	비중(%)
일본	-49,749	37.2
독일	-12,182	9.1
아프리카	-7,654	5.7
멕시코	-5,757	4.3
이탈리아	-5,756	4.3
프랑스	-3,864	2.9
중국	-369	0.3
총 무역수지	-133,648	

경제위기의 주범인 유동성 과잉이 찾아오다

플라자합의 이후 엔화가치는 일주일 만에 8% 상승했고, 3년 만에 두 배로 껑충 뛰었습니다. 반면 달러가치는 2년 만에 절반으로 하락했습니다.

엔화가치가 두 배로 올랐다는 것은 일본의 상품 가격도 두 배 가까이 오른다는 것을 의미하므로 수출 기업은 타격을 받을 수밖에 없었습니다. 일본의 경기침체는 예정된 수순이었습니다.

그런데 토요타, 혼다, 소니 등 당시 일본을 대표했던 제조업 기업들은 전성기 때만큼은 아니더라도 오늘날까지 여전히 글로벌 대기업으로서의 위상을 유지하고 있습니다. 일본 기업들은 어떻게 위기를 극복한 것일까요?

그 비결은 크게 두 가지로 요약할 수 있습니다. 첫째는 일본 기업들의 눈물겨운 비용 절감입니다. 매출이 줄면 비용을 줄여 이익을 보존해야 합니다. 일본 기업들은 인건비는 물론이고 '마른 수건을 더 짜내는' 노력으로 생산 관리 부분 비용을 절감해 생산원가를 낮추는 데 주력했습니다. 생산 비용을 줄여 가격을 조금이라도 낮추기 위해서였습니다.

둘째는 1993년에 있었던 NAFTA 체결입니다. NAFTA는 미국, 멕시코, 캐나다 간의 자유무역협정이지만 이 지역에서 일정 비율 이상 생산되는 제품은 NAFTA 제품으로 인정받아 북미 지역에서 자유무역이 가능했습니다. 일본 기업들은 멕시코와 미국의 국경지대에 공장을 설립해 상품을 생산했고, 이렇게 생산된 제품은 미국을 포함한 북미 지역에 관세 없이 수출이 가능했습니다. NAFTA가 일본 수출 기업들이 한숨 돌릴 수 있도록 해준 것입니다.

어쨌든 플라자합의 이후 일본은 돈을 풀어 침체된 경기를 살리고자 했습니다. 5%가 넘어가던 기준금리를 2.5%로 대폭 내리자 통화량이 늘어났고, 그로 인해 예부터 각종 경제위기를 몰고 다니던 유동성 과잉이 발생했습니다.

당시 일본에 돈이 많아지게 된 또 하나의 이유는 '블랙먼데이(검은 월요일)' 때문입니다. 블랙먼데이란 1987년 10월 19일 월요일, 미국의 주가가 폭락한 사태를 말합니다. 미국과 유럽의 금리인상으로 버블이 붕괴되면서 미국의 주가가 폭락했습니다. 깜짝 놀란 미국은 급격히 금리를 내렸고, 독일을 비롯한 유럽도 이에 동조해 서둘러 금리를 내렸습니다. 이와 같은 금리인하는 글로벌 유동성의 증가를 부추겼고, 이때 풀린 글로벌 자금이 일본으로 흘러들어온 것입니다.

엔고 현상으로 경기침체를 우려하던 일본은 어느새 돈이 넘치는 나라가 되었습니다. 심지어 도쿄 길거리를 배회하는 개들조차 주둥이에 1만엔짜리 지폐를 하나씩 물고 다닌다는 말이 있을 정도였죠.

해외로 진출한 와타나베 부인

우리나라에서는 주로 아내가 가정의 돈을 관리합니다. 남편이 돈 관리를 하는 비중은 전체 부부의 1/4도 되지 않습니다. 개인주의가 발달한 서양도 크게 다르지 않은 듯합니다. 유럽과 미국에서는 돈을 관리하는 여성을 각각 '소피아 부인', '스미스 부인'이라고 부릅니다. 그렇다면 일본은 어떨까요? 일본에서는 '와타나베 부인'이라고 부릅니다. 여성이 돈을 관리하는 것은 아무래도 세계적인 추세인 것 같습니다.

지금이야 일본인들이 저축을 많이 하지만 1980년대까지는 그렇지 않았습니다. 그야말로 돈을 펑펑 썼습니다. 와타나베 부인들은 돈이 없으면 은행에서 대출을 받아서라도 소비를 했습니다. 바꿔 말하면 은행에서 넘치는 돈을 주체하지 못하고 돈을 빌려주었다는 이야기입니다. 심지어 당시에는 LTV가 무려 120%였기 때문에 1억원짜리 집을 살 때 1억 2,000만원을 빌릴 수 있었습니다. 집값이 20% 넘게 오를 것이라는 확신 없이는 불가능한 일이었습니다. 상황이 이러하니 집을 여러 채 수집하는 사람들이 늘어났고, 투기 과열로 집값이 크게 올랐습니다.

일본의 주식시장도 뜨거웠습니다. 돈이 주식시장으로 대거 들어오면서 주가가 폭등했습니다. 한때 일본 기업들의 시가총액이 미국 기업들의 시가총액을 넘어설 정도였습니다. 일본 기업을 모두 팔면 미국 기업을 몽땅 사고도 남았던 것이죠. 유동성 과잉의 결과로 어김없이 자산버블이 생긴 것입니다.

일본인들이 자국에서만 돈을 쓴 것은 아닙니다. 와타나베 부인들이 해외로 진출하며 해외 부동산 투자 붐이 일어났습니다. 플라자합의로 엔화 가치가 두 배로 뛰면서 예전에는 미국의 주택을 한 채만 살 수 있었다면 이제는 같은 돈으로 두 채를 살 수 있게 되었기 때문입니다. 오늘날 중국인들이 우리나라의 제주도 땅과 호텔을 사들이듯 당시 일본인들은 하와이의 땅을 사들였습니다.

이때쯤부터 할리우드 영화에 일본인이 부자로 등장하는 장면이 나오기 시작했습니다. 그중 기억나는 영화가 〈로보캅 3〉입니다. 영화에서 일본 기업은 디트로이트시 전체를 사들여 기존 거주자들을 내쫓고 자신들이 원하는 도시를 건설하려 했습니다. 이때 로보캅이 일본 기업과 맞서 싸우며 도시를 지켜냈죠. 일제 사무라이 로봇과 미제 로보캅의 대결은 이 영화 최고의 하이라이트입니다. 설정이 다소 과하지만 일본인이 시 전체를 사들일 정도의 부자로 등장한다는 것에 주목할 필요가 있습니다.

자산버블이 붕괴되다

물가가 크게 오르자 일본은 물가를 조정해야 할 필요성을 느끼고 유동성을 회수하는 출구전략을 펼쳤습니다. 그러려면 금리를 인상해야 했습니다. 금리를 인상하면 통화량이 줄어들어 물가상승을 억제할 수 있기 때문입니다.

또한 당시 국제결제은행(BIS)이 은행의 지급준비율을 높여야 한다고 권고한 것도 금리인상에 영향을 미쳤습니다. 은행 자체적으로 가지고 있어야 하는 지급준비금의 비율을 높이려면 은행은 대출을 줄여야 합니다. 결국 금리를 올려야만 했고, 2.5%까지 내려갔던 기준금리는 1년 만에 6%까지 올라갔습니다.

금리가 급격하게 오르자 시중의 유동성도 급격히 회수되었습니다. 결국 1990년 일본 주가는 9개월 만에 반 토막이 났고, 버블이 붕괴되면서 자산가치도 폭락했습니다. 기업들의 시가총액(주식시장 가격의 총액)이 크게 줄면서 실업자가 양산되었고, 채무 회수가 제대로 되지 않아 은행들도 힘들어졌습니다. 대출을 받아 집을 여러 채 구매한 사람들은 집값이 폭락하면서 순식간에 빚더미에 올라앉았습니다. 그 당시 망한 일본인 중에 아직까지도 집을 구하지 못하고 월세를 전전하는 사람이 상당히 많습니다. 1990년은 일본인들의 낙관적 미래와 꿈을 박살내버렸을 뿐만 아니라 장기 불황의 신호탄이 되었습니다.

우리나라 경제 호황에 기여한 플라자합의

플라자합의는 일본 경제에는 악영향을 미쳤지만 우리나라 경제에는 호재로 작용해 1980년대 3저 호황의 밑거름이 되었습니다. 3저 호황이란 저금리, 저유가, 원저를 말합니다. 1970년대 오일쇼크의 여파로 상승했던 석유 가격이 1980년대에 하락하면서 수입 원자재 가격이 내려가 기업은 생산 비용을 낮출 수 있었습니다. 그리고 원화가치가 하락해 수출 상품 가격이 내려가면서 수출이 증가해 기업들의 매출이 증가했습니다.

석유 가격은 싸졌고 상품은 만들면 잘 팔리니 기업들은 상품을 더 많이 만들기 위해 공장을 더 짓거나 인수했습니다. 돈이 부족할 때는 대출을 받아 자금을 마련했습니다. 저금리였기 때문에 기업이 대출을 받는 것이 용이했죠. 공장을 지으면 일할 사람이 필요하기 때문에 고용도 활발하게 이루어졌습니다.

당시 원화가치가 내려간 이유는 플라자합의 때문이었습니다. 플라자합의로 엔화가치가 크게 상승하자 상대적으로 원화가치가 내려가 원저 현상이 발생한 것입니다. 플라자합의가 없었다면 우리나라의 3저 호황도 없었을 것입니다.

일본 경제,
유동성 함정에 빠지다

통화량의 종류

중앙은행은 돈을 풀어 중앙은행 밖으로 내보낼 수 있습니다. 이때 풀린 돈을 M0(본원통화)라고 합니다. 그런데 이렇게 풀린 돈이 곧바로 개인과 기업에 가지는 않습니다. 개인과 기업에 돈이 가려면 시중은행에서 대출이 발생해야 합니다. 대출을 통해 개인과 기업에게 간 돈은 돌고 돌아 다시 시중은행에 예금 형태로 들어오게 됩니다.

예금의 종류는 크게 요구불예금과 정기예금으로 나눌 수 있습니다. 요구불예금은 언제든지 빼서 현금처럼 쓸 수 있는 예금을 말합니다. 우리가 흔히 사용하는 체크카드를 떠올리면 됩니다. 체크카드의 특징은 언제든지 출금이 가능해 현금처럼 쓸 수 있지만 금리가 거의 없을 정도로 매우 낮다는 것입니다. 이와 같은 요구불예금에 M0를 합한 것을 M1(협의통화)이라고 합니다.

반면 정기예금은 정해진 기간 동안 예금하는 것으로, 해지하지 않는 한 인출이 불가능합니다. 예를 들어 A씨가 연 금리 2% 1년 만기 정기예금에 1,000만원을 예치했다고 가정해보겠습니다. 만기가 되기 전 A씨는 갑자기 돈이 필요해 300만원만 인출하고 싶지만 불가능합니다. 꼭 돈을 써야 한다면 해지해서 몽땅 찾는 수밖에 없습니다. 이 경우 A씨는 약속된 금리인 2%보다 낮은 금리를 적용받게 됩니다. 예금자가 먼저 약속을 어겼으니 페널티를 부과받는 셈입니다. 정기예금 등에 M1을 합한 것을 M2(광의통화)라고 부릅니다.

M1과 M2가 발생하는 데 반드시 필요한 과정이 바로 대출입니다. 대출이 늘어나 개인과 기업에 돈이 많이 갈수록 M1과 M2가 늘어납니다. 이와 같이 대출이 발생해 통화량이 늘어나는 것을 '신용이 창출되었다'라고 합니다. 즉, 신용 창출의 결과 M1과 M2가 발생하는 것입니다.

보통 중앙은행이 공급하는 M0가 늘어나면 M1과 M2도 덩달아 늘어납니다. 시중은행에 돈이 많아졌으니 은행도 대출을 더 해주려 할 것이고, 금리가 낮으니(중앙은행이 M0를 공급하기 위해 금리를 낮춤) 개인과 기업도 대출을 더 받으려 할 것이기 때문입니다.

M0: 본원통화
M1: 협의통화, 요구불예금 + M0
M2: 광의통화, 정기예금 + M1
M0↑ → M1, M2↑

유동성 함정이란?

그런데 중앙은행이 금리를 내려 M0를 공급해도 개인과 기업에 돈이 가지 않는 경우가 있습니다. 어떻게 이런 일이 발생하는 것일까요?

B씨는 20명의 직원을 둔 중소기업 CEO로, 홀로 창업해 회사를 잘 키워왔습니다. 현재 은행 금리는 낮은 상황이나 유감스럽게도 앞으로 불경기가 닥칠 것으로 예상됩니다. B씨는 금리가 낮지만 무리하게 대출을 받아 투자를 늘리기보다는, 회사에 남은 돈을 저축해 미래를 대비하거나 기존 대출금을 상환해 미래의 이자 부담을 줄이기로 결정했습니다.

사실 B씨는 창업했을 때만 해도 어떤 어려움이 닥쳐도 극복할 준비가 되어 있었고, 경쟁자들을 물리치고 성공할 자신이 있었습니다. '야수적 혈기(animal spirit)'가 매우 충만했죠. 그러나 불경기가 예상되자 이러한 야수적 혈기가 위축되어버렸습니다.

C씨는 한 가족의 가장입니다. 현재 은행의 대출금리는 낮지만 앞으로 불경기가 예상됩니다. C씨 역시 대출을 받아 소비를 늘리기보다는 저축을 하거나 대출금을 갚아 미래를 대비하기로 마음먹었습니다.

D씨는 은행의 대출 담당자로, 기업대출과 가계대출 모두 그의 손을 거쳐 나가고 있습니다. D씨는 불경기가 예상되자 대출을 전보다 깐깐하게 내보내기 시작했습니다. 불경기로 빌려준 돈이 회수되지 않을 경우 자신이 곤란해질 수 있기 때문입니다. D씨는 기존에 나가 있는 대출 중에서 위험해 보이는 대출부터 빨리 상환받으려고 할 것입니다.

이와 같이 불경기가 예상되면 개인이나 기업은 대출을 받으려 하지 않고, 은행도 대출을 해주려고 하지 않습니다. 오히려 대출자는 대출을 빨리 갚아버리려 하고 은행도 빨리 회수하려고 하죠. 따라서 시중의 대출 잔액이 늘어나기는커녕 오히려 줄어들 수 있습니다. 경제활동의 주체는 인간이기에 사람들의 심리 상태가 의사결정에 영향을 미치는 것입니다.

이러한 상황에서는 중앙은행이 금리를 내려 M0를 공급해도 대출이 발생하지 않아 실제 통화량이 증가하지 않습니다. 이와 같이 중앙은행이 돈을 풀어도 경기가 좋아지지 않는 현상을 '유동성 함정'이라고 합니다. 유동성 함정에 빠지면 중앙은행이 돈을 풀어도 인플레이션이 아닌 디플레이션이 발생할 수 있습니다.

유동성 함정에 빠진 일본

일본은 버블 붕괴로 침체된 경기를 살리기 위해 다시 금리를 낮추었습니다. 기준금리는 점차 내려가다 1999년에 0%까지 내려갔습니다. 제로금리가 시작된 것입니다.

금리를 낮추면 통화량이 늘어나 경기가 다시 회복되어야 합니다. 그런데 제로금리에도 불구하고 경기는 좀처럼 좋아지지 않았습니다. 일본인들이 대출을 받아 돈을 쓰기보다는 대출금을 갚거나 저축을 늘렸기 때문이죠. 일본 경제가 유동성 함정에 빠진 것입니다.

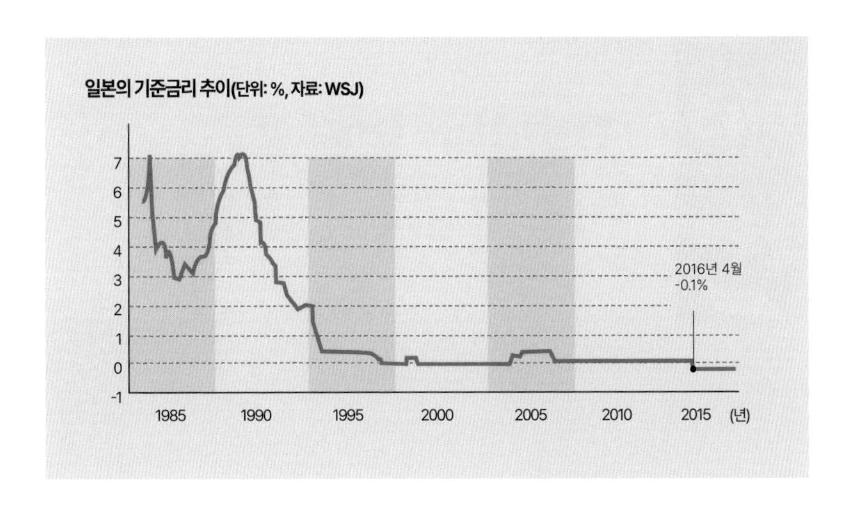

유동성 함정에 빠졌다는 것은 앞으로도 경제가 좋지 않을 것이라고 생각하는 일본인들이 많다는 의미입니다. 일본인들은 왜 불경기를 예상했을까요? 그 이유 중 하나는 1990년대 초 충격적인 버블 붕괴의 여파입니다. 아무래도 자산가치가 하염없이 떨어질 때는 경기를 긍정적으로 전망하기 어렵죠.

유동성 함정이 길어진 또 하나의 이유는 바로 인구의 고령화입니다. 생산가능인구가 줄어들고 부양해야 할 노인인구가 늘어나 경기상승을 기대하기 어려웠던 것입니다. 인구구조의 변화는 경제뿐 아니라 사회 전반에 많은 변화를 가져다줍니다. 고령화가 일본에 어떤 영향을 미쳤는지 더욱 자세하게 알아보도록 하겠습니다.

고령화는 일본을 어떻게 바꾸었을까?

빨리 늙어버린 일본

보통 전쟁이 끝난 뒤 아기들이 많이 태어납니다. 그렇게 태어난 세대를 '베이비붐 세대'라고 합니다.

우리나라에서는 1953년 6·25전쟁이 끝나고 1955년부터 태어난 세대가 베이비붐 세대를 이루고 있습니다. 미국은 조금 더 빠른데, 1945년 제2차 세계대전이 끝나고 1946년부터 태어난 세대가 베이비붐 세대입니다. 일본 역시 제2차 세계대전이 끝나고 아기들이 많이 태어났습니다. 이때 태어난 세대를 '단카이 세대'라고 부릅니다.

그런데 일본에서는 단카이 세대만큼은 아니어도 아기들이 많이 태어난 적이 또 있습니다. 바로 1930년대입니다. 일본이 중국을 본격적으로 침략하던 때였죠. 1931년 만주사변을 일으킨 일본은 이듬해 만주국이라는 식민지를 세우고 급기야 중국 본토를 공략하기 위해 1937년 중일전쟁을 일으켰습니다. 이때 일본에서 태어난 아기들이 단카이 세대에 앞서 또 하나의 베이비붐 세대를 이루고 있습니다.

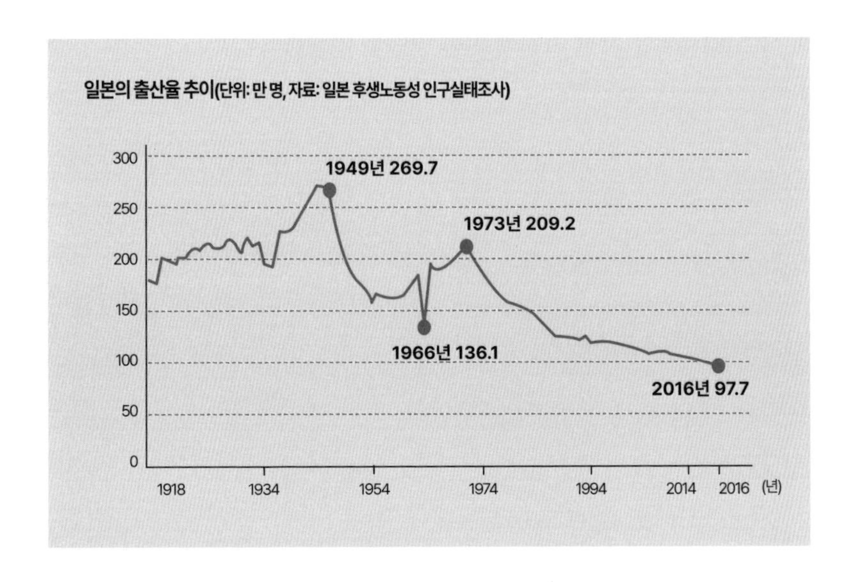

한, 미, 일 삼국을 비교했을 때 일본은 가장 빨리 늙는 나라입니다. 은퇴 연령을 60세라고 할 때 우리나라의 베이비붐 세대는 2015년부터, 미국의 베이비붐 세대는 2006년부터 은퇴하기 시작했습니다. 그런데 일본은 1990년부터 베이비붐 세대가 은퇴했습니다. 우리나라보다 약 20년, 미국보다 약 15년 빠릅니다.

65세 이상 노인인구 비율이 7% 이상이면 고령화사회, 14% 이상이면 고령사회, 20% 이상이면 초고령사회라고 합니다. 일본은 1994년에 고령사회에 들어섰고, 지금은 이미 초고령사회에 진입했습니다. 이는 일본의 인구구조가 생산가능인구가 두터운 항아리 구조에서 노인인구가 두터운 역삼각형 구조로 바뀌었음을 의미합니다.

초고령사회는 자산 가격에 어떤 영향을 미칠까?

인구구조 변화는 생각보다 많은 사회 변화를 가져옵니다. 일본처럼 노인인구가 많아져 초고령사회에 진입하면 사회는 어떻게 달라질까요? 우선 자산가치가 하락할 수 있습니다. 주택 가격을 예로 들어보겠습니다.

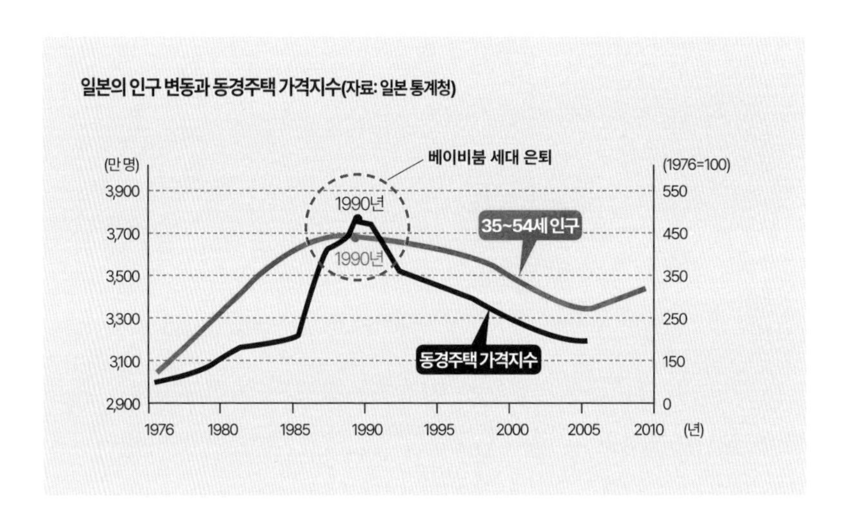

위 그래프는 일본의 인구 변동과 동경주택 가격지수입니다. 주황색 선은 주택을 구매한 인구입니다. 35세 전에는 재산 형성이 충분하지 않아 주택을 구매하기 어렵고, 54세 이후부터는 파는 사람이 많습니다. 예를 들어 주택을 다섯 채 가지고 있는 노인이 있다면 더 구매하기보다는 한두 채 팔아 현금화해 은퇴자금으로 사용할 것입니다.

일본의 주택 구매 인구는 1990년부터 줄어들었고, 이에 발맞춰 주택 가격도 하락했습니다. 주택 구매 인구는 줄어드는데 파는 인구는 늘어나면서 가격이 내려간 것입니다.

인구는 완만하게 상승했다 완만하게 내려가는 반면, 주택 가격은 급격히 상승했다 급격히 하락하고 있습니다. 1990년은 자산버블이 꺼지면서 일본의 자산 가격이 폭락한 시기입니다. 그리고 일본의 베이비붐 세대가 은퇴한 시기이기도 하죠. 물가를 잡기 위한 급격한 금리인상에 베이비붐 세대 은퇴까지 겹치면서 자산가치 하락 폭이 커진 것입니다.

이러한 현상은 일본에서만 발생한 것이 아닙니다. 미국에서 주택을 구매하는 인구는 2006년부터 줄어들었으며, 이때부터 주택 가격이 본격적으로 하락했습니다. 앞서 설명했듯 이때는 금리가 점점 인상되면서 서브프라임 모기지론을 받았던 저신용자들이 주택을 팔기 시작한 시기이기도 합니다. 그리고 미국의 베이비붐 세대가 은퇴를 시작한 시기이기도 하죠. 미국도 금리인상에 베이비붐 세대 은퇴까지 겹치면서 주택 가격 하락 폭이 커진 것입니다.

초고령사회는 사회에 어떤 변화를 가져올까?

생산성 저하도 초고령사회가 가져올 수 있는 문제입니다. 젊은 사람들의 수가 감소해 생산가능인구가 줄어들기 때문이죠. 특히 젊은이들이 주로 일하는 공장 등이 문을 닫을 가능성이 높아집니다.

얼마 전 일본의 공장에서 일하는 노인들을 다룬 다큐멘터리를 우연히 시청했습니다. 공장 사장들이 젊은 노동자를 구하지 못해 자신보다 나이가 훨씬 많은 노인들을 고용해 공장에서 일을 시키고 있었습니다. 다큐멘터리 속 노인들은 나름대로 만족하며 일하고 있었지만, 제 기억에 남은 것은 노인 노동자들마저 구하지 못했다면 공장이 더 어려워졌을 것이라는 사장의 인터뷰였습니다.

초고령사회는 안정적인 것이 불안정한 것으로 바뀌는 사회이기도 합니다. 일반적으로 우리나라에서 안정적이라고 생각하는 직업인 공무원, 교사, 교수 등의 직업도 불안정한 직업으로 바뀔 수 있습니다.

일본은 학생 수가 급감하자 2007년에 527개 초중등학교를 221개로 통폐합했습니다. 학교 세 개 중 한 개가 사라진 것입니다. 일본 정부는 앞으로도 학교 통폐합을 지속할 생각인데, 2013년에는 한 초등학생이 이에 반대해 자살한 충격적인 사건도 있었습니다.

대학교도 예외가 아닙니다. 일본은 2000년부터 산업 경쟁력이 없다고 판단되는 학과들을 통폐합했고, 비용을 줄이기 위해 입학 정원을 축소했습니다. 고령사회를 맞이해 몸집이 큰 학교보다는 작아도 경쟁력 있는 학교로 구조조정을 해나간 것입니다. 이와 같이 초등학교에서 대학교까지 통폐합 및 구조조정을 거치면서 교사 및 교수도 예전만큼 직업적 안정성을 갖기 어려워졌습니다.

공무원도 마찬가지입니다. 일본은 공무원연금 수령 나이를 60세에서 65세로 늦추었고, 공무원 수도 지속적으로 줄여왔습니다. 공무원에게 지급되는 비용을 지속적으로 줄여온 것입니다.

초고령사회로 진입하면 정부의 재정 부담이 커집니다. 생산가능인구가 부족해 세금을 많이 걷기 어려운데 노인인구 증가로 부양해야 할 인구는 늘어나니 써야 할 돈이 많아지기 때문이죠. 일본 입장에서 학교 통폐합과 공무원 수 감축 등으로 정부지출을 줄이는 것은 선택이 아닌 필수였을 것입니다.

고령사회에 진입한 우리나라

그렇다면 우리나라가 초고령사회로 진입하는 시기는 언제일까요? 우리나라는 2017년부터 고령사회에 들어섰고 2025년 초고령사회로 진입합니다. 일본처럼 우리나라에도 초고령사회의 징후들이 나타나고 있습니다.

학생 수 감소로 교대 학생들이 졸업 후에도 임용이 잘 되지 않는 임용절벽 현상이 발생했습니다. 인기가 높았던 교대 경쟁률은 줄어들었고, 재학 중인 학생들은 학교가 아닌 거리로 나와 펜이 아닌 피켓을 들고 정부를 향해 시위를 하고 있습니다.

전국 대학에서 취업이 잘 되지 않거나 경쟁력이 없다고 판단되는 학과들의 통폐합이 가속화되고 있습니다. 2015년 전국에서 456건의 학과 통폐합이 이루어졌고, 52개 학과가 사라졌습니다.

공무원을 위한 복리후생도 점차 줄어들고 있습니다. 박근혜 정부는 공무원연금개혁을 단행했습니다. 공무원들이 예전보다 돈을 더 많이 내지만 나중에 받는 돈은 더 줄어드는 것이 개혁의 주요 내용입니다.

또한 박근혜 정부는 공공기관에 성과연봉제를 도입했습니다. 성과연봉제는 성과에 따라 임금이 달라지고, 나아가 성과가 낮은 직원은 직장을 잃을 수도 있게 한 제도입니다. 공공기관에서 성과연봉제가 자리를 잡으면 이후에 공무원들에게도 도입할 계획이었죠. 하지만 성과연봉제는 공공기관 노동자들과의 충분한 합의나 설득 없이 일방적으로 진행된 탓에 많은 반발을 샀고, 결국 정권이 바뀌면서 폐지되었습니다. 그러나 사회적 합의가 이루어지면 언제든지 수정 및 보완을 거쳐 부활할 수 있는 제도입니다.

이러한 변화들은 모두 정부지출과 관련이 있습니다. 생산가능인구가 줄어 세금을 걷기가 점점 어려워지는 반면, 부양해야 할 인구가 늘어나 써야 할 돈이 많아지기 때문에 변화는 불가피합니다. 앞으로도 정부가 돈을 펑펑 쓸 수 없는 상황에서 이러한 흐름은 더욱 가속화될 것으로 예상됩니다.

은퇴하지 않는 나라, 우리나라

앞서 말했듯 우리나라의 베이비붐 세대는 1955년부터 태어났습니다. 은퇴 시기가 60세라면 베이비붐 세대가 은퇴하는 시점은 2015년부터입니다. 그런데 이상한 점은 우리나라의 베이비붐 세대가 좀처럼 은퇴를 하지 않는다는 것입니다.

우리나라 남성들의 실제 은퇴 연령은 무려 73세입니다. 직장에서 50세 정도에 퇴직하지만, 예전보다 낮은 급여를 받고 재취업하거나 자영업 등을 하며 약 20년간 일을 더 하는 것입니다. 우리나라 남성 평균수명이 79세이니 거의 죽을 때까지 일하는 셈이죠.

그렇다면 왜 은퇴를 하지 않는 걸까요? 일을 너무나 사랑하기 때문은 아닐 것입니다. 한 조사에 의하면 우리나라 사람들이 희망하는 은퇴 연령은 61세였습니다. 은퇴하지 못하는 진짜 이유는 바로 경제적으로 은퇴 준비가 되어 있지 않기 때문입니다.

우리나라의 은퇴 준비는 그야말로 처참한 수준입니다. 우리나라의 노인빈곤율은 OECD 국가들 중에서 가장 높습니다. 노인빈곤율이란 중위 소득 절반에도 미치지 못하는, 쉽게 말해 저소득 노인 가구의 비율입니다. 우리나라의 노인빈곤율은 40%에 근접합니다. 노인 두 명 중 한 명이 빈곤하다는 이야기입니다. 이는 OECD 평균의 무려 세 배에 달합니다. 압도적 1위입니다.

그렇다면 우리나라의 2030세대라 불리는 사회초년생들은 은퇴 준비를 잘하고 있을까요? 이들 역시 노인들과 크게 다르지 않습니다. 현재 20~30대 개인연금 가입률은 20%가 되지 않습니다. 다섯 명 중 네 명 이상이 국민연금 외에 노후 준비를 별도로 하고 있지 않다는 뜻이죠. 그나마 개별적으로 노후 준비를 하는 사람들의 절반 이상은 월 20만원 이하를 저축하고 있습니다. 은퇴 후 국민연금에 겨우 월 10~20만원 더 받는 정도이죠. 더 우울한 점은 그 미약한 가입률마저 매년 감소하고 있다는 것입니다.

대부분의 2030세대가 국가가 지급해주는 공적연금인 국민연금에만 의지하고 있습니다. 그렇다고 국민연금이 노후를 전부 책임져주느냐 하면 그렇지도 않습니다. 국민연금의 소득 대체율은 겨우 40%에 불과합니다. 이마저도 앞으로 더 내려갈 가능성이 있습니다. 이 정도로는 경제적으로 안정적인 은퇴생활이 거의 불가능합니다.

지금 은퇴를 앞두고 있는 베이비붐 세대는 그래도 젊은 시절에 고도의 경제성장기를 겪으면서 비교적 빠른 속도로 자산을 늘릴 수 있었습니다. 그러나 지금의 2030세대는 앞으로 저성장 시대를 겪게 될 가능성이 높아 베이비붐 세대와 같은 자산 증식도 어렵습니다. 이대로라면 우리나라의 미래인 2030세대 역시 노인 빈곤의 악순환에서 빠져나오기 어려울 것입니다. 노후 준비에 대한 2030세대 개개인의 경각심이 필요합니다.

아베의 강력한 처방전, 아베노믹스

아베노믹스의 내용은 무엇일까?

2022년 7월, 일본에서 충격적인 소식이 전해졌습니다. 일본의 전 총리였던 아베 신조가 유세 도중 총에 맞아 사망한 것입니다. 아베는 2020년 건강상의 문제로 스스로 총리직에서 내려오기 전까지 일본에서 가장 오랜 기간 집권한 총리였습니다. 그는 떠났지만 그가 재임 기간 중에 펼친 경제정책인 이른바 '아베노믹스(Abenomics)'는 지금까지도 일본 경제에 큰 영향력을 미치고 있습니다. 그러므로 오늘날의 일본 경제를 파악하기 위해서는 아베노믹스를 이해해야 합니다.

2012년 아베가 일본의 총리가 되었을 당시 일본의 경제 상황은 녹록치 않았습니다. 지긋지긋한 유동성 함정에서 빠져나오지 못한 상태였는데, 금융위기까지 닥치면서 상황이 더욱 악화되었죠. 일본 경제의 구원투수를 자처한 아베는 오랜 경기침체를 끝내고 일본 경제를 살리기 위해 강력한 처방전을 내놓았습니다. 이른바 '아베노믹스'를 시작한 것입니다.

아베노믹스의 내용은 무엇일까요? 아베노믹스는 '세 개의 화살'로 요약할 수 있습니다. 첫 번째 화살은 통화정책입니다. 중앙은행이 돈을 풀어 일본 경제를 살리겠다는 것입니다. 그래서 일본의 중앙은행인 일본은행(BOJ)은 양적완화를 단행했습니다. 양적완화는 돈을 찍어 시장의 자산을 매입해 통화량을 늘리는 방법입니다.

사실 중앙은행이 유동성을 공급하는 전통적인 수단은 금리를 내리는 것입니다. 그러나 일본은 이미 1990년대부터 제로금리여서 더 이상 금리를 내릴 수 없었습니다. 이러한 상황에서 일본은행이 선택할 수 있는 정책 수단은 양적완화였던 것입니다.

양적완화로 일본이 노린 것은 엔화가치 하락 효과, 즉 '엔저'입니다. 엔화가치가 내려가면 수출 시 일본 제품이 싸지기 때문에 상품 수출이 활성화되어 일본 경기를 상승시킬 수 있었죠.

실제로 일본은행의 대규모 양적완화로 엔저가 찾아왔습니다. 엔화가치가 내려가자 일본 여행 상품의 가격이 싸져 우리나라에 일본 여행 붐이 일었죠. 그러나 엔저는 일본 여행에는 좋을지 몰라도 우리나라 수출 기업에는 악재가 될 수 있습니다. 엔화가 싸졌다는 것은 상대적으로 원화가 비싸졌다는 것을 의미하기 때문입니다. 따라서 우리나라 수출 상품의 가격이 비싸져 수출 기업들이 어려움을 겪을 수 있습니다.

두 번째 화살은 재정정책입니다. 정부의 재정지출을 늘려 경기를 살리겠다는 것입니다. 아베는 출범 후 약 10조엔(약 100조원) 규모의 추가경정예산을 편성했고, 향후 10년에 걸쳐 100~200조엔이라는 엄청난 돈을 지출하겠다는 계획을 세웠습니다.

삼성전자처럼 세금을 내고 싶다고?

세 번째 화살은 일명 '성장전략'입니다. 성장전략에는 여러 가지 내용이 담겨 있습니다. 그중 하나가 규제완화죠. 규제완화의 목표는 고용 창출입니다. 규제완화로 기업들의 생산성을 높여 고용을 창출하겠다는 것입니다. 여성, 외국인 등의 고용을 늘리기 위해 노동시장을 유연하게 만드는 것도 규제완화에 포함되었습니다.

성장전략에는 법인세 인하도 포함되었습니다. 법인세는 개인이 아닌 이익이 난 법인(회사)이 내는 세금입니다. 일본의 법인세율은 약 35%로, 세계적으로 높은 수준이었습니다. 소니전자는 "한국의 삼성전자만큼 법인세를 내려준다면 훨씬 더 많은 사람을 고용할 수 있다"라고 말하곤 했죠. 우리나라의 법인세율은 최대 24.2%로, 세계적으로 낮은 수준입니다. 소니전자는 삼성전자보다 10% 정도 더 세금을 내야 했던 것입니다.

이에 따라 아베는 법인세를 단계적으로 인하했습니다. 2014년 34.62%였던 법인세율을 2015년에는 32.11%로, 2016년에는 29.97%로 낮추었습니다. 3년간 약 5%를 낮춘 것이죠. 법인세 인하 목적은 역시 고용 창출이었습니다. 법인세 인하로 기업의 부담을 줄여주어 고용을 늘리겠다는 것이었죠.

그 외 성장전략은 도쿄권, 관서권 등 6개 대도시권의 국가전략특구 지정, 외국 자본을 끌어들이기 위한 외국인 노동자에 대한 규제완화, 외국학교 유치 등의 내용을 담고 있었습니다.

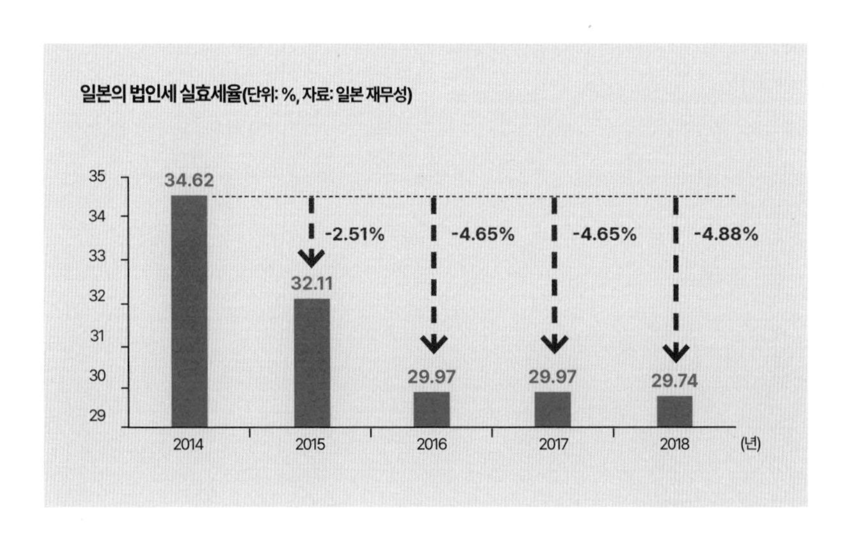

아베노믹스 이후 일본 주가는 왜 올랐을까?

그렇다면 아베노믹스는 성공했을까요? 아베노믹스 이후 가장 고무적인 것은 주가 상승입니다. 금융위기 이후 고전을 면치 못하던 일본의 주가는 2012년 아베노믹스 시작 후 두 배 이상 올랐습니다.

주가 상승에 힘입어서인지 일본에서는 '아베노믹스'라는 이름의 걸그룹도 탄생했습니다. 이들은 일본 경제를 응원하는 마음으로 주가가 오를수록 짧은 치마를 입고 나오겠다고 약속하기도 했죠. 단순한 해프닝으로 생각할 수도 있지만 일본 주가 상승에 대한 기대감을 엿볼 수 있습니다.

그러나 일본의 주가가 상승한 이유를 자세히 살펴보면 주가 상승을 마냥 반길 수는 없습니다. 일본의 중앙은행이 지속적으로 주식을 매입해 주가를 부양했기 때문입니다.

그런데 중앙은행이 개별 기업의 주식을 사들일 수 있을까요? 중앙은

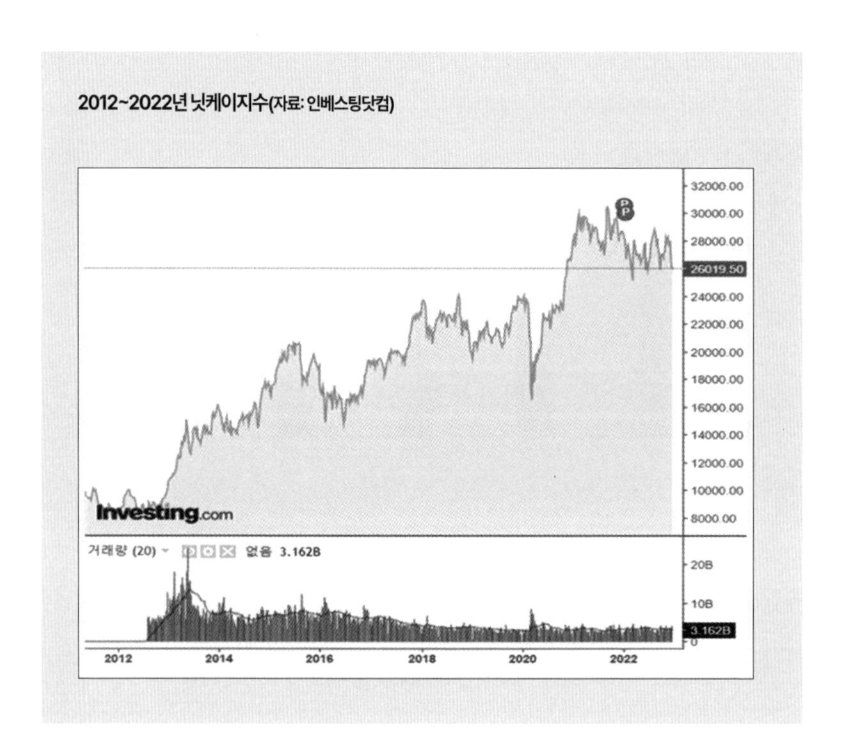

2012~2022년 닛케이지수(자료: 인베스팅닷컴)

행이 개별 기업의 회사채를 사들일 수 없듯 개별 기업의 주식을 사들일 수는 없습니다. 그렇다면 일본은행은 어떻게 주식을 매입한 것일까요?

바로 양적완화를 통해서였습니다. 중앙은행은 양적완화로 시장에서 펀드와 같은 금융상품을 매입할 수 있습니다. 코로나19 이후 미국의 연준이 시장에서 회사채를 사들이기 위해 양적완화로 채권형 펀드를 매입한 것이 하나의 사례입니다. 일본의 중앙은행 역시 양적완화를 통해 시장에서 주식형 펀드를 매입했습니다. 개별 기업에 투자하지 않고 주식시장 전체에 투자한 것입니다.

특히 2020년 코로나19 이후에는 중앙은행의 주식 매입 한도를 대폭 늘렸습니다. 일본은행이 꾸준히 주식을 매입하면서 2021년 일본은행이 보

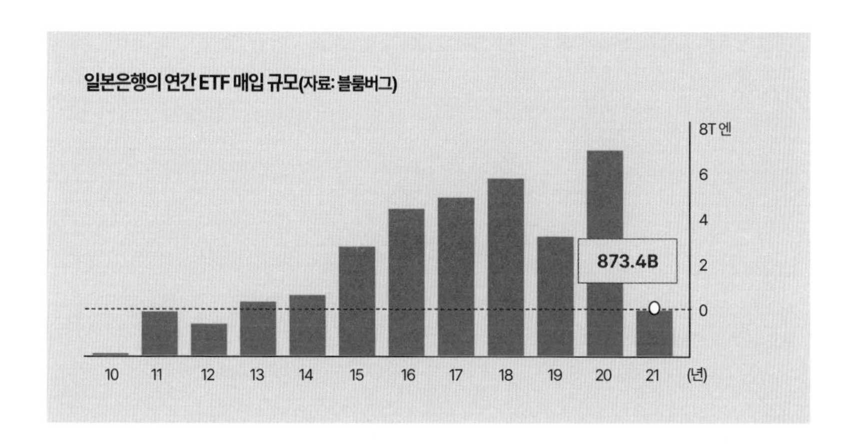

유한 주식은 일본 시가총액의 7%에 달했죠. 중앙은행이 최대주주인 일본의 기업만 100군데가 넘습니다. 주요국 중앙은행 중에서 주식형 펀드를 매입해 시장에 개입하는 경우는 일본이 유일합니다. 이렇게 주식을 사들이는데 일본의 주가가 오르지 않는 것이 이상한 일이었습니다. 만약 일본은행이 주식을 사들이지 않았다면 일본의 주가는 지금처럼 오르지 못했을 것입니다.

일본의 고용이 잘되는 이유는 무엇일까?

고용 상태가 좋아진 것도 성공적인 부분입니다. 일본의 고용시장은 대졸자 기준으로 완전 고용에 가깝습니다. 대졸자가 일자리를 걱정할 일이 거의 없다는 뜻입니다. 오히려 일본에서는 고용할 청년들이 부족해 기업들이 어려움을 겪고 있습니다.

얼마 전에 일본의 대형 시중은행에 취업해 출국을 앞두고 있는 후배를 만났습니다. 후배와 대화를 나누다가 그 은행에 취업한 한국인 동기가 무려 4명이라는 말을 듣고 깜짝 놀랐습니다. 그 은행이 한국에 진출하는 것도 아니고 한국인을 상대하는 업무를 하는 것도 아닌데 한국 청년 4명을 고용한 것입니다. 저로서는 일본의 청년 고용 현황을 간접적으로 알 수 있는 경험이었습니다.

아베노믹스 이후 신규 일자리가 늘고 실업률이 감소한 것은 사실입니다. 그러나 고용이 잘되는 이유를 단지 아베노믹스 효과 때문이라고 말하기는 어렵습니다. 초고령사회 인구구조 변화의 영향이 크기 때문입니다. 일본의 20~30대 인구는 전체의 10% 정도입니다(2021년 기준). 이는 약 20년 전인 1998년의 70% 수준에 불과합니다. 청년 인구가 크게 감소하면서 자연스럽게 청년 실업이 해소되고 고용이 활발해진 것입니다. 이러한 인구구조의 변화가 없었다면 지금처럼 완전고용이 가능했을까? 그렇다고 말하기는 어려울 것입니다.

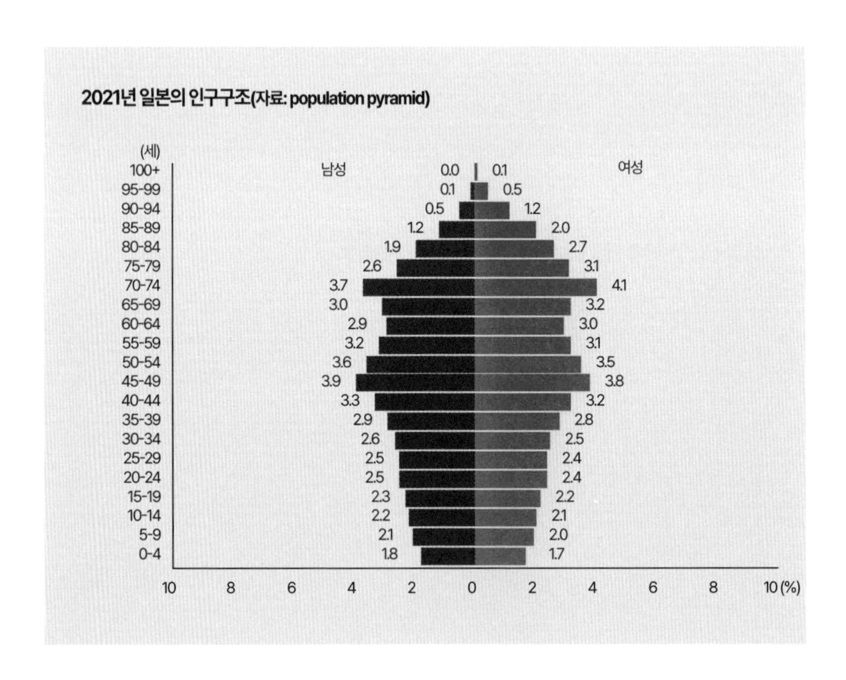

일본이 빚더미에 올라앉았다고?

국가부채의 '왕중왕'은 어디일까?

우리도 인생을 살면서 돈을 빌릴 때가 종종 있습니다. 학비를 마련하기 위해 학자금대출을 받기도 하고, 집을 장만하기 위해 주택담보대출을 받기도 합니다. 급할 경우 신용대출이나 카드론을 받기도 하죠. 열심히 살다 보면 대출 콩고물도 손에 묻는 것입니다.

문제는 대출의 크기입니다. 빚이 과도하게 많으면 대출금을 갚기가 점점 어려워집니다. 게다가 소득이 줄거나 끊길 경우 빚을 갚지 못해 파산에 이를 수도 있습니다. 따라서 대출이 너무 많아지지 않게 적정 수준을 유지하는 것이 중요합니다.

정부도 마찬가지입니다. 여러 가지 이유로 돈을 빌릴 수 있지만 GDP 대비 정부부채 비율이 60%가 넘어가면 위험하다고 볼 수 있습니다. 그런데 이 수치를 크게 뛰어넘는 나라도 많습니다. 다음 나라들이 모두 그렇죠. 그렇다면 이들 중 경제 규모 대비 정부부채가 가장 많은 나라, 즉 '왕중왕'은 어디일까요?

① 미국 ② 그리스 ③ 일본 ④ 이탈리아

모두 빚이 많기로 둘째가라면 서러운 나라들이지만 정답은 ③번입니다. 일본의 GDP 대비 정부부채 비율은 258%로, OECD 국가들 중에서 가장 높습니다. 2위인 그리스(213%)보다 무려 40% 정도나 높죠. 아슬아슬한 1위가 아닌 압도적 1위입니다. 그리스가 부채 비율로 일본을 따라가려면 많이 분발해야 할 정도입니다.

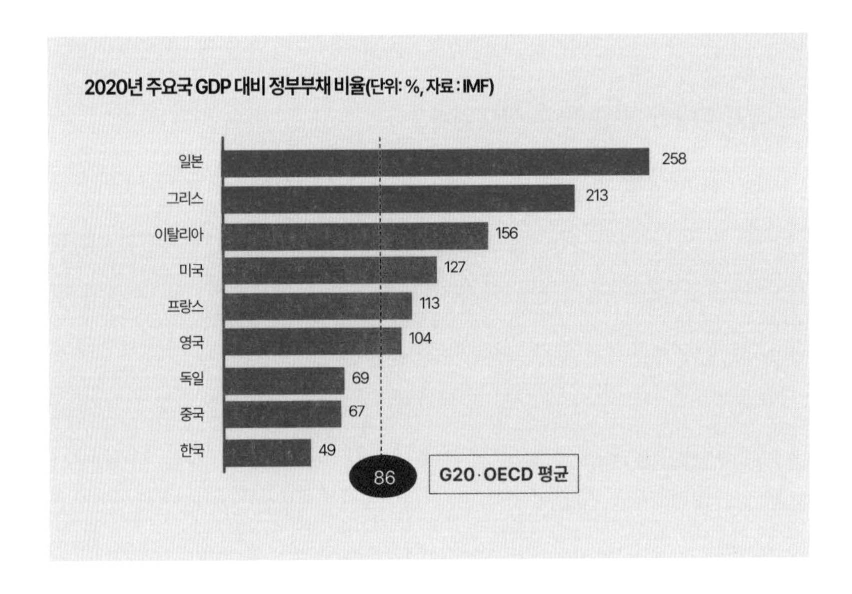

일본의 정부부채가 많아진 이유는 1990년대 버블 붕괴로 인한 경기침체 때문입니다. 침체된 경제를 살리기 위해서는 재정지출이 필요했습니다. 정부가 돈을 구하는 방법으로는 크게 세 가지가 있습니다. 세금을 더 걷거나 국채를 발행해 돈을 빌리거나 원조를 받는 것이죠.

그런데 경기가 침체된 상황에서 세금을 더 걷으면 사람들이 실제로 사용할 수 있는 소득, 즉 가처분소득이 줄어듭니다. 월급이 똑같이 300만원이라도 세금이 10만원이면 290만원을 손에 쥐게 되지만 세금이 20만원이면 280만원을 손에 쥐게 되는 것과 같습니다. 따라서 가처분소득이 줄어들면 소비가 위축되어 경기가 살아나기는커녕 더욱 침체될 수 있습니다. 결국 일본 정부는 돈을 빌려 재정지출을 늘려야 했습니다.

게다가 '잃어버린 30년'이라고 불릴 만큼 경기침체가 길어지면서 정부부채도 차곡차곡 늘어났습니다. 이미 아베가 정권을 잡기 전에 일본의 GDP 대비 정부부채 비율은 200%에 육박해 있었습니다. 거기에 더해 아베가 집권한 후 아베노믹스로 강력한 재정정책(두 번째 화살)을 펼치면서 정부부채는 더욱 늘어났습니다.

일본 정부의 과제는 정부부채 비율을 줄이는 것이었지만 2020년 코로나19 팬데믹 이후 일본의 정부부채 비율은 대폭 증가했습니다. 일본은 무려 GDP의 57%에 해당하는 308조엔의 재정을 투입했습니다. 이는 GDP의 18%를 투입한 미국이나 14%를 투입한 영국보다 훨씬 높은 수치입니다. 그로 인해 2019년 237%였던 GDP 대비 정부부채 비율이 258%로 급격히 증가했습니다. 이는 민간 부분의 성장성이 침체된 상황에서 정부의 재정 투입으로 경제를 지탱하려 했음을 의미합니다. 코로나19 당시 일본 정부의 절박함을 느낄 수 있습니다.

일본은 빚 갚는 데 돈을 얼마나 쓸까?

일본과 같이 정부부채가 많으면 어떤 상황이 벌어질까요? 다음 그래프는 총지출에서 이자 지급 및 원금 상환이 차지하는 비중을 나타낸 것입니다. 막대그래프는 원금과 이자를 모두 합한 비용으로, 2014년 기준 약 25%

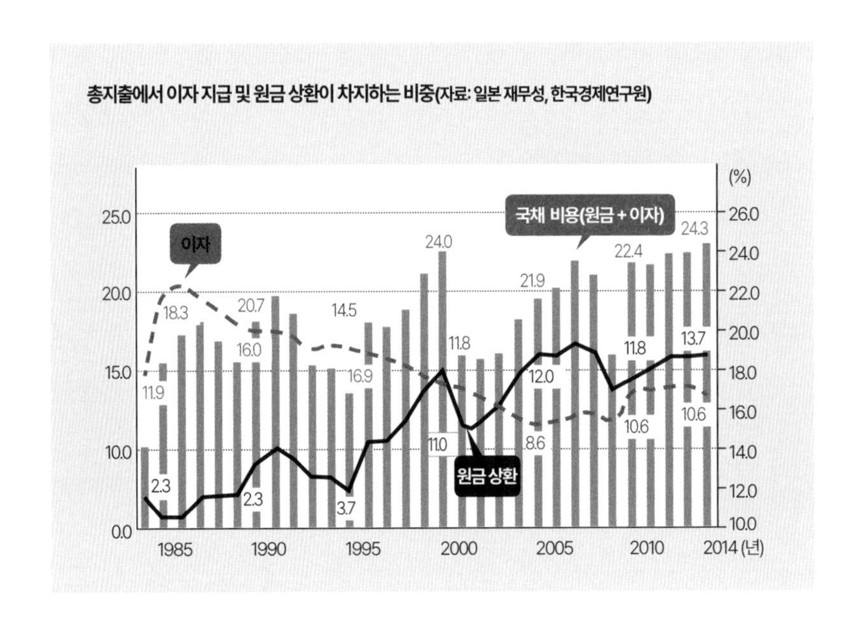

인 것을 확인할 수 있습니다. 일본은 전체 지출에서 무려 25%, 1/4을 뚝 떼어 빚을 갚는 데 사용하고 있습니다.

나머지 3/4만 가지고 살림살이를 꾸려나가려니 힘이 들 수밖에 없습니다. 일본은 현재 예산조차 제대로 편성하기 어려운 수준입니다. 개인도 빚이 너무 많으면 살림살이를 제대로 꾸려나가지 못하게 되는 것과 같은 원리입니다.

게다가 아베노믹스로 법인세가 내려가면서 이전보다 세수 조달이 어려워졌습니다. 그런데 경제를 살리기 위해서는 지속적으로 재정지출을 해야 합니다. 갚아야 할 돈도 많고 써야 할 돈도 많은데 수입마저 줄어들면 살림살이는 더욱 팍팍해질 수밖에 없습니다. 결국 아베 정부는 세수 조달을 위해 소비세율을 인상했습니다.

소비세는 재화나 서비스를 구입할 때마다 내야 하는 세금입니다. 우리나라로 치면 부가가치세라고 할 수 있습니다. 식당에서 밥을 먹고 1만원을 냈다면 그 안에 부가가치세가 포함되어 있습니다. 따라서 소비세를 인상하면 소비를 위축시켜 내수경제가 침체될 우려가 있습니다. 아베 정부는 이러한 비판을 감수하면서까지 소비세를 인상한 것입니다. 경제를 살리기 위해 지출을 늘려야 하는데다 부족한 세수도 충당해야 하는 아베 정부의 고뇌를 엿볼 수 있는 대목입니다.

부채가 과도하면 파산할 수 있는 것처럼 세계 최고 수준인 일본의 정부부채는 향후 일본 경제의 발목을 잡을 수 있습니다. 그러나 경제를 살리려면 지속적으로 재정지출을 해야 하니 정부부채는 더욱 늘어날 수밖에 없습니다. 경제를 살리려 애쓸수록 국가부도 위험이 커지는 것이죠. 하루빨리 일본 경제가 회복되어야만 악순환에서 벗어날 수 있습니다.

'마이너스 금리'라는 가보지 않은 길을 가다

마이너스 금리의 강수, 그 결과는?

2016년 1월, 일본 중앙은행은 충격적인 발표를 했습니다. 경기 상승을 위해 0%였던 기준금리를 더 떨어뜨려 마이너스 금리를 도입한 것이죠. 1990년대부터 일찍이 제로금리를 사용하던 일본도 마이너스 금리는 처음이었습니다. 그야말로 '가보지 않은 길'을 가는 것입니다.

일본 중앙은행이 마이너스 금리를 도입한 이유는 경기가 좋아지지 않는다고 판단했기 때문입니다. 경기가 상승했는지 알 수 있는 중요한 지표 중 하나는 물가상승률입니다. 미국의 물가상승률 목표는 2%였습니다. 이를 달성하면 경기가 살아났다고 볼 수 있다는 것이죠.

일본의 물가상승률 목표 역시 미국과 마찬가지로 2%입니다. 일본은 이를 달성하기 위해 양적완화, 재정지출, 성장전략 등의 아베노믹스를 실시했습니다. 그러나 이러한 노력에도 불구하고 끝내 물가상승률 2%를 달성하지 못했고, 결국 중앙은행은 마이너스 금리라는 칼을 빼 들었습니다. 통화량을 늘려 엔저를 유도해 경기상승을 이끌어내겠다는 의지의 표현이었죠.

일본은 아직까지 마이너스 기준금리를 사용하고 있습니다. 하지만 안타깝게도 코로나19 이전까지 원하는 물가상승률 목표에 도달하지 못했고, 코로나19 이후 경제는 더욱 어려워졌습니다.

마이너스 금리라는 특단의 대책을 내놓았음에도 불구하고 왜 이런 일이 벌어진 것일까요?

마이너스 금리와 양적완화가 상충될 수 있을까?

마이너스 금리는 결과적으로 중앙은행의 양적완화를 어렵게 하는 원인 중 하나였습니다. 마이너스 금리와 양적완화는 모두 유동성을 공급하기 위한 방법인데 어떻게 상충될 수 있을까요?

중앙은행이 푼 돈은 시중은행에 대거 흘러들어갑니다. 그러면 시중은행은 개인과 기업에 대출을 해줌으로써 시중에 돈을 풀 수 있습니다. 그런데 일본의 중앙은행이 아무리 돈을 풀어도 시중은행이 개인과 기업에게 돈을 잘 빌려주지 않았습니다. 경기침체가 장기간 지속될 것이라 판단했기 때문이죠. 섣불리 돈을 빌려주었다가 개인과 기업이 돈을 갚지 못하면 손실이 불가피합니다.

일본의 시중은행들은 위험을 감수하면서 개인과 기업에 돈을 빌려주기보다 안전한 투자처가 필요했습니다. 그렇다고 중앙은행에 돈을 예치할 수는 없었습니다. 중앙은행에 돈을 예치할 때의 이자율이 마이너스여서 중앙은행에 돈을 예치할수록 손실이 발생했기 때문입니다. 그때 눈에 들어온 것이 일본의 국채입니다. 국채는 안전하면서도 플러스 금리이기 때문에 만기시점까지 보유한다면 확실한 수익이 발생할 수 있습니다.

다만 걱정스러운 점은 향후 국채 가격의 하락이었습니다. 국채를 잔뜩 보유한 상황에서 가격이 하락한다면 손실을 피할 수 없었기 때문입니다. 그러나 곰곰이 생각해보면 국채 가격이 떨어질 가능성은 희박했습니다. 중앙은행이 양적완화로 시장에서 국채를 매입해주고 있었기 때문이죠. 중앙은행의 양적완화가 계속되는 한, 국채 가격이 하락할 가능성은 거의 없었습니다. 그래서 일본의 시중은행들은 시장에서 국채를 사들였고, 국채 수요가 늘어나면서 국채 가격이 상승했습니다.

국채 가격 상승이 예상되면 국채를 가지고 있는 사람들은 잘 팔지 않습니다. 시장에 국채가 매물로 잘 나오지 않으니 중앙은행도 시장에서 국채를 매입하기가 어려워집니다. 마이너스 금리가 결국 중앙은행의 양적완화 발목을 잡을 것입니다. 이는 민간 부분의 성장 없이는 정부와 중앙은행이 주도적으로 경기를 부양하는 데 한계가 있음이 드러난 사례입니다.

아베노믹스와 배수의 진

배수의 진을 친 일본

독일의 철학자 헤겔의 "미네르바의 부엉이는 낮에는 날아다니지 않는다"라는 말은 어떤 현상을 올바르게 판단하는 것은 그 현상이 한창 일어나고 있을 때가 아니라 지나고 난 뒤(밤)에야 가능하다는 뜻입니다. 미네르바는 그리스로마 신화 속 지혜의 여신으로, 늘 부엉이를 데리고 다닙니다.

일본은 아직까지 아베노믹스의 그림자에서 벗어나지 못했습니다. 그래서 아베노믹스의 성공 여부를 지금 정확히 판단하기는 어렵습니다. 진정한 성공 여부는 시간이 조금 더 흐른 뒤에 알 수 있을 것입니다.

그런데 만약 아베노믹스로도 경제 살리기에 실패하면 일본은 경기 부양을 위해 남아있는 카드가 있을까요? 이미 마이너스 금리인 상황에서 중앙은행이 더 금리를 내리기는 어려울 것입니다. 그렇다고 미국처럼 경기가 살아날 때까지 양적완화를 하기도 어렵습니다. 엔화는 세계에서 네 번째로 많이 사용되는 통화지만 세계에서 가장 많이 사용되는 달러만큼 찍어낼 수는 없습니다. 그렇게 하다가는 하이퍼인플레이션이 찾아올 수 있기 때문입니다.

재정지출을 늘리기도 부담스러운 상황입니다. 이미 GDP 대비 국가

부채 비율이 세계 최고 수준인 상황에서 재정지출을 더 늘리면 정부부채가 더 많아져 정말로 위험해질 수 있습니다. 규제완화 및 법인세 인하 등도 효과가 없을 경우 더 지속할 수는 없을 것입니다.

일본은 아베노믹스가 실패할 경우 내밀 다음 카드가 없습니다. 어쩌면 중앙은행의 마이너스 금리 정책이 최후의 히든카드였을지도 모릅니다. 마지막 카드를 모두 사용한 일본은 '배수의 진'을 치고 있었다고 볼 수 있습니다.

우리나라는 다음 카드가 있을까?

우리나라의 상황은 어떨까요? 우리나라에는 사용할 수 있는 카드가 남아 있습니다. 일본보다 기준금리가 훨씬 높아 통화정책에 여유가 있습니다.

양적완화는 어떨까요? 우리나라는 양적완화가 어렵습니다. 우리가 사용하는 원화는 국제적인 통화가 아니기 때문입니다. 일본의 엔화는 세계에서 네 번째로 많이 사용되는 국제적인 통화이기에 일본의 중앙은행은 미국처럼은 아니어도 상당한 규모의 양적완화를 할 수 있었습니다.

우리나라가 일본처럼 양적완화를 했다가는 물가가 크게 올라 자칫하면 하이퍼인플레이션이 발생할 수 있습니다. 국제적인 통화를 가지지 못했다는 이유로 양적완화라는 카드 한 장이 없는 것입니다.

그러나 재정정책은 일본보다 훨씬 여유가 있습니다. 우리나라의 GDP 대비 정부부채 비율은 약 50%로, 위험 수치인 60%에 미치지 않습니다. 250%에 육박하는 일본보다는 적극적으로 재정지출을 할 수 있습니다.

정리하면 우리나라는 아직 경제 상황에 맞게 통화정책과 재정정책을 사용할 여유가 있으므로 일본보다는 나은 상황이라 할 수 있습니다.

인플레이션을 억제하기 위해 일본은행은 무엇을 했을까?

일본은 왜 오랫동안 금리를 올리지 못했을까?

2022년 미국은 인플레이션을 잡기 위해 금리를 인상했습니다. 1년 만에 4.25%포인트 오를 정도로 폭발적인 수준이었죠. 미국 외에도 유로존, 영국, 한국 등 전 세계 주요 국가들의 금리가 모두 올랐습니다. 미국과의 금리 차이를 줄이고 인플레이션을 억제하기 위해서였습니다.

일본 역시 인플레이션에 시달렸습니다. 2022년 일본의 소비자물가지수는 1981년 이후 최대 상승률을 기록했습니다(그림). 세계적인 인플레이션에 엔저가 겹치면서 물가가 오른 것입니다. 그러나 일본의 기준금리는 마이너스 금리 그대로였습니다. 왜 다른 나라들은 금리가 오르는데 일본만 그대로였을까요?

앞서 여러 차례 이야기했듯 돈은 금리가 낮은 곳에서 높은 곳으로 이동합니다. 따라서 일본의 금리가 매우 낮은 상황에서 미국의 금리가 계속 올라갈 경우 일본의 돈이 미국으로 빠져나가 일본 경제가 침체될 가능성이 커집니다.

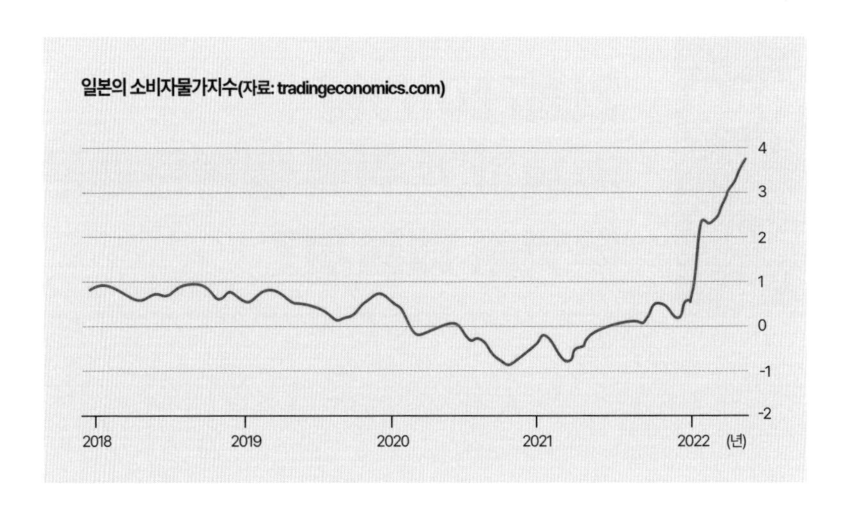

이를 막기 위해서는 일본 역시 금리를 인상해야 합니다. 그런데 금리를 인상하면 일본 정부가 갚아야 할 이자도 덩달아 늘어납니다. 이미 빚을 갚는 데 엄청나게 많은 돈을 쓰고 있는데 더 많은 돈을 써야 하는 것이죠. 이는 국가부도 위험의 증가로 이어져 일본의 국가 신용도에 부정적인 영향을 미치게 됩니다.

일본의 성장성이 매우 낮은 점도 금리를 올리지 못하는 원인입니다. 일본은 잃어버린 30년 동안 저성장에 시달리고 있습니다. 일본은 2013년 이후 연 2%의 경제성장률을 기록한 적이 없습니다. 0~1%대 초저성장을 반복하고 있으며, 코로나19가 발생하기 직전인 2019년에도 마이너스를 기록했죠. 코로나19 시기인 2020년 경제성장률은 우리나라나 미국보다도 낮았습니다.

장기적인 초저성장의 고착화는 금리인상을 어렵게 만들었습니다. 만약 금리가 급격히 인상되면 성장성이 더 악화되어 플러스가 아닌 마이너스 경제성장률을 기록할 가능성이 커지기 때문입니다.

장기금리를 조절해 물가를 잡으려 했던 일본

미국을 중심으로 주요 국가들이 금리를 인상했는데 일본만 그대로일 경우, 물가가 쉽게 잡히지 않을 수 있습니다. 그러면 경기 불황으로 사람들의 소득은 제자리인데 물가만 오르는 스태그플레이션이 발생할 수 있죠. 그래서 어떤 방법으로든 물가를 잡아야만 했습니다.

2022년 12월, 결국 일본은행은 10년물 국채금리의 상한선을 올렸습니다. 사실 일본은행은 10년물 국채금리가 0.25%가 넘어가지 않도록 관리하고 있었습니다. 국채금리가 올라가면 중앙은행인 일본은행이 국채를 사들여 국채금리를 끌어내렸죠. (채권금리와 채권 가격은 반비례로, 국채를 사는 사람이 많아지면 국채 가격이 상승하고 금리는 하락합니다.) 중앙은행이 시장에서 국채를 매입하면 시장에 돈이 풀립니다. 그동안 일본은행은 이와 같이 돈을 풀어 경기를 부양하고자 했던 것입니다.

그런데 인플레이션이 심해지자 상한선을 올리면서 실질적인 시장금리 상승을 유도했습니다. 그러나 기준금리 상승 없이 국채금리 상한선을 인상하는 것만으로는 높은 인플레이션을 억제하는 데 한계가 있을 수밖에 없었습니다. 결국 2024년 3월, 일본 중앙은행은 무려 17년 만에 기준금리 인상을 단행했습니다.

일본의 기준금리 인상과 아베노믹스의 종말

2024년 3월, 일본 중앙은행은 금리인상을 단행하면서 2016년부터 해오던 마이너스 금리를 종식시켰습니다. 일본의 물가가 중앙은행의 물가상승률 목표(Inflation target)인 2%를 훌쩍 뛰어넘은 데다 일본의 임금상승률도 크게 올라 기준금리를 올릴 수 있다고 판단했던 것입니다.

그런데 일본 중앙은행이 단지 기준금리만 올린 것은 아니었습니다. 기준금리도 시장의 콜금리(시중은행들끼리 빌려주는 하루짜리 초단기 대출 금리)를 관리하는 방식으로 바꿨습니다. 또한 중앙은행의 일본 주식(ETF) 매입도 중단했고, 10년물 국채를 매입해 시장의 장기금리를 관리하던 것도 그만두었습니다.

이들은 모두 아베노믹스 이후 적극적으로 시도했던 정책들이었습니다. 아베노믹스는 민간 부문에서 경제성장을 먼저 기대하기보다는 정부와 중앙은행 주도로 경제성장을 이끌겠다는 아이디어에서 출발했습니다. 그래서 중앙은행도 경기부양을 위해 적극적으로 시장에 개입했던 것입니다.

그런데 2024년 3월, 이러한 정책들을 모두 중단하면서 아베노믹스는 사실상 종말을 고했습니다. 포스트 아베노믹스(아베노믹스 이후)에 진입한 일본경제는 오랜 저성장을 끝내고 비상할 수 있을까요?

글로벌 자본과 엔캐리트레이드

돈은 금리가 낮은 곳에서 높은 곳으로 이동합니다. 그리고 통화가치 하락이 예상되는 곳에서 통화가치 상승이 예상되는 곳으로 이동하죠. 금리가 낮은 일본에서 돈을 빌려 금리가 높은 곳에 투자하는 방식을 엔캐리트레이드라고 합니다.
일본에서 엔화를 빌려 미국에 투자하려면 엔화를 팔고 달러를 사야 합니다. 그러면 엔화가치가 하락하고 달러가치가 상승해 이익을 얻을 수 있습니다. 예를 들어 1달러=1엔일 때 일본에서 1엔을 빌려 1달러로 바꾼 후 미국에 투자했습니다. 그런데 1달러=2엔이 되었습니다. 이때 미국에 투자한 1달러를 팔아 엔화로 바꾸면 2엔이 됩니다. 일본은행에서 빌린 돈 1엔을 갚아도 1엔이 남는 것이죠.
엔캐리트레이드는 특히 2000년대에 성행했습니다. 많은 사람들이 제로금리인 일본에서 돈을 빌려 높은 수익이 예상되는 서브프라임 모기지론 파생상품 등에 투자한 것이죠. 이후 금융위기가 터지면서 파생상품에 들어 있던 엔캐리트레이드 자금도 급격히 빠져나갔습니다. 엔캐리트레이드가 유동성 과잉을 부추기고 금융위기의 피해를 키운 것입니다.
마이너스 금리를 사용하고 있는 지금도 언제든지 엔캐리트레이드가 발생할 수 있습니다. 2017년 9월 미국의 《월스트리트저널》은 투자 수익을 노리는 헤지펀드들이 엔화를 빌려 신흥국의 주요 자산을 사들이는 엔캐리트레이드를 하면서 엔화의 순매도가 2년 만에 최고치를 갈아치웠다고 발표했습니다.

Common Sense Dictionary of
Global Economy

5

다섯째 마당

인도 & 베트남 경제

인도 경제, 코끼리가 날아오를 수 있을까?

코로나19와 미중 무역전쟁이 인도와 베트남에게는 기회일까?

미중 무역전쟁과 중국의 제로 코로나19 정책으로 인한 도시 봉쇄는 아시아 신흥국들에게 기회가 되었습니다. 중국의 제조공장 생산이 이전처럼 원활하지 않고 물류 공급에 차질이 발생했기 때문이죠. 글로벌 기업들은 안정적인 공급망을 확보하기 위해 신흥국 진출을 타진하고 있습니다. 미국 리서치 기업 가트너의 2020년 조사에 따르면 260개의 다국적 생산 기업 중 33%가 중국을 떠나 다른 나라로 이전하고 싶다는 계획을 밝혔는데, 그중 선호하는 국가 1위가 베트남이었고 2위가 인도였습니다. 그럼 지금부터 인도와 베트남 경제를 차례대로 알아보도록 하겠습니다.

우리나라에서도 한때 BRICs 펀드가 인기를 끌었습니다. BRICs란 브라질(Brazil), 러시아(Russia), 인도(India), 중국(China)을 묶어 가리키는 용어입니다. 모두 높은 경제 성장이 예상되는 신흥국 시장, 즉 이머징마켓(emerging market)이라는 공통점이 있죠. BRICs 중에서 2021년 경제성장률이 가장 높은 나라는 바로 인도입니다. 인도의 경제성장률은 8.9%로, 다른 BRICs 국가들을 능가하고 있습니다.

IT 인력의 요람

인도의 성장을 이끄는 산업은 무엇일까요? 어쩌면 인도에서 가장 중요한 산업은 농업입니다. 인도 사람들의 절반 정도가 농업에 종사하고 있기 때문이죠. 인도는 코코넛, 콩, 망고, 쌀, 밀, 설탕, 채소 등 다양한 작물을 생산하고 있습니다. 그러나 인도 경제를 이끌어가는 것은 농업이 아닌 서비스업입니다. 인도의 GDP에서 서비스업이 차지하는 비중은 농업의 다섯 배 정도입니다.

특히 IT 산업은 전체 수출의 약 1/4을 책임질 정도로 발달했습니다. 인도의 IT 산업은 굉장합니다. 대학 내 컴퓨터 관련 학과가 2,000개가 넘으며 경력이 5년 이상인 프로페셔널 인력도 50만 명이 넘습니다. 이들의 장점은 창의성과 문제해결능력이 뛰어날 뿐만 아니라 영어까지 잘한다는 것입니다. 이러한 인재들이 해외로 뻗어 나가는 것은 당연한 수순입니다. 이미 세계 유수의 글로벌 기업들이 인도의 IT 인력들을 앞다퉈 채용하고 있습니다. 이와 같은 '글로벌 IT 인재'의 양성 배경에는 인도 정부의 지속적이고 일관성 있는 지원이 있었습니다.

놀라운 점은 앞으로도 인도의 IT 인력이 매년 10만 명 이상 쏟아져 나올 것으로 예상된다는 점입니다. 그야말로 IT 인력의 요람입니다. 앞으로 4차 산업혁명 시대가 도래하면서 IT 기술의 수요 역시 크게 늘어날 것이기에 인도의 IT 산업은 점점 더 위력을 발휘할 전망입니다.

젊은 사람들이 차고 넘치는 인도

인도는 베트남과 마찬가지로 엄청나게 젊은 나라입니다. 인도의 인구는 약 14억 명으로 공식적으로 중국을 추월해 세계 1위입니다. 그런데 그 중 무려 절반이 25세 이하이며, 대졸자만 한 해에 1,000만 명 이상 쏟아지고 있습니다. 우리나라로 따지면 대학교 4학년 학생보다 어린 사람이 인구의 절반 정도나 된다는 이야기입니다. 그야말로 젊은 사람들이 차고 넘치는 나라입니다.

이와 같은 엄청난 수의 인구는 내수시장의 규모를 키워 세계적인 소비시장으로 클 수 있는 잠재력을 보여줍니다. 그리고 풍부한 노동 인력은 인도 경제의 성장 동력임이 분명합니다. 소득 수준이 점점 높아져 중산층이 늘어나면 엄청난 규모의 소비시장을 형성하게 될 것입니다. 이러한 성장 가능성을 생각해볼 때 어쩌면 인도는 잠자고 있는 코끼리일지도 모릅니다.

인도의 문제를 해결하려는 모디 총리

인도 경제의 문제점은 산업 인프라가 부족하고 제조업이 취약하다는 것입니다. 이를 해결하기 위해서는 외국인직접투자(FDI)가 늘어나야 합니다. 활발한 외국인직접투자는 제조업 성장을 이끌 수 있습니다. 게다가 인도는 경상수지 적자에 시달리고 있습니다. 외국 기업들의 투자로 제조업 제품의 생산이 증가하면 수출 역시 늘어나 경상수지 적자가 해소될 수 있을 것입니다.

그러나 문제는 인도가 기업하기 좋은 나라로 여겨지지 않는다는 것입니다. 건축인허가와 세금 납부가 까다롭고 거래가 투명하지 않아 법적 분쟁이 일어나면 해결이 어려웠기 때문이죠.

2014년에 취임한 나렌드라 모디 총리는 이러한 문제들을 해결하기 위해 다양한 개혁정책을 펼쳤습니다. 특히 기존에 사용했던 화폐들을 더 이상 쓰지 못하게 하고 새로 발행한 화폐를 사용하도록 화폐개혁을 단행했습니다. 부정부패를 막고 불법 현금 거래 및 탈세를 방지하기 위해서였죠. 갑작스러운 화폐개혁으로 인도 사회가 큰 혼란에 빠질 것이라는 우려도 있었지만 다행히 큰 탈 없이 마무리되었습니다.

간접세를 단일화한 것도 모디 총리의 업적입니다. 인도는 주마다 간접세가 달랐고, 거래 단계마다 내야 하는 세금이 달랐습니다. 주마다 세금이 다르다 보니 다른 주에 들어설 때마다 통행세를 내기 위해 트럭들이 길게 늘어서는 진풍경이 벌어졌습니다. 이러한 복잡한 세금 체계를 단일화해 납세를 보다 간편하게 한 것입니다.

또한 외국인직접투자에 대한 규제를 대폭 완화했습니다. 까다로웠던 정부 승인을 줄여 외국인직접투자 금액의 약 90%가 별도 승인 없이 인도에 들어올 수 있도록 만들었습니다. 투자 절차를 간소화하기 위해 외국인투자심사위원회는 아예 폐지해버렸습니다.

이와 같은 정책들은 모디 총리가 과거 구자라트(인도 북서부의 주) 주지사 시절 펼친 정책들의 연장선에 있다고 보여집니다. 그는 구자라트에 기업들이 사업하기 좋은 환경을 만들어주었고, 대기업 타타그룹의 자동차 공장 설립 및 제조업 공장들의 투자를 주도했습니다. 그 결과, 구자라트는 연평균 10%가 넘는 높은 경제성장률을 달성했습니다. 모디 총리는 구자라트의 성공 모델을 인도 전역에 도입하려고 한 것입니다.

이와 같은 모디 총리의 개혁정책으로 집권 초기 매년 7% 이상의 높은 경제성장률을 기록했으며, 그동안 인도의 주가도 많이 올랐습니다. 외국인직접투자도 모디 총리 집권 전과 비교했을 때 상당히 많이 늘어났으며, 경상수지 적자도 개선되었습니다. 이에 따라 2017년 신용평가회사 무디스는 인도의 신용등급을 Baa3에서 Baa2로 올렸습니다. 2016년에 130위에 머물렀던 기업환경평가도 2017년에 100위로 껑충 뛰어올랐습니다.

그러나 인도 경제는 2017년부터 성장세가 서서히 꺾이면서 2018년과 2019년에는 중국보다도 낮은 경제성장률을 기록했습니다. 모디 총리의 개혁이 성장성에만 치우치면서 복지 예산을 대폭 삭감해 안 그래도 심했던 빈부격차를 심화시켰다는 비판이 있습니다. 2017년 조사에 따르면 인도의 상위 1%가 절반 이상의 부를 독차지하고 있으며, 총재산이 1만 불(약 1,200만원)도 안 되는 성인이 전체 성인 인구의 92%에 육박합니다. 극심한 빈부격차는 인도의 성장성을 저해하는 중요한 요소입니다.

그리고 그가 심혈을 기울인 제조업의 성장세도 가파르지 않습니다. 바로 옆 제조업 강국인 중국과의 경쟁력에서 우위를 점해야 하는데 인프라 부족 등으로 어려움을 겪고 있기 때문이죠. 2019년 인도는 중국이 주도하는 '역내포괄적동반자협정(RCEP)'에 가입하지 않았습니다. 중국에 수출하는 물량보다 수입하는 제조업 상품의 비중이 높아 RCEP 가입 시 이러한 현상이 더욱 심화되지는 않을지 우려되었기 때문입니다.

그럼에도 모디 총리는 인도인들의 많은 지지를 받으며 2019년 총선에서 재임에 성공했습니다. 그리고 미중 무역전쟁과 코로나19로 인한 글로벌 공급망 재편이 인도의 제조업 성장에 큰 기회가 될 수 있습니다. 잠자고 있는 코끼리였던 인도가 잠에서 깨어나 기지개를 켤 수 있을지 주목할 필요가 있습니다.

도이머이 개혁정책과 베트남 경제의 성장

도이머이 개혁정책 이후 성장하기 시작한 베트남

우리나라가 가장 많이 수출하는 나라는 중국이고, 그다음은 미국입니다. 그렇다면 세 번째로 수출을 많이 하는 나라는 어디일까요? 바로 베트남입니다. 베트남의 뒤를 홍콩과 일본이 따르고 있죠. 수출 중심 국가인 우리나라에 베트남은 매우 중요한 국가입니다.

베트남 경제는 금융위기 이후에도 매년 6~7%씩 꾸준히 성장했습니다. 코로나19 이전인 2018~2019년의 경제성장률도 7%가 넘었습니다. 그러나 베트남의 경제성장률이 예전부터 높았던 것은 아닙니다. 1975년 통일 이후 베트남은 공산주의적 방식으로 경제를 발전시키려고 했습니다. 그러나 대규모 재정적자가 발생했고, 이를 화폐 발행으로 해결하려다 하이퍼인플레이션이 발생하는 등 경제난에 시달렸습니다.

그렇다면 베트남 경제는 언제부터 본격적으로 성장하기 시작한 것일까요? 도이머이(Doi Moi) 개혁정책을 펼친 1986년부터입니다. 도이머이란 베트남어로 '쇄신'이라는 뜻입니다. 도이머이 개혁정책의 주요 내용은 베트남 경제를 개방하고 계획경제에서 시장경제로 전환하는 것이었습니다. 도

이머이 개혁정책 이후 베트남은 연평균 6.5%가 넘는 높은 경제성장률을 기록했습니다.

베트남의 인구 보너스

65세 이상 노인인구 비율이 7% 이상이면 고령화사회, 14% 이상이면 고령사회, 20% 이상이면 초고령사회라고 합니다. 일본은 이미 초고령사회에, 우리나라는 고령사회에 진입했습니다. 특히 우리나라는 고령화가 빠르게 진행되어 2026년이면 초고령사회로 진입할 것으로 예상됩니다.

반면 베트남은 젊은 나라입니다. 이제 막 고령화사회에 진입했습니다. 베트남은 우리나라가 초고령사회에 진입하는 2026년보다 무려 22년 뒤인 2048년에 초고령사회로 진입할 것으로 예상됩니다. 인구도 2050년까지는 계속 증가할 것으로 보입니다.

젊은 사람이 많다는 것은 생산가능인구가 많다는 것을 의미합니다. 질 좋은 풍부한 노동력은 경제 성장의 원동력입니다. 우리나라도 생산가능인구가 많았던 시절에 높은 경제성장률을 기록한 경험이 있습니다. 중국과 인도 역시 대규모 노동력이 경제 발전의 밑거름이 되었죠.

그런데 인구가 아무리 많아도 경제가 성장하지 않으면 가난한 사람이 늘어나 인구 보너스가 독이 될 수 있습니다. 그러나 베트남은 경제가 성장하면서 사람들의 소득도 점점 늘어나고 있습니다. 소득 수준이 향상되면 소비도 늘어나기 마련입니다. 따라서 이와 같은 흐름이 유지된다면 베트남의 소비시장 규모도 점차 커질 가능성이 큽니다.

우리나라가 베트남의 수출 산업을 이끌고 있다고?

베트남 사람들이 가장 많이 종사하는 산업은 농업과 같은 1차 산업입니다. 베트남은 쌀, 커피, 후추 등의 세계적인 생산지입니다. 그러나 베트남을 농업 중심 국가라고 오해해서는 안 됩니다. 현재 베트남 경제를 이끌어나가는 것은 제조업이기 때문이죠. 베트남에서 제조업이 차지하는 비중은 농업, 임업, 수산업 등 1차 산업을 모두 합친 것의 두 배가 넘습니다.

베트남 제조업 성장의 힘은 외국인직접투자입니다. 외국인들의 베트남 투자가 본격적으로 이루어진 것은 도이머이 개혁정책 직후인 1988년부터입니다. 이때 외국인 투자법이 제정되면서 외국인들의 베트남 직접투자가 수월해졌기 때문이죠. 1988년부터 2016년까지 외국인 투자 금액은 3,000억 달러에 달했습니다. 그리고 외국인 투자의 60% 이상을 제조업이 차지했습니다. 외국인직접투자가 베트남의 제조업 발전을 견인해온 것입니다.

그렇다면 어느 나라가 베트남에 가장 많이 투자하고 있을까요? 2020년 기준으로 1위는 싱가포르이고, 2위는 다름 아닌 우리나라입니다. 우리나라는 베트남에 수출도 많이 하지만 그만큼 투자도 많이 하고 있습니다. 우리나라가 베트남에 본격적으로 투자하기 시작한 것은 베트남이 WTO에 가입한 2006년 이후부터입니다. WTO 가입으로 베트남이 세계무역질서 안에 들어오자 더욱 믿고 투자할 수 있게 된 것이죠. 특히 2015년에 발효된 우리나라와 베트남의 FTA 이후 양국의 교류는 더욱 활발해졌습니다.

우리나라의 투자는 베트남의 수출 산업 판도까지 바꾸어놓았습니다. 원래 베트남의 최대 수출품은 섬유의류 산업이었습니다. 그러나 2013년부터 섬유의류 산업은 2위로 내려앉고 휴대폰 수출이 1위 자리를 차지하고 있습니다. 삼성전자가 대규모로 투자해 휴대폰 관련 공장들을 짓고 휴대폰 및 부품을 대량생산하고 있기 때문이죠. 2021년 기준 휴대폰 수출은 베트남 GDP의 약 18%를 차지할 정도입니다.

삼성전자 외에도 세계 여러 기업들이 베트남에 진출해 생산기지를 건설하고 있습니다. 베트남 정부는 법인세율을 인하하고 외국인 주식투자 한도를 폐지하는 등 기업들의 투자를 촉진하기 위해 여러 가지 혜택을 주고 있습니다. 뿐만 아니라 근면 성실하기로 유명한 베트남 근로자들을 낮은 비용으로 고용할 수 있다는 점도 기업들에게 매력적인 부분입니다. 베트남 근로자의 임금은 중국 근로자의 1/3 수준에 불과합니다.

베트남 경제에는 어떤 문제가 있을까?

외국인직접투자는 베트남 GDP의 약 1/4을 차지할 정도로 비중이 높습니다. 그런데 아직 인프라가 잘 갖추어져 있다고 보기는 어렵습니다. 2019년 세계경제포럼(WEF)이 발표한 인프라·구축 점수를 살펴보면 베트남은 싱가포르, 태국, 말레이시아 등 다른 아세안 국가들보다 낮았습니다.

숙련된 노동자의 수가 부족한 점도 약점입니다. 세계경제포럼의 조사에 따르면 베트남은 조사 대상 141개국 중 83위에 불과했습니다. 인도네시아, 말레이시아, 싱가포르, 태국보다 낮은 순위였습니다. 숙련된 기술자의 부족은 고부가가치 첨단산업 외국인직접투자를 유치하는 데 불리하게 작용할 수 있습니다.

외국인 투자 비중이 높은 것이 역설적으로 베트남 경제의 불안 요인입니다. 불경기가 찾아오거나 경제 환경이 불리해지면 기업들은 베트남 투자를 줄이거나 생산기지를 철수할 것입니다. 또 베트남 경제가 성장할수록 근로자들의 임금 수준도 높아지겠죠. 따라서 때가 되면 기업들은 임금이 더 저렴한 노동자를 구하기 위해 베트남을 떠나 다른 투자처를 알아볼 것입니다.

외국인 투자가 급감하면 베트남 경제도 타격이 불가피하기 때문에 결국 자국 기업을 키우고 경쟁력을 끌어올려야 합니다. 이에 베트남 정부는 국영기업의 민영화 및 창업 지원 등을 활발하게 추진하고 있지만 아직까지는 세계적인 경쟁력을 갖추었다고 말하기 어렵습니다.

수출이 차지하는 비중이 크다 보니 대외 여건에 취약한 것도 약점입니다. 주요 수출국인 미국, 중국, 한국 등의 경기가 침체되고 성장성이 낮아지면 베트남의 수출 산업에 악영향을 미쳐 베트남 경제의 성장성도 같이 낮아질 수 있습니다.

정부부채도 베트남을 괴롭힐 수 있습니다. 투자를 바탕으로 성장하다 보니 정부부채가 빠르게 늘어나 GDP 대비 정부부채 비율이 이미 60%를 넘어섰습니다. 문제는 부채가 증가하는 속도가 점점 빨라진다는 것입니다. 이러한 우려 때문에 베트남의 국가 신용등급은 투기등급에서 벗어나지 못하고 있습니다. 베트남 정부의 과제는 국가부채를 관리하면서 만일의 사태를 대비해 넉넉한 규모의 외환보유고를 갖추는 것입니다.

찾아보기